中国社会科学院国情调研重大项目成果
中国社会科学院登峰战略优势学科（产业经济学）成果之一

中国社会科学院创新工程学术出版资助项目

传统产业产能过剩治理与转型升级

煤炭、钢铁、制盐行业的调查报告

Overcapacity Governance and Upgrading of Traditional Industries

Investigation of Coal, Steel and Salt Industry

史 丹 等著

中国社会科学出版社

图书在版编目（CIP）数据

传统产业产能过剩治理与转型升级：煤炭、钢铁、制盐行业的调查报告 / 史丹等著. —北京：中国社会科学出版社，2019.10
ISBN 978 - 7 - 5203 - 3026 - 8

Ⅰ.①传… Ⅱ.①史… Ⅲ.①传统产业—工业企业—生产过剩—研究—中国②传统产业—工业企业—产业结构优化—研究—中国 Ⅳ.①F426.21

中国版本图书馆CIP数据核字（2018）第193123号

出 版 人	赵剑英
责任编辑	张　潜
责任校对	郝玉明
责任印制	王　超

出　　版	中国社会科学出版社
社　　址	北京鼓楼西大街甲158号
邮　　编	100720
网　　址	http://www.csspw.cn
发 行 部	010 - 84083685
门 市 部	010 - 84029450
经　　销	新华书店及其他书店

印刷装订	北京明恒达印务有限公司
版　　次	2019年10月第1版
印　　次	2019年10月第1次印刷

开　　本	710×1000　1/16
印　　张	15.5
字　　数	251千字
定　　价	88.00元

凡购买中国社会科学出版社图书，如有质量问题请与本社营销中心联系调换
电话：010 - 84083683
版权所有　侵权必究

课题组成员

课题组负责人：

史　丹　中国社科院工业经济研究所 党委书记 所长 研究员

课题组联络人：

江飞涛　中国社科院工业经济研究所 研究室副主任 副研究员

课题组成员：

刘　勇　中国社会科学院工业经济研究所 研究室主任 研究员

周维富　中国社会科学院工业经济研究所 副研究员

吴利学　中国社会科学院工业经济研究所 副研究员

梁咏梅　中国社会科学院工业经济研究所 副研究员

吕　宁　中国社会科学院工业经济研究所 助理研究员

许　明　中国社会科学院工业经济研究所 助理研究员

马翠萍　中国社会科学院农村发展研究所 副研究员

李雪慧　中国社会科学院财经战略研究院 助理研究员

聂新伟　国家信息中心中经网产业研究中心 助理研究员

目 录

第一章 产能过剩的成因与治理途径 ……………………………… (1)
 第一节 产能过剩的度量与需要注意的问题 ……………………… (1)
 第二节 中国传统产业产能过剩的特点 …………………………… (23)
 第三节 中国传统产业产能过剩的原因分析 ……………………… (28)
 第四节 传统产业转型升级的路径 ………………………………… (32)
 第五节 推进产能过剩治理工作的几点建议 ……………………… (34)

第二章 中国煤炭行业产能过剩现状及治理 ……………………… (40)
 第一节 中国煤炭行业产能过剩的现状 …………………………… (41)
 第二节 煤炭去产能成效和问题 …………………………………… (57)
 第三节 提高煤炭行业"去产能"效果的政策建议 ……………… (71)

第三章 中国钢铁行业产能过剩现状及治理 ……………………… (75)
 第一节 中国钢铁产业发展现状 …………………………………… (75)
 第二节 钢铁行业去产能主要举措及效果 ………………………… (102)
 第三节 钢铁行业去产能的政策优化 ……………………………… (118)

第四章 中国制盐业产能过剩现状及治理 ………………………… (122)
 第一节 中国制盐业发展现状 ……………………………………… (122)
 第二节 中国制盐业产能过剩的原因 ……………………………… (128)
 第三节 盐业去产能的途径与政策措施 …………………………… (132)

第五章　黑龙江省煤炭去产能问题 …………………… (139)
 第一节　黑龙江省煤炭产能过剩的现状 ……………… (139)
 第二节　黑龙江省煤炭去产能的政策措施 …………… (148)
 第三节　黑龙江煤炭去产能要注意的几个方面 ……… (159)
 第四节　黑龙江省煤炭去产能的若干政策建议 ……… (163)

第六章　湖北省盐业产能过剩问题 …………………… (169)
 第一节　湖北省盐业发展现状与产能过剩问题 ……… (169)
 第二节　湖北省盐业产能过剩的成因 ………………… (177)
 第三节　湖北省盐业产能过剩的治理措施 …………… (182)
 第四节　湖北盐业治理产能过剩的对策和建议 ……… (185)

第七章　青海省盐业转型升级的探索 ………………… (190)
 第一节　青海省盐业发展总体情况 …………………… (190)
 第二节　青海盐业规避产能过剩的做法 ……………… (195)
 第三节　青海盐业转型发展的探索 …………………… (197)
 第四节　青海盐业转型发展面临的问题与对策 ……… (201)

第八章　山东省盐业企业与政府应对产能过剩的对策 … (208)
 第一节　山东盐业企业转型升级的主要做法 ………… (208)
 第二节　山东盐业面临的问题与政府采取的措施 …… (221)
 第三节　加快山东盐业转型发展的对策和建议 ……… (225)

英文参考文献 ………………………………………………… (229)
中文参考文献 ………………………………………………… (236)

后　　记 ……………………………………………………… (243)

第一章

产能过剩的成因与治理途径

第一节 产能过剩的度量与需要注意的问题

一 产能利用率与产能过剩

产能过剩的概念,是建立在产能利用率的基础之上的。产能利用率被定义为实际产量与生产能力的比值。因此,对生产能力的界定是理解产能过剩的第一步。

(一)产能利用率

梁泳梅等(2014)、董敏杰等(2015)在综合梳理和分析相关文献时指出,学术界对于生产能力如何界定,目前尚无统一认识。由于计算生产能力有不同的使用方法,不同方法的假设条件和理论基础存在着明显差异,而且不同方法对应的生产能力的界定标准也不尽相同。除了调查法以外,以经济分析为基础的方法可以划分为三种,分别为峰值法、函数法与数据包络分析方法。

(1)利用统计调查方法所得到的生产能力可以理解为"工程意义上的生产能力"(engineering capacity),即机器设备的设计生产能力,从这个角度理解,产能利用率等同于"设备利用率"。

(2)峰值法实际上是以宏观产出的峰值作为生产能力,这种做法其实不需要在理论层面对生产能力做出严格界定,Klein(1960)对生产能力的界定主要是为"过剩生产能力"的存在提供理论解释。而在理论层面,Klein(1960)实际上给出了两个不同的生产能力标准:一是生产成本最低点时的产出水平,二是"正常条件"下的产出水平。

(3)利用函数法测算得到的生产能力可以理解为"经济学意义上的

生产能力"(economic capacity),认为"生产能力即厂商达到均衡状态时的产出水平"的定义,通过设定生产函数、成本函数或利润函数的具体形式,计算企业生产达到成本最小化或者利润最大化时的"最经济"产出水平,从而得到生产能力。函数法中,什么样的状态才是均衡状态,也有不同的界定,从而导致生产能力有不同的内涵(梁泳梅等,2014)。

表 1-1　　　　　　　　　　函数法相关研究整理

均衡状态标准	生产能力的界定标准		代表性文献
成本 最小化标准	长期平均成本曲线最低点		Paine(1936)、Cassell(1937)、Hickman(1964)、Morrison(1985b)
	短期成本曲线和长期成本曲线的切点		Klein(1960)、Segerson & Squires(1990)、Morrison(1985b)
	短期平均成本曲线的最低点	超越对数成本函数	Berndt & Hesse(1986)、Nelson(1989)、Lazkano(2008)
		标准化可变成本函数	Berndt & Morrison(1981)、Morrison(1985a)、Garofalo & Malhotra(1997)、Gokcekus(1998)、韩国高等(2009)
利润最大化标准	偏离长期均衡点的利润差距		Segerson & Squires(1993)

资料来源:梁泳梅、董敏杰、张其仔:《产能利用率测算方法:一个文献综述》,《经济管理》2014年第11期。

(4)利用数据包络分析方法测算得到的生产能力可以理解为"技术意义上的生产能力"(technical capacity),主要是指当前企业的固定资本(而非机器设备)达到充分利用时的生产能力。Färe 等(1989)沿用 Johanson(1968)的观点,认为生产能力是"可变投入不受限制时生产设备的最大生产能力"。

(二)产能过剩

当实际产量小于生产能力时,可视为产能利用不足。在现实中,设备产能利用率小于100%是常态。因此,设备产能利用率显然不等于产能过剩。产能过剩虽然从概念上是相对于生产能力而言的,但本质上则是相对于社会需求而言的。限制了实际产量无法达到技术上或者经济上的生产能力水平的是社会需求。当生产超过了社会需求,由于无法被社会需求消化掉,导致实际产量远低于已经形成的生产能力,才是产能过剩。产能过剩属于企业不能自行调节而形成的负外部性。

合理地界定产能过剩，需要注意两点：第一，受行业生产特点的影响，不同行业的正常产能利用率存在差异。例如，季节性生产行业的产能利用率会低于常年生产的产能利用率，判断产能是否过剩不能采用同一个"度"来判断不同行业。第二，现在经济运行中，产能利用率是波动的。在需求旺季，产能利用高；在需求淡季，产能利用率低。因此，判断产能是否过剩不能采用是短期的产能利用率，而是需要用长期需求与供给的关系来判断。只有较长一段时间内，企业仍不能对自己的生产能力进行调整，才需要调控和干预。

二 分析产能过剩需要注意的问题

（一）对中国在哪个阶段存在产能过剩的不同观点

对于中国的某些行业在什么阶段与时期存在产能过剩的情况，产能过剩的程度到底有多严重，这个问题至今在学术界仍然有很大争论。基本上，对于2012年后至今的这个阶段，大多数学者的观点都比较一致，均认可钢铁、水泥、造船等行业出现了产能过剩的情况。

但是，对于2012年以前，尤其是1994—2008年这个阶段，对于中国工业行业是否存在产能过剩的情况，不同学者观点差异很大。例如，部分学者认为从1994年社会主义市场经济确立后，产能过剩局面就开始显现，其中1994—2001年为产能过剩凸显期，2002—2008年为产能过剩加剧期（黄健柏，2016；丁寒雪，2014）。但是，这些研究的结论并没有得到很好的数据支撑。例如，丁寒雪（2014）并未计算产能利用率，黄健柏等（2016）使用成本函数法合成的制造业产能利用率则显示出2000—2008年，制造业的产能利用率基本在110%以上，而且1999—2006年制造业产能利用率总体呈上升趋势；使用结构向量自回归方法估计的工业产能利用率也显示出1990—2012年中的许多年份，产能利用率都在80%以上，因此，其得出的关于1994年开始产能过剩凸显、2002年后产能过剩加剧局面的观点还有待商榷。韩国高等（2011）较早地用成本函数法测度了中国28个行业1999—2008年的产能利用率，并指出"七大行业存在严重的产能过剩"，但是其并未说明判断产能过剩的标准是什么，只是指出产能利用率长期徘徊在79%以下的行业有黑色金属、有色金属、石化烧焦、化学原料、非金属矿物制品、化学纤维和造纸制品七大行业，并未说明以79%作为判断标准的原因及其合理性。还有一些分析产能过剩的论文，并没有计算产能利用率，而是基于政府相关政策的一些判断。

另一部分学者，如徐滇庆（2016）则认为"2008年以前，在钢材、水泥、平板玻璃、原铝和造船等行业基本上不存在产能过剩；恰恰相反，在许多年份产能不足，这是推动投资居高不下的最根本原因"。"按照创新的产能过剩的定义处理粗钢数据，1989—2011年，粗钢一直处于产能不足状态；2006年，粗钢产能短缺5550万吨；2007年，粗钢产能短缺4548万吨；2008年，由于受到美国金融危机的冲击，粗钢产能过剩630万吨；2009—2011年，在4万亿元大投资的推动下，粗钢产能再度处于不足状态；直到2012年在'历史上最严厉的房价调控政策'的影响下，建筑业逐步萎缩，在2013年粗钢产能过剩4854万吨。"

还有部分学者只测算了产能利用率，但并未进一步对是否存在产能过剩以及产能过剩的严重程度进行判断。例如，董敏杰、梁泳梅（2015）基于DEA的方法，对2001—2011年39个工业行业以及各地区的产能利用率进行了测算，但是并没有在此基础上进一步明确哪些行业存在产能过剩情况。

（二）理解产能过剩的几个关键问题

对于上述观点，我们认为，以下几个问题对于理解产能过剩现象至关重要。

第一，对产能过剩的判断必须建立在由统一的方法系统测度产能利用率的基础上。

由于方法论上的差异，用不同方法测度得到的产能利用率不具有可比性。因此，在比较产能利用率数据时，无论是进行纵向的时间比较，还是横向的部门比较或者是不同国家的比较，最合理的做法应该是在统一的测算方法框架内进行。当面对由不同测算方法获得的产能利用率数据时，如果非要进行比较，首先应该将不同测算方法所导致的高估或者是低估因素识别出来；或者说是需要先研究不同测算方法得到的结果，其相互对标的合理区间应该是什么。在这个基础上才能进一步考虑不同的产能利用率的比较问题。

从政府管理的实践来看，政府部门所掌握的产能利用率数据，通常是由调查法得到的。调查法也是获得产能利用率的一个重要方法,其优点是比较直接,而且与理论分析方法相比不需要受到过多的前提假定条件的限制。但是调查法也存在一定的缺陷,由于企业管理人员对产能的定义有主观因素,企业填报的态度是否认真和严谨,以及企业对自身利益的考虑等因素,企业上报的数据存在着很大的误差,由此得到的产能利用率也存在较大误差。因此,在使用通过调查法过得的产能利用率数据时,也需要先进行一定的处理,将上述因素导致的误差考虑在内。

总体而言,有关部门和研究在进行产能利用率的比较并判断是否存在产能过剩时,必须非常谨慎。尤其是在"按照国际惯例"进行比较时尤其需要谨慎。

第二,判断产能过剩的标准需要既有具体行业、具体方法的区分性,又有抽象标准上的一致性。

对产能过剩断送标准的"具体的区分性"表现在:不同的行业,由于资本比重不同、生产技术不同、产品特性不同,产能利用率的合理区间也不一样。例如,由于资本密集度不同,重工业产能利用率的合理区间通常比轻工业低。又如,由于产品储存的难易不同,合理的库存量也不一样,相对应地,产能利用率的合理区间也不同。例如,水泥容易受潮变质,其对库存的技术要求较高,因此,水泥库存相对有限,库存满了就要减少产量,由此,水泥合理的产能利用率水平就比较低;而玻璃的稳定性较高,储备的技术要求相对较低,因此,平板玻璃合理的产能利用率水平就比较高。

对产能过剩断送标准的"抽象标准的一致性"则表现在:产能利用率的测度方法要一致;另外,无论对哪个行业的产能过剩程度进行判断,都需要综合、统一地考虑一些宏观性的、历史阶段性的因素。例如,产能是否过剩要与经济发展阶段、对经济运行造成的影响等因素相结合。例如,在工业化和加速工业化初期,由于工业大发展,某些工业行业生产的加快也会带动上下游相关联产品的需求,因此工业的产能利用率会相对较高,而在工业化后期,工业生产速度相对降缓,合理的工业产能利用率会相应下降。黄健柏等(2016)的研究也支持了这个观点,发现 20 世纪六七十年代,美国工业产能利用率多次持续超过 85%,20 世纪八九十年代,美国工业产能利用率很少触及 85%,主要在 80%—85% 的区间,2000 年以后，美国工业产能利用率则主要在80%以下运行。又如，中国在城镇化初期和快速城镇化的过程中，由于农村人口在转移到城镇后，收入水平、消费观念和消费水平都有所提高，带来的市场需求相应增大，这个阶段工业的产能利用率就相对较高；在城镇化进入相对稳定发展的阶段后，由于人口身份转化带来的需求能力增长就会逐渐变弱，这个阶段工业的产能利用率就相对较低。

抽象标准的一致性还体现在，无论对哪个行业的产能过剩程度进行判断，都应该将产能利用率与其他一些经济指标综合起来考虑。这些经济指标包括闲置设备的数量、利润率的变化趋势、产品价格、投资增速的变化、库存量的增减等。但是，同时需要注意的是，这些指标"也都是表面现象"，并不能一看到这些指标的一些特征出现就判断产能过剩。

第三，落后产能是否应该包含在产能利用率的生产能力当中。

在测算产能利用率时，生产能力是否包括落后产能，也是导致不同的机构和学者对于产能过剩判断存在较大分歧的一个重要因素。应该说，国外计算产能利用率时对落后产能的考虑相对较少，国内大多数学者在计算产能利用率时，无论是用生产函数法还是数据包络分析方法，都是把落后产能包含进生产能力的。显然，政府部门在测度产能利用率时也是将落后产能包含在了生产能力当中。在2016年《国务院关于钢铁行业化解过剩产能实现脱困发展的意见》（国发〔2016〕6号）中，在"化解过剩产能"的任务中明确提出要"严格执行环保、能耗、质量、安全、技术等法律法规和产业政策，达不到标准要求的钢铁产能要依法依规退出"，可见政府所指的产能是包含了这些不达到标准的落后产能的。

另外，也有少部分学者认为，在讨论产能过剩问题时不能把即将被淘汰的落后产能包括在内，因为"研究产能过剩的目的是探讨合理的投资策略。在新增产能当中，一部分用于满足不断增长的市场需求，另一部分用于取代那些落后产能，逐步更新。因此，不能把那些理应被淘汰的能全部计入下一期产能"。

我们认为，在分析中国的产能过剩问题时，还是需要将满后产能包括进生产能力当中。理由有以下几点：第一，如果中国在计算产能利用率时将落后生产能力剔除，而其他国家并不这样做，那中国在与其他国家的产能利用情况横向对比会更加无法进行，从而为进一步的研究增加难度。实际上,其他国家也有落后产能的存在。第二,在关于产能利用率的测度方法中,只有使用调查法才有可能将落后生产能力剔除,其余的各种方法都很难区分先进产能和落后产能。而调查法测度的产能利用率,无论是频率还是行业的广度都相对有效,无法对全国各个行业的产能利用率情况有整体把握。而且,政府部门在调查时,往往没有相关的资料让公众了解到每年的落后产能有多少,从而限制了相关的研究。即使有关于落后产能的资料,剔除落后产能后的产能利用率,也只能是回溯式的,无法做到前瞻式的,从而得到的产能利用率也难以达到预警等目的。第三,落后产能也反映了投资的沉淀。而且落后产能不会快速地主动退出,政府对产能进行调控,很大程度上是在进行加速去除落后产能的工作,如果把落后产能剔除后,得到的产能利用率就无法全面地反映出投资、生产与产量的关系,政府的调控工作也将失去抓手。

但是,我们也赞同政府部门在进行产能利用率的调查统计工作时,有意识地在生产能力中将落后产能与普通产能区分开来。因为,包含落后产能的产能过剩,与不包括落后产能的产能过剩,其产生的主要原因是不同的。将落后产能与普通产能区分开来,有利于更精确地找准调控政策的发力点。

(三) 客观评价产能过剩问题在中国经济状况中的定位和严重程度

目前,产能过剩问题无论是在政府的实际工作中还是在学术界的讨论中都是热点问题。我们认为,总体而言,现在政府与学术界对产能过剩现象还是都存在着对认识不够清晰的问题,主要表现为夸大了产能过剩的严重程度和产能过剩的行业范围。

正如上面分析的,对产能过剩严重程度的判断,必须要建立在由统一的方法系统测度产能利用率的基础上,而且还要区分行业、经济发展阶段以及具体国情的特殊情况,才能进行横向和纵向的对比,从而得出比较准确的判断。

从学术界来看,许多研究的判断进行国别横向比较时,没有注意不同国家的产能利用率是否是在可比较的同一方法系统内部。在这种情况下,得出的结论就很值得商榷。例如,韩国高等(2011)利用成本函数法测度了中国28个行业1999—2008年的产能利用率之后,得出了中国有七大行业存在严重产能过剩的结论,其在进行判断时,比较的依据是"我国尚未建立对产能过剩的评价标准,根据欧美等国家利用产能利用率或设备利用率判断是否过剩的经验,产能利用率的正常值在79%—83%之间","若产能利用率低于79%,则说明可能出现产能过剩的现象"。显然,这种比较并没有考虑到国外欧美国家产能利用率获得的方法(美国一般采用调查法,这种方法与由生产函数法计算的产能利用率无法直接比较),也没有考虑到具体行业的特殊性。张茉楠(2013)认为与"国际金融危机之前相比,中国工业行业的产能过剩从局部行业、产品的过剩转变为全局性过剩,钢铁、电解铝、铁合金、焦炭、电石、水泥等重工业行业产能过剩都是比较严重的。2012年,中国产能利用率为57.8%,远远低于1978年以来中国的产能利用率72%—74%的平均水平"。然而,这份报告中并未给出该产能利用率的测算方法,但这个结论却被广泛引用。

从政府的实际工作来看,产能过剩也一直被作为十分重要的问题来抓。多年来的《政府工作报告》都会提到产能过剩问题突出并将化解过剩产能作为工作重点,例如,在2016年的《政府工作报告》中就提到2016年的重点工作之一就是要"重点抓好钢铁、煤炭等困难行业去产能",在2017年的《政府工作报告》中也提到工作重点是要"扎实有效去产能"。然而,政府的判断又常常与现实情况存在矛盾的地方。例如,在2017年3月的《政府工作报告》中刚提出"今年要退出煤炭产能1.5亿吨以上"。到了2017年夏季,随着用煤旺季的到来,煤炭行业就出现了价格大幅上涨甚至煤炭供应紧张的局面。2017年上半年,全国煤炭产量17.12亿吨,同比增长5%;全国煤炭消费量19亿吨,同比增长3.1%;1—6月,煤炭开采和洗选业利润总额同比增长。

三 产能过剩的成因与类型

产能过剩是由于企业投资过度、企业生产规模的扩大快于市场需求的增长,使得生产出来的产品难以在一个合理的时间期限内售卖出去;为了降低损失,企业选择闲置一部分设备来减少产量。产能过剩的本质与生产过剩相似,都是供给大于需求。从整体上看,导致产能过剩的机制可以划分为三大类:一是市场经济运行本身会产生产能过剩;二是社会转型和科技进步较迅速的时期,需求和供给都容易在短期内发生变化且不容易形成稳定和准确的预期,这种情况下也可能出现产能过剩;三是政府对经济运行不正确地干预也会促使产能过剩发生。

(一) 市场经济运行形在的产能过剩

(1) 市场经济的不确定性孕育着产能过剩

市场经济下,货币的独立、生产资本与商品资本货币资本相分离、产业链条的延长,使得合理的市场需求预期难以形成,供给与需求很难相适应。首先,货币作为独立的价值形式同商品相对立,一方面商品首先需要被成功出售转化为货币,另一方面,货币行使购买职能来购买商品,两者的分离使得供给和需求的吻合不容易被观察到的。因此,货币因素迫使生产者必须对市场做出预期和判断,这里面就孕育着第一个会产生供大于求进而导致产能过剩的因素。

其次,生产资本、商品资本以及货币资本的连续运动分离开来以后,虽然有利于加快资本流通和产业资本循环、有助于扩大市场,但是在一定程度上,商品资本和货币资本独立出来后,使得在一定界限内,商品资本和货币资本的独立运动不再受到生产过程的制约。例如,商品资本和货币资本的运动可以非常快,但是,"在某一个看不见的点上,商品堆起来卖不出去了;或者是一切生产者和中间商人的存货逐渐变得过多了。消费通常正好是在这个时候兴旺到了极点,这部分地是因为一个产业资本家推动了一系列其他的产业资本家,部分地是因为他们雇用的工人由于充分就业,能比平时多支出。……由于所期望的需求的刺激,这种生产在一段时间内能够安稳地进行下去,因此,在这些部门,商人和产业家的营业非常活跃"。① 但是,生产和流通的顺利持续进行,最终是要受个人消费限制的。而商品资本和货币资本所加快的流通现象,有时候并不能清楚地看到个人消费所带来的限制界限,反而会造成假象,似乎个人消费的限制界限还很远,生产资本于是进一步扩大生产规模。一旦商品资本回流变慢,货币资本紧缩,需求不足的问题一下就显现出来,产能过剩也随之突显。

最后,产业链条和流通链条的延长加大了生产者洞察市场的难度。随着经济的发展和科技的进步,商品生产的上下游被不断地延伸和开拓,新的商品消费领域不断出现。随着产业链条和流通链条的延长,上游商品生产者所面对的消费市场也日益增加和复杂化,在这种情况下,上游商品生

---

① 《马克思恩格斯全集》第25卷,人民出版社2001年版,第340—341页。

产者对消费市场变化的判断难度就不断加大,其供给和需求就越难相符,很容易造成供给过多、产能过剩的现象。例如,在中国,容易发生产能过剩的钢铁行业,其产业链条就比较长。

(2)市场竞争形成的自然性产能过剩

产业资本的生产目的,是使资本尽可能多地自行增殖,尽可能多地生产剩余价值,获得更高的利润,因此,产业资本总是倾向于尽可能多地进行生产,对扩大自已的产量从而获得更多利润额的考虑,总是优先于对全行业供需均衡的考虑。正如马克思所说的,"资本的目的不是满足需要,而是生产利润……资本达到这个目的所用的方法,是按照生产的规模来决定生产量,而不是相反"。①

而且,由于市场竞争的存在,尤其是在自由竞争的状态下,当各企业的生产技术差别不大时,扩大规模以获取规模优势,降低单位成本,往往也是一种有效的竞争手段。当所有企业都倾向于占有更多的市场份额,客观上就会导致生产过剩。

同时,马克思也认为,生产力的发展和劳动生产率的提高总是会引起利润率的下降,为了弥补利润率下降带来的利润量下降,产生资本必然会不断扩大生产。这其中也孕育着产能过剩的驱动性。

市场竞争会形成自然性产能过剩。Chamberlin(1962)对企业产能过剩有经典论述。他认为,垄断竞争企业实际产出条件是市场反需求曲线(即平均收益线)与平均成本线相切;垄断竞争企业产能产出条件是边际成本等于平均成本,实现产出与产能产出的比值即为企业产能利用率,自然产能利用率越高产能过剩程度越小,反之越大。

为方便分析,不妨有市场反需求函数为 $p(q) = \theta - kq$,企业边际成本函数为 $MC(q) = 2cq$,进而总成本函数和平均成本函数分别为 $TC(q) = F + cq^2$,$AC(q) = cq + F/q$,其中 F 为企业在变现产能阶段发生的投产成本,它在企业变现产品阶段已经沉没,故在成本函数中属于固定成本。在此假设下,垄断竞争企业实际产出 q 和产能产出 $\bar{q}$ 分别为:

$$q = \sqrt{\frac{F}{c+k}}, \quad \bar{q} = \sqrt{\frac{F}{c}} \tag{1}$$

---

① 《马克思恩格斯全集》第25卷,人民出版社2001年版,第286页。

根据产能利用率的定义，得出企业产能利用率 η 为：

$$\eta = \sqrt{\frac{c}{c+k}} \tag{2}$$

由此来看，在无政府干预下的市场作用机制下，企业自主经营决策时形成的产能利用率只受到企业单位生产成本或边际成本 c 和消费者对产品价格的敏感系数 k 的约束（k 与市场需求弹性为反向关系）。原则上有 $0 < \eta < 1$，所以企业在自主经营时会保留过剩产能，从原因来看，一方面受到市场需求的波动影响，另一方面受企业生产产品时的边际成本影响，根据（2）式计算分析，市场需求弹性越大（小）时，产能利用率水平越高（低），产能过剩水平越低（高）；同理，当边际成本越大（小）时，产能利用率水平越高（低），产能过剩水平越低（高）。从经济内涵上来讲，①产能过剩是企业生产能力没有得到完全利用，产能的自然性过剩是市场经济的常态；②同一市场环境下提供同质性产品和服务的两家企业，面对的市场需求弹性不同，因货物周转快而库存低则意味着产能利用率高；③对于理性的企业而言，生产成本决定实际产量，而实际产量需要与之相匹配的生产能力。

考虑到重复建设或过度进入会带来的行业产能过剩问题，本文把行业产能自然性过剩纳入分析。不妨令企业所在行业劳动者的报酬率为单位1，设劳动力市场为该行业提供的劳动力数量为 L，行业内的企业数量为 N，由劳动力市场与产品市场之间的平衡方程 N·TC（q）= L 即 N（F + cq²）= L 得一般均衡状态下市场容许的企业数量 N 为：

$$N = \frac{c+k}{2c+k} \frac{L}{F} \tag{3}$$

（二）政府不合理干预导致产能过剩

（1）产业促进手段不合理，较多地依赖"补贴性"的产业促进手段，导致企业决策的价格信号被扭曲

近年来，政府在制定产业发展规划时，相应的产业促进手段已经不断的丰富和科学，更多集中在了推进行业标准的制定、知识产权保护等方面，这对于有效避免产能过剩问题有非常重要的意义。过去，政府的制定产业政策时，促进产业发展的手段比较单一地集中在提供"补贴"方面，从而导致政府为了刺激投资而确定的价格水平在量值上远远低于市场价

格，企业进行决策参考的价格信号体系被扭曲，过度投资从而产能过剩就很容易产生。

根据冯俏彬、贾康（2016），这种引致体制性产能过剩的"政府价格信号"包括以下几种：第一，财政补贴。中央政府层面常常使用财政补贴的方式来支持相关产业。例如，光伏产业作为国家的战略性新兴产业，中央政府对光伏投资曾在一个很长的时期内维持着高达70%的投资补贴，导致全国对光伏的投资极大快速增长并出现了光伏行业的产能过剩。这种财政补贴的方式还包括了比较隐蔽的财政出资建立产业发展基金通过入股等方式对企业给予补助；政府对达到一定标准的企业，按企业纳税额进行某种比例的奖励式返还；以及对某些企业给予银行贷款贴息等。第二，银行信贷。中央的产业支持政策中，常会有关于银行信贷资金向重点支持产业倾斜的规定，另外，地方政府也可以通过地方融资平台，以"过桥贷款"、贷款贴息、"理财产品"等方式来为企业提供融资渠道。第三，低廉的土地价格相当于为企业提供了数额非常可观的投资补贴。第四，低廉的资源价格（如煤储量的分配）等，也是可观的投资补贴。第五，低电价、低水价补贴。第六，税收优惠。第七，默许企业将应承担的环保治理等社会成本外部化。

这些"补贴性"的产业促进手段，将使企业在做决策时面对资源软约束，这也意味着相比于市场作用下自主决策的企业，资源软约束企业享有投产成本的优惠，自然从资源配置的视角来看这是扭曲配置。不妨令资源软约束企业的投产成本为 F′，显然 F′ < F，为了更好的体现软约束带来的资源配置扭曲程度，本文给出了反映企业资源软约束水平的定义，即企业资源利用率 ϕ_F（$\phi_F \equiv F'/F$），显然，$\phi_F < 1$，且 ϕ_F 越小，则资源软约束越严重，资源配置扭曲程度越大，反之亦然。

根据均衡条件知，垄断竞争企业在新的固定成本 F′（F′ < F）下的实际产出为：

$$q'_1 = \sqrt{\frac{F'}{c+k}} \tag{4}$$

它与式（1）所示的初始场景无政府干预下企业自然的实际产出 q 之间的关系为 $q'_1 = q\sqrt{\phi_F} < q$，这就是说：企业在资源软约束下的实际产出小于其在无政府干预下自然的实际产出。然后得知，在一般均衡状态下市

场容许该产业的企业数量为：

$$N'_1 = \frac{c+k}{2c+kF'}L \tag{5}$$

它与式（3）所示的初始场景无干预下市场容许的、自然的企业数量之间的关系为 $N'_1 = N/\phi_F > N$（$\phi_F < 1$），这就是说：行业在资源软约束下市场容许的企业数量要比在无政府干预下市场容许的自然数量要多。实际上，这 N'_1 个企业有新老两部分组成，一类是 $N(t_1^{entry}) \equiv N$ 个初始场景进入市场的企业，他们是在资源软约束实施之前就已经在市场上存在的老企业，另一类是 $N(t_2^{entry}) \equiv N'_1 - N$ 个在资源软约束实施之后才因重复建设而进入市场的新增企业。根据关系式，不难得出：$N(t_1^{entry}) \equiv N$，$N(t_2^{entry}) = N(1-\phi_F)/\phi_F$。由此来看，资源软约束造成了相比于无政府干预下行业企业数量的增加，新增产能属于明显的重复建设，而且新增企业数量与市场原有企业数量的关系直接取决于资源软约束程度，资源配置扭曲程度越高，新增企业数量就越多，带来的重复建设也就越严重。

相比于后进入者的"资源软约束"下（F'）的产能产出条件，之前进入的老企业产能产出条件没有变化，如此，则有先进入老企业的产能产出 $\bar{q}'_1(t_1^{entry})$ 和新进入企业的产能产出 $\bar{q}'_1(t_2^{entry})$ 分别为：

$$\bar{q}'_1(t_1^{entry}) = \sqrt{\frac{F}{c}}, \quad \bar{q}'_1(t_2^{entry}) = \sqrt{\frac{F'}{c}} \tag{6}$$

根据资源软约束条件下形成的实体产出和式（6），可以得知老企业和新企业的产能利用率，分别为：

$$\eta'_1(t_1^{entry}) = \sqrt{\frac{c}{c+k}\frac{F'}{F}}, \quad \eta'_1(t_2^{entry}) = \sqrt{\frac{c}{c+k}} \tag{7}$$

比较式（2），得到不同场景下产能利用率之间的关系：$\eta'_1(t_1^{entry}) = \phi_F \eta < \eta$，$\eta'_1(t_2^{entry}) = \eta$，显然因重复建设而进入的新企业造成了市场原有企业产能利用率的下降，资源软约束造成产能扭曲性过剩。而新进入企业基于软约束而选择的投资成本和产能产出是其理性选择的结果，产能利用率反而与无政府干预下的结果一致，由此来看，政府干预形成的资源软约束不仅造成资源初次配置的扭曲，而且造成重复建设下的市场效益进一步扭曲，因后进入者的竞争优势造成已有企业投资效益下滑，干扰了市场正常出清信号。由于新进入者的多寡取决于政府干预的程度，则地方政府

基于政绩考核和唯 GDP 主义的竞赛越激烈，则产能扭曲性过剩则会更严重，甚至会造成同一行业企业间冰火两重天的畸形现象。推而广之，如若前期进入的企业是民营投资企业，而后进入者则是政府支持下的国有企业，后发优势的存在不仅会造成"与民争利"下的民间投资企业经营困难，而且也会造成市场组织"国进民退"的替代扭曲效应。

（三）收入分配不合理，有效需求受到压抑，也会引起产能过剩

消费首先要有收入。社会有效需求的扩张，需要有合理的收入分配结构作为支撑。从总量结构上来看，投资和消费之间要有一个合理的平衡。在市场经济处于追赶性发展的初级阶段，投资占 GDP 的比重会大于消费占比，但是两者之间也要注意保持平衡，长期投资过大和消费不足，最终会抑制生产的发展。

从宏观收入分配结构来看，居民收入、企业所得、政府所得之间需要一个合理的平衡。但中国的居民所得尤其是劳动者报酬占国民收入的比重并不大。根据投入产出表来核算，从 1992 年至今，中国的大体结构是：政府所得大体呈上升趋势，居民所得先升后降，企业所得先降后升。2010年，生产税净额约占 GDP 的 14.8%，劳动报酬在 GDP 的份额为 47.3%，企业盈余和固定资产折旧在 GDP 的份额约为 38.0%。[①] 根据资金流量来核算，2008 年，居民收入分配在国民总收入中的比重持续下降，2009 年后才开始扭转趋势并上升。2013 年，居民收入在国民总收入（GNI）中初次分配的比重为 60.7%，再分配的比重为 61.3%。另外，劳动者报酬占国民总收入的比重也是相同的变化状况，2000—2008 年总体下降，之后缓慢上升，2013 年，劳动者报酬占国民总收入的 51.1%。[②]

正如马克思曾经论述过的，剩余价值的实现（从而生产的持续）"受不同生产部门的比例和社会消费力的限制。但是社会消费力既不是取决于绝对的生产力，也不是取决于绝对的消费力，而是取决于以对抗性的分配关系为基础的消费力；这种分配关系，使社会上大多数人的消费缩小到只

[①] 张宇燕、郭濂主编：《中美经济结构与宏观政策比较》，社会科学文献出版社 2016 年版，第 122 页。

[②] 国家发展和改革委员会就业和收入分配司：《中国居民收入分配年度报告·2015》，中国财政经济出版社 2015 年版，第 4—6 页。

能在相当狭小的界限以内变动的最低限度"。① 这个观点即便是在当前的市场经济下也仍然有较强的适用性。另外，由于城乡二元经济差距较大、人力资本投入和物质资本占有的差异、劳动力市场的部门进入障碍、社会再分配调节机制不健全等原因，中国的收入分配还存在着很大的差距，进一步限制了社会消费的扩大，从而更容易产生产能过剩问题。

从中国居民内部收入分配的结构来看，改革开放以来，中国的居民收入分配差距基本处于快速扩大的趋势，基尼系数从 1978 年的 0.283 快速增长至 2008 年的 0.491。之后，居民收入分配差距有所缓，2016 年基尼系数为 0.465，仍然处于近 60 年来的高位。

在居民收入分配中，城乡收入差距仍然是主要矛盾之一。1979—2013 年城镇居民在居民总收入中的比重提高了 41.1 个百分点，2014 年城镇居民收入占居民总收入的 76.5%，② 而城镇人口只占总人口的 54.8%。

从总体上，中国居民收入差距是比较大的，基尼系数处于 0.4—0.5 表示收入差距过大，超过 0.5 则是两极分化，2016 年基尼系数为 0.465，反映出收入分配差距依然明显。从全球来看，中国的收入分配不平等是十分严重的，21 世纪初，其基尼系数几乎超过了所有欧洲国家，中国 2013 年的基尼系数为 0.473，在 106 个国家（地区）中排 17 位，属于收入差距很大的国家。③

正是由于劳动者报酬总体相对过小，而且又存在着较严重的居民收入分配问题，使得社会上大多数人的消费只能在一个相对较狭小的界限内变动，导致了社会消费的不足。根据《中国统计年鉴 2016》的数据，从 20 世纪 80 年代以来，中国经历了消费率总体不断下降的过程，最终消费率从 1981 年的 66.1% 持续下降到 1994 年的 57.9%，之后虽有小幅上升，但从 2000 年开始再次持续快速下降，2010 年仅有 48.5%，近几年则缓慢攀升至 51.6%（2015 年）。从全球横向比较来看，中国的消费率是比较低的，不仅远远低于大多数的发达国家（70% 以上），而且也远低于印度等中等收入国家（2007 年平均水平为 75%）以及低收入国家的平均水平

---

① 《马克思恩格斯全集》第 25 卷，人民出版社 2001 年版，第 272—273 页。
② 国家发展和改革委员会就业和收入分配司：《中国居民收入分配年度报告.2015》，中国财政经济出版社 2015 年版，第 14—16 页。
③ 同上书，第 227 页。

(2007年为83%)。

社会消费不足和收入分配不合理导致了产能过剩,得到了一部分学者研究的支持(程恩富,2012;王立国、宋雪,2014;鲁保林,2016)。尤其是当中低收入阶层的收入增长速度未能与经济增长速度相协调时,在供给方面,企业由于受到信息获得的制约,在进行生产投资时无法全面地考虑各个收入阶层的情况,而是更多地考虑社会经济增长预期或者是消费者整体收入的增长预期;在需求方面,实际的市场规模很可能会受收入分配的制约而比企业预期判断的市场容量要小,这种情况下,很容易出现产能过剩的现象。

(四) 社会转型导致需求变化形成的产能过剩

通常来说,企业在进行投资和生产规模的扩大之前都会根据过去市场需求的变化规模以及未来的发展趋势进行预测,但是,这种预测往往会难以将全部重要的影响因素都考虑在内,其中宏观政策的调控就是一个难以预测的因素,而有时候宏观政策调控又常会对市场需求产生重大影响。这种影响可以分为两个方向:第一,是促进市场需求快速增长,在这种情况下,企业往往很快就会追加投资扩大生产规模,提高产能和产量。第二,则是抑制了市场需求,导致需求出现了快速的缩小,在这种情况下,企业虽然会减少产量,但是由于资产专用性,以及企业对未来需求的判断不确定等原因,淘汰产能却是一个较困难且漫长的过程。在这个过程中,产能利用率会有较大的下降,行业出现产能过剩的情况。

20世纪后期,住房制度改革以及政府对房地产市场的调控,就极大地影响了城镇居民的住房需求,从而对钢铁行业的产能利用情况产生了重要影响。

中国的住房需求,随着城镇化发展等因素而在近几十年内发生了巨大的变化。从中国的城镇化进程来看,中华人民共和国成立初期至20世纪70年代末,中国的城镇化曾历过了一段近乎停滞的过程,以城镇人口占总人口的比值来衡量城镇化水平,1965—1978年十几年间,城镇化率一直在17%波动。20世纪70年代末,中国开始恢复城镇化的发展,1979—1988年,城镇化率从18.98%上升到了25.81%。80年代后期,中国各地大城市急剧扩张。90年代中后期,城市人口迅速增长,城镇化进入加速发展阶段,1996年以后,城镇化率每年都提高1个百分点以上,城镇人口占总人口的比值从 1996 年的 30.48% 增长到 2016 年的 57.35%。

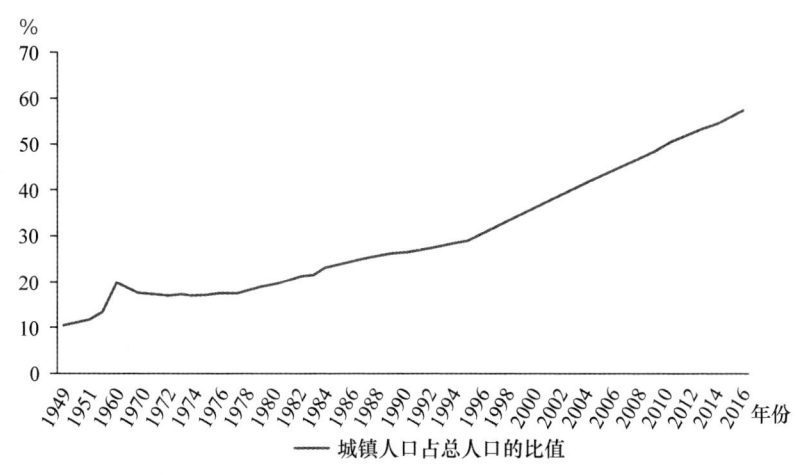

图 1-1 中国的城镇化进程

资料来源：中经网统计数据库。

城镇化推进使住房成为居民最重要的生活资料。为了更好地满足城镇人口的住房，中国启动了住房制度改革。1998 年《国务院关于进一步深化城镇住房制度改革加快住房建设的通知》（国发〔1998〕23 号）的出台，标志着住房制度的加快推进。23 号文件做出了停止住房实物分配、培育住房交易市场、发展住房金融等决定，极大地将城镇居民的住房需求释放到了市场上，从此以后，住房消费在居民消费中占据的比重不断加大，住房很快就成为了居民消费占比最大的商品。据统计，城镇家庭的自有住房拥有率从 2011 年的 84.8% 上升至 2014 年 3 月的 89%，远高于 OECD 国家和其他发展中国家。在城镇家庭购买的住房中，约有一半是商品房（2014 年为 47.3%，远远高于其他类住房）。[①] 镇住宅施工面积快速增长，带来了钢铁消费量的极大增长。2013 年，建筑业消费的钢材占据了钢铁市场的半壁江山。住房需求的变化对钢铁行业的产能利用率具有举足轻重的影响。

[①] 符国群主编：《中国城镇家庭消费报告 2015》，北京大学出版社 2015 年版，第 81—116 页。

表 1-2　　　　　　　　　　分用途钢材消费量（2013 年）

	钢材消费量（万吨）	占比（%）
建筑业	38100	54.98
机械	13300	19.19
造船	1250	1.8
汽车	4720	6.81
家电	1000	1.44
集装箱	520	0.75
能源	3100	4.47
铁道	480	0.69
其他	6830	9.86
总计	69300	100

资料来源：《2014 中国钢铁市场分析与预测》第 134 页，转引自《2015 国民核算研究报告》，冶金工业规划研究院，第 55 页。

随着中国城镇化的不断推进，钢铁消费量有了长足的增长，1978—1997 年，钢铁消费量从 2208 万吨增长至 9978.93 万吨，20 年间增长了 4.5 倍。而在 1998 年之后，随着住房制度改革的加快推进，住房需求被极大地刺激和释放出来，于是钢铁消费量也呈现出了爆发式的增长。1998—2011 年，钢铁消费量从 10737.8 万吨增长至 88619.57 万吨，14 年间增长了 8.2 倍。

随着房地产市场的不断升温以及商品房价格的快速上涨，为了保障住房市场的健康发展，政府从 2010 年开始密集地出台了多项房地产市场调控措施，从住房贷款、首付比例、住房交易税收政策、房地产用地等方面多管齐下。宏观调控使得商品房价格上涨过快的势头得到抑制，相应地商品房的供给也随之下降，房地产开发企业的住宅建筑新开工面积从 2012 年起出现了下降，与此相对应的，用在建筑上的钢材消费量也随之下降。此时，钢铁行业的产能过剩问题开始突显。

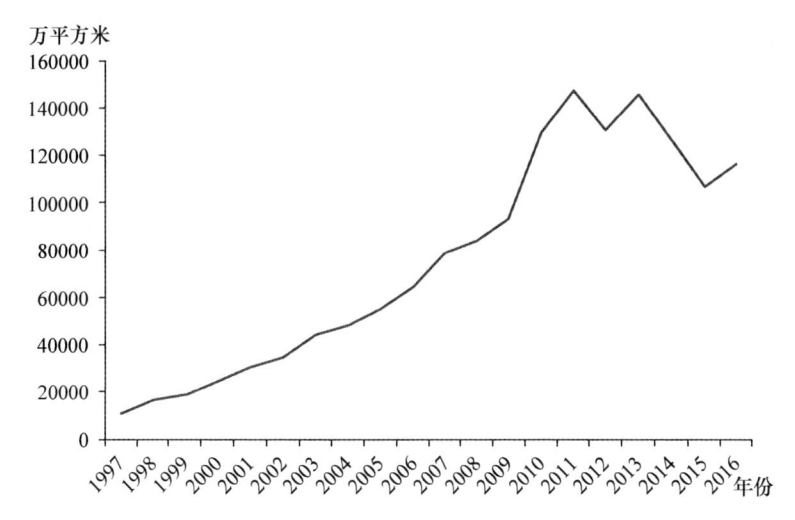

图 1-2　房地产开发企业房屋建筑施工面积（本年新开工住宅）

资料来源：中经网统计数据库。

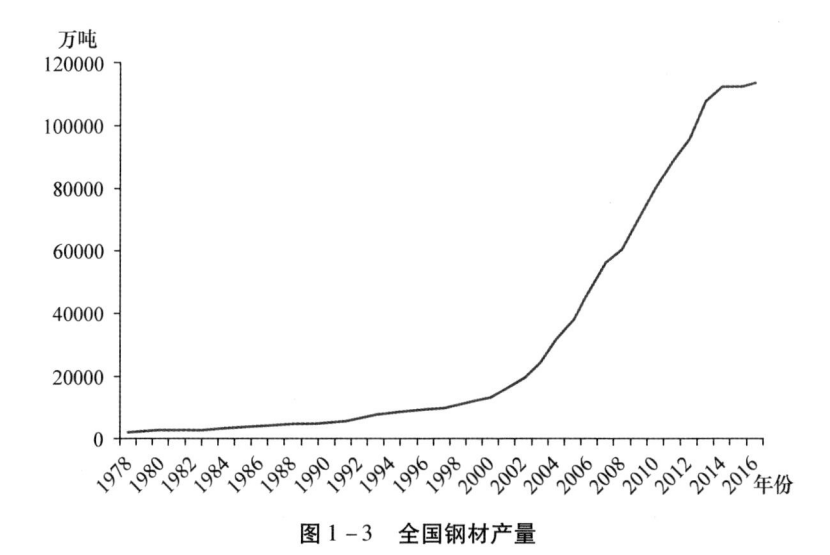

图 1-3　全国钢材产量

资料来源：中经网统计数据库。

(五) 因新技术出现而形成的过剩产能

在科学技术日新月异快速发展、各国都大力推进各种创新的大环境下，一方面，生产会因新技术的出现而使产量发生大的变化，另一方面，新技术也会使消费者需求发生变化。而且，这种新技术引起的短期内供求发生的较大变化，在发生前是不容易形成稳定和准确的预期，很容易形成过剩产能。

（1）新的生产技术发展带来新的产能，新旧技术叠加使产能迅速增长，旧技术未自主淘汰前，产能过剩就会出现——以煤炭为例

新的生产技术出现后，往往意味着生产会发生较大变革，新技术通常会带来更高的产能和更多的产量。在新技术出现伊始，旧的生产技术依然存在，旧技术所形成的落后产能也没有被淘汰，两者叠加就会使产能迅速增长。中国近些年出现的煤炭产能过剩就是类似的例子。

近十年来，煤炭工业通过引进吸收和自主研发相结合，生产技术出现了快速发展。在煤炭地质勘探方面，成功探索出"地面勘探与井下探测相结合，物探、钻探、巷探相结合"的方法，物探上煤炭地震勘探技术的应用提高了勘探精度，钻探上超大孔径、超千米深孔钻井技术得到广泛应用，巷探上水平定向钻井技术及设备完成国产化配套、钻机能力达到1000米。在煤矿建井方面，冻结、钻井、注浆等特凿井技术处于世界领先水平，深厚冲击层千米深井快速建井关键技术取得突破，掌握了千米深井一次开凿的核心技术，500米反井钻机一次成井技术取得成功。在煤炭开采方面，大采高综采技术在神东等主要矿区大面积推广应用，最大采高达7米，工作面产量实现了年产1000万吨；绽放开采技术水平已在世界领先，工作面单产量实现了年产90万—1100万吨/年；"特厚煤层大采高综放开采成套技术"实现工作面最高日产量5万吨；技术进步使得中国煤炭开采能力快速提升，相应的生产能力也不断快速提高。[①]

但是，煤炭技术的进步明显快于煤炭产能结构的优化过程。旧的落后生产技术及其形成的产能并未及时退出。以小煤炭为例，2014年，全国1.1万处煤矿中，还有8000多处的小煤矿，占煤矿总数的九成，小煤矿的产量超过总产量的12%，其中4000个左右是9万吨又下的小煤矿。[②] 这其中，有着安全系数不高、资源回采率较低、难以改造升级的落后产能，对安全生产、环境保护、产业结构升级都形成阻碍，同时也是造成产

[①] 岳福斌主编：《中国煤炭工业发展报告2015：煤炭产能新常态与落后产能退出新机制》，社会科学文献出版社2015年版，第42—43页。

[②] 岳福斌主编：《中国煤炭工业发展报告2015：煤炭产能新常态与落后产能退出新机制》，社会科学文献出版社2015年版，第44页。

能过剩的一个重要原因。

（2）新技术催生的新产品，由于无先例可循，企业暂时难以掌握准确的需求量，出现暂时性的产能过剩——以光伏电池和光伏组件为例

新技术所催生的新产品，由于无先例可循无经验借鉴，企业通常难以对需求量的变化做出准确判断。当企业对新技术和新产品的发展前景过于乐观时，而实际上新产品的应用并没有那么普及时，也很容易出现暂时性的产能过剩。中国近几年的光伏电池和光伏组件过剩就是一个例子。

21世纪初，中国光伏太阳能产业在国外市场的刺激下，产能迅速膨胀，这主要是表现在光伏太阳能产业中游的光伏太阳能电池制造和下游的组件封装、太阳能应用上。由于光伏太阳能产业的中下游环节资金门槛低、技术含量也较低，所以大量企业快速进入，形成了大量过剩产能。2004年，中国太阳能电池产量为50兆瓦，2007年迅速上升到1吉瓦，光伏电池年产量居世界首位。2010年我国光伏电池年产量已超全球总产量的50%。但与快速增长的太阳能电池供给量相比，光伏需求量增长则非常缓慢。据统计，2012年和2013年光伏市场需求在30吉瓦左右，仅当前中国的产能已可满足未来2—3年全球光伏市场的需求。

这种产能过剩，主要是由于新技术的产生导致全球都未形成稳定的需求量。太阳能电池的应用开发还相对缓慢，从光伏发电来看，一方面，在国际市场上，2013年以来欧洲各国均不同程度地削减了光伏发电补贴政策，国际需求大幅下降。而中国的光伏组件以主要是依靠大量出口生存，对国际市场依赖严重。另一方面，在国内市场上，光伏发电和常规发电有一个较高的价格差，严重限制了国内市场的形成。多年来，中国光伏市场较多地集中在离网农村电气化工程，这仅实现了很小的安装量。截至2008年年底，中国累计光伏装机量仅为145兆瓦。2010年，在中国太阳能电池产量超过全球总产量50%的情况下，国内市场的光伏产品装机量也仅仅为全球总装机量的3%左右。[1]

可见，这种产能过剩是由于新技术的产生未能充分激发市场需求导致的，是暂时性的。随着未来技术的不断进步以及配套的技术、政策的不断完善，光伏市场还是会有很大发展，届时光伏产能过剩问题将有弱化或者

---

[1] 李平等：《光伏太阳能产业发展调研》，经济管理出版社2016年版，第46—50页。

消失。

（六）退出机制不顺畅导致的产能过剩

从以上的分析可见，在改革和转型的阶段，以及由于科学和技术的迅速发展，企业对未来的需求预测不准确从而导致产能较大地超出市场需求，是难以避免的。但是，这并不意味着必然导致产能过剩。如果企业在意识到投资错误后可以较顺畅地退出特定的市场，那么市场调整就是健康的，产能过剩也可以避免。而中国当前，企业退出的机制还不顺畅，使企业缺失了纠正错误决策的机会，这也是当前导致部分行业产能过剩的重要原因。企业退出机制不顺畅主要表现在以下几个方面。

（1）职工安置与劳动力再就业的困难

职工安置与劳动力的再就业，往往是企业、政府和员工本身在进行企业退出决策时的重要考量因素。"人"的问题往往很容易成为去产能的核心问题。妥善安置职工和实现退出企业劳动力的再就业，是去产能的前提。仅2016年出台的关于钢铁和煤炭行业的去产能方案，涉及的职工就有180万人，其中钢铁行业50万人，煤炭行业130万人。[①] 这些职工往往又兼有年龄偏大、文化水平低且技能单一的特点，其本身的再就业难度较大。另外，去产能中的职工安置又与经济结构改革、产业结构调整相交织，就业总量矛盾与结构性矛盾相并存使得劳动力的再就业更为困难。

虽然中央财政安排有专项奖补资金用于去产能过程中的职工安置，但是国家下拨资金主要根据化解任务情况而定，对于经济发展较慢，就业形势较差的地区，由于就业吸纳能力较弱，企业用工需求下降，社会的就业吸纳能力也较弱，职工安置资金的缺口也很大。而且部分企业的职工对企业心存依赖，对企业退出形成很大的阻力。

（2）破产机制不健全

《中华人民共和国企业破产法》（以下简称《企业破产法》）虽早在2006年就颁布并于2007年实行，但是很多与破产相关的问题还没有解决，完善的企业破产退出机制并未解决。包括企业破产后，原有企业人员如何安置，国有企业的资产如何处理等，都缺乏完善的处理机制。而且，

---

① 黄湘闽：《去产能中职工安置的重点难点及对策》，《中国劳动保障报》2016年9月10日。

企业破产退出的司法程序也非常复杂和冗长，企业选择破产的方式代价高昂。因此，很多企业都难以通过破产实现退出。有数据显示，自2006年《企业破产法》颁布以来，中国每年的破产案件受理数量每年都徘徊在2000件左右，通过司法渠道破产退出的企业不足1%。这种现象在2015年稍稍得到改观，破产案件数量上升到3000多件。① 从数据分析来看，中国适用破产程序案件的数量不足美国的0.2%，西欧国家的1.16%。同时，中国2014年每千家公司进入破产程序的数量仅为0.11户，显著低于西欧平均70户的数量。② 破产机制未理顺，也是导致过剩产能和过剩企业无法正常退出的原因。

第二节 中国传统产业产能过剩的特点

一 传统产业产能过剩的现状

近年来，随着国内外市场环境的变化，中国普遍出现了产能过剩问题，其中钢铁、煤炭、水泥、化工等传统产业产能过剩问题尤其严重。据2014年调查统计，中国24个重要工业行业中的19个行业均出现了不同程度产能过剩，其中钢铁、煤炭、电解铝、化工和水泥等传统产业产过剩最为严重（见表1-3）。2015年，中国粗钢产量为8.04亿吨，实际产能达到12亿吨，产能利用率仅为66.9%，比2014年降低了1.71个百分点；焦炭总产能为6.6亿吨，实际产量为4.48亿吨，产能利用率为67.9%；电解铝行业估计总产能为3893万吨，过剩产能达到约752万吨，产能利用率约为80.1%；平板玻璃产能为10.87亿重量箱，产能利用率仅为72.3%；水泥产能约为34.4亿吨，产能利用率约为68.5%，比2014年下降5%。化工产业中精对苯二甲酸（PTA）、电石、聚氯乙烯、氢氟酸、有机硅甲基单体、丁苯橡胶、顺丁橡胶产能利用率分别为64.1%、58.9%、68.5%、44%、55.5%、54.5%、45.1%，均严重过剩；烧碱、甲苯二异氰酸酯（TDI）产能利用率分别为78.2%和70.3%，过剩程度

---

① 张萧然：《"僵尸企业"退出机制：破产法不能缺席》，《中国产经新闻》2016年2月19日。
② 李曙光：《清理僵尸企业：失灵的破产法要灵起来》，《经济参考报》2016年3月22日。

较轻。从产能过剩的发展趋势看,中国传统产业的过剩行业越来越多,过剩程度日趋严重。2010—2015 年,中国粗钢产能利用率从 84.9% 下降至 66.9%,下降了 18.0 个百分点;水泥产能利用率从 82.6% 下降至 68.5%,下降了 14.1 个百分点;平板玻璃产能利用率从 74.5% 下降至 72.3%,下降了 2.2 个百分点;电石产能利用率从 60.9% 下降至 59.0%,下降了 1.9 个百分点;炼油产能利用率从 77.2% 下降至 75.0%,下降了 2.2 个百分点。

表 1-3　2010 年以来中国传统产业重点产品产量利用率变化趋势

产品	2010 年			2015 年		
	产能（万吨）	产量（万吨）	开工率（%）	产能（万吨）	产量（万吨）	开工率（%）
粗钢	75000	63723	84.9	120000	80382	66.9
电解铝	2300	1695	73.7	3893	3141	80.1
水泥	227834	188191	82.6	344190	235918	68.5
平板玻璃	89000	66330	74.5	108700	78651	72.3
焦炭	—	38658	—	66000	44822	67.9
电石	2400	1462	60.9	4224	2483	59.0
甲醇	4150	1752	42.2	7454	4720	63.0
二甲醚	1000	250	25.0	1380	305	22.0
醋酸	630	384	61.0	992	587	59.0
纯碱	2380	2029	85.2	3150	2617	83.1
烧碱	3021	1934	64.0	3870	3028	78.2
聚氯乙烯	2043	1255	61.0	2350	1609	68.5
合成氨	6560	4963	76.0	7310	5790	79.0
磷肥	2100	1582	75.3	2350	1793	76.3
醋酸乙烯	167	138	82.6	285	140	49.0
炼油	54800	42300	77.2	71300	53475	75.0

资料来源:《中国统计年鉴》相关年份。

二 中国传统产业产能过剩的特征

(一)产能过剩具有普遍性

与以往历次出现的大多属于阶段性和结构性的产能过剩不同,当前中国传统产业中出现的产能过剩具有总量过剩的特征,并且过剩现象在传统产业具有相当的普遍性。从传统的采矿业如煤炭,到原材料工业如钢铁、有色、化工,以及普通加工工业如船舶制造等,均出现了产能过剩现象,区别只是过剩程度和严重性有所不同而已。而且,与以往历次产能过剩有所不同的是,由于当前产能过剩具有行业整体性过剩的特征,中国传统产业普遍出现效益严重下滑,并出现了大量的僵尸企业。以钢铁产业为例,2010—2015年,中国重点钢铁企业实现利税从1645亿元下降至 -13.03亿元,下降了1658.03亿元;实现利润总额从916.6亿元下降至 -645.3亿元,下降了1561.9亿元;亏损企业亏损额从16.6亿元上升到817.2亿元,增亏800.6亿元。企业亏损面由2010年的6.5%上升至2015年的50.5%,上升了44.0个百分点;产值利润率由3.32%下降至 -2.81%,下降了6.13个百分点;销售收入利润率由3.01%下降至 -2.23%,下降了5.24个百分点;净资产利润率从7.54%下降至 -4.61%,下降了12.15个百分点。2015年,中国规模以上钢铁工业企业主营业务收入利润率仅为0.8%,仅为全部规模以上工业企业6.0%的主营业务收入利润率的1/7。产能过剩的有色金属工业效益下滑也相当严重。2012—2015年,有色金属工业亏损企业数量从1473家增加到1946家,亏损企业亏损额从355.2亿元增加到566.7亿元,行业亏损面从16.3%上升到21.0%。

由于产能过剩现象相当普遍而且严峻,中国传统产业大多存在数量不等的僵尸企业,其中尤其以钢铁、有色等产能过剩严重的传统产业为甚。据专家测算,在深沪上市的26家大中型钢铁企业中,2015年被识别为僵尸企业的有20家,包括攀钢钒钛、河钢股份、*ST[①]韶钢、本钢板材、新兴铸管、太钢不锈、鞍钢股份、华菱钢铁、首钢股份、武钢股份、宝钢

---

① ST 是 special treatment 的英文缩写,ST 表示公司经营连续两年亏损,特别处理;*ST 表示公司连续三年亏损,退市预警。

股份、包钢股份、五矿发展、西宁特钢、凌钢股份、酒钢宏兴、抚顺特钢、方大特钢、ST八钢、柳钢股份。另据中国人民大学课题组发表的研究报告《中国僵尸企业研究报告——现状、原因与对策》使用1998—2013年中国工业企业数据库和1998—2015年上市公司数据库对僵尸企业测算，中国钢铁企业中僵尸企业比例高达51.4%。

（二）产能过剩具有结构性

与以往历次产能过剩一样，当前中国传统产业的产能过剩具有结构性过剩的特点，一方面，行业的总体产能相对于市场需求总量而言呈现出绝对量的过剩，行业的产能利用率明显过低，另一方面，行业提供高端产品、满足高端需求的能力满足不足，使得中国在高端产品领域尚存在较大的缺口，不得不依靠进口来加以解决。例如，中国建材工业总体产能过剩，但是满足消费升级的高端建材产品却供应能力不足，以至于中国消费者去日本大量采购马桶盖。再如，钢铁和有色也是产能过剩比较严重的传统产业，但是，超级工磨具用钢、加氢反应器用钢、120毫米以上厚板、高性能重载齿轮钢、高性能耐磨板、超高性能不锈钢及高强高韧铝合金、大尺寸铝合金板材、高性能钛合金管材等或因产品质量不稳定，或因产品还是空白而不得不依赖进口。平板玻璃行业的产能过剩也具有明显结构性过剩的特点，一方面，普通平板玻璃产能过剩矛盾突出，钢化玻璃、中空玻璃、压延玻璃等并没有明显的过剩现象，超薄、超白及低辐射玻璃等高端产品相对短缺。目前，在国内市场严重过剩情况下，中国化工产业中的茂金属聚烯烃、辛烯共聚聚乙烯等自给率不足10%，聚碳酸酯、碳纤维、特种工程塑料（聚砜、聚酰亚胺等）自给率不足30%，聚酰胺工程塑料、己烯共聚聚乙烯、尼龙66切片等不足50%，每年约300万—400万吨的关键高端钢材、100多万吨铝材、50多万吨铜材不能自主供应，还需依赖进口。这说明中国传统产业不仅存在行业总体产能普遍过剩的突出矛盾，而且还存在普通产品的结构性过剩与高端产品供给能力不足的突出矛盾。

（三）产能过剩具有长期性

经过改革开放40年的高速增长，中国传统产业的大多数产品生产能力已经达到前所未有的历史高位，而与此同时，工业化发展已经进入中后期阶段,经济发展对资源和原材料消耗的强度有所下降,传统产业的多数产品需求已经接近阶段性峰值。例如,中国国内粗钢消费量在 2013 年达到 7.6 亿吨峰值后,国内粗钢消费量已经连续多年下降,预计 2020 年将下降至 6.5 亿—7 亿吨。水泥、平板玻璃,石化产业的多数产品需求增速也将放缓,部分产品甚至可能像钢铁一样出现需求总量的下降。根据国际上多数发达国家和地区的历史经验估算,中国水泥需求到 2025—2030 年将降低到目前的一半,即 13 亿吨左右。[1] 可见,此次产能过剩不可能通过政府扩张需求政策而得以根本解决,而只能通过产业转型升级与产能调整才能实现控制新增产能并消化之前持续扩张带来的存量产能,适应新发展阶段的经济新常态。这显然不是短时期内可以完成的,而将是一个长期过程。

(四)产能过剩具有区域差异性

从产能过剩的区域分布特点看,当前中国传统产业的产能过剩状况和程度具有区域差异性。总的来说,东部沿海地区和东北地区的传统产业由于起步早,发展快,工业化进入后期阶段,区域市场需求潜力有限,加之近年来要素成本上升过快,同时产业发展过于依赖国际市场,而近年来国际市场对传统产业的需求明显减弱,因此产能过剩的严重程度较中西部要严重。而中西部地区由于工业化尚未完成,区域市场特别是基础设施建设对传统产业的需求仍有较大潜力,因而产能过剩的程度相对较轻。以水泥产业为例,2016 年中国水泥产能在 35 亿吨左右,全国水泥产能平均利用率为 68.7%,东部沿海地区和东北地区的水泥上市公司除金隅水泥外,所有上市水泥企业的产能利用率均低于全国平均水平,而中部地区和西部地区除经营不善的狮头股份、西部水泥、华新水泥 3 家企业外,均远高于全国水泥产能利用率平均水平(见表 1-4)。钢铁工业的产能过剩的区域分布状况也有类似现象。东部沿海地区特别是华北和东北地区产能过剩的严重程度远超过中西部地区。总之,中国传统产业产能过剩的区域分布具有明显的地区差异性特点。

---

[1] 高长明:《对我国"十三五"水泥工业发展方向与目标的思考》,载《中国建筑材料工业年鉴》,中国建筑材料工业年鉴编辑部 2016 年版,第 54 页。

表1-4　　2016年各地区水泥上市公司水泥产能利用率情况

企业所在区域	企业名称	2016年产量（万吨）	2016年生产能力（万吨）	产能利用率（%）
东部沿海地区	山水水泥	4395.9	10176	43.2
	冀东水泥	3802	13000	44.6
	福建水泥	619.78	1200	51.7
	金隅水泥	4764	5000	90.9
	中国建材	25719.5	40900	62.9
	中材股份	7692.3	11266	68.3
东北地区	金圆股份	563.6	1400	40.3
中部地区	华新水泥	4995	7500	66.6
	海螺水泥	27700	31300	88.5
	葛洲坝	2240	2430	92.2
	同力水泥	1224	1600	76.5
	狮头股份	93.2	180	51.8
西部地区	四川双马	1065.65	1100	96.9
	祁连山	2175.6	2800	77.7
	西部水泥	1780	2920	61.0
	宁夏建材	1585.1	2100	75.5

资料来源：各上市公司2016年年报、中国水泥网、中国水泥研究院。

第三节　中国传统产业产能过剩的原因分析

在经典的市场经济理论假设下，市场机制会引导市场微观主体根据价格的变动及时调整企业的投资和生产决策，从而实现市场供求的均衡，产品的供给超过了有支付能力的市场需求的产能过剩现象不太可能出现，即使出现也只是短暂的，因为完全理性的微观经济主体会根据市场发出的信号及时做出反应和调整，从而实现市场的出清。但是，这种经典的市场经济理论是建立在许多条件假设的基础上，而现实市场经济即使是发达的西方国家的市场经济也不可能完善满足那些假设条件，何况中国的市场经济尚处于改革完善过程中，因此，对中国传统产业产能过剩形成原因，从传统的西方经济学理论中可能找到令人满意的答案。为了解释当前中国产能过剩问题，国内学者提出了不同的观点与政策主张。林毅夫（2007）认为，在信息不完全和不对称情况下，发展中国家的企业很容易对有前景的产业"英雄所见略同"，从而企业投资向某些行业过度集中，即投资"潮涌"现象，进而引发严重的产能过剩。韩国高等（2011）认为，中国的产能过剩是市场经济条件下的正常现象，通过测度了中国28个行业产能利用水平，证明固定资产投资是产能过剩的直接原因，认为经济增长方式不合理、利益驱动导致的投资潮涌及地方政府的不当干预，是中国产能过剩形成的深层次原因。张前程、杨光（2015）认为，中国产能过剩与投资依赖型经济有莫大关系，投资是拉动经济增长的强力引擎，却也滋生了无力消化的产能。傅尔基（2016）认为，供需失衡是中国目前产能过剩的动因，主要在于无效、低端供给过剩，而有效、高端供给不足，国内有支付能力的需求转向国外市场。鲁保林、陆茸（2016）指出，当前是周期性产能过剩，衰退和萧条导致国内外需求和既定的产能供给不匹配，加剧了产能过剩。鞠蕾等（2016）认为，政府不当干预是导致中国产能过剩的制度因素。

笔者认为，当前中国传统产业的产能过剩，原因是多方面的，既有市场化改革不彻底，市场扭曲和政府过度干预等体制机制方面的原因，也有传统产业进入门槛低、沉淀成本高、退出障碍大的产业特点方面的原因，更有技术创新能力不足导致结构性产能过剩的原因。具体而言，造成中国传统产业产能过剩的主要原因有以下几个方面。

一　进入门槛低，退出壁垒高

由于传统产业在许多地方属于当地的支柱产业，出于发展经济、增加收入、促进就业的目的，地方政府往往会加以扶持。政府的各种扶持政策降低了传统产业的准入壁垒。此外，传统产业的技术日益成熟使得技术门槛很低。以电解铝为例，自20世纪五六十年代以来，电解铝技术不断取得新的突破，200千安培、300千安培、400千安培等大型预焙阳极电解槽相继建成投产技术装备处于国际先进水平并通过铝电解节能减排技术的研发及应用，电耗及主要污染物排放持续降低，行业进入的技术门槛低、建设周期短。而与此同时，传统产业退出壁垒却很高。其原因在于：从产业属性看，许多传统产业如钢铁、水泥、平板玻璃等，资产专用性较强，沉没成本非常高，进而导致退出壁垒高。从制度因素看，由于传统产业在许多地方属于当地的支柱产业，为了维持地区经济发展和社会稳定，地方政府直接干预企业的退出，使大批本应该被市场淘汰的企业继续经营运作，成为"僵尸企业"，而债权银行因顾忌不良贷款率指标的考核，对产能过剩行业中存在着大量长期亏损、濒临破产的僵尸企业不是釜底抽薪而是更愿意继续为其续命输血。也就是说，即使企业已经濒临破产，债权银行为了保证不出现巨额的不良贷款，仍会继续向企业授信。理论上，银行本应扮演金融市场主体的角色，发挥向市场输送"金融血液"的功能，但在中国，银行授信却带有盲目性，信贷资源总是集中流向产业政策扶持行业、投资热点行业中的少数"优质"企业，而中小企业、创新企业却一直面临融资困难的问题。因为信贷资源长期错配，那些轻易得到授信的企业往往盲目扩张，催生大量重复建设和严重产能过剩，同时，随着企业规模的不断扩大，银行开始为企业所"绑架"，不得不为"僵尸企业"的投资失误埋单。一旦彻底退出市场，其债权银行将面临大量不良资产，尤其是一些超大型企业的退出对债权银行冲击更为严重（王国清等，2014）。此外，社会保障制度不完善使得过剩产能的退出也还存在很大的制度性障碍。地方政府出于社会稳定的需要，往往也会对过剩产能和僵尸企业的退出加以干涉。总之，由于产业特性和制度原因，中国传统产业进入壁垒低而退出壁垒高，使得产能过剩问题化解难度大。

二 技术创新能力不足

改革开放40年来，中国传统产业在中低端产品中已经积累了巨大的生产能力，而高端产品生产由于原始创新能力不足、关键核心技术受制于人而不能生产或者虽能生产，但产品质量稳定性、可靠性等不能满足产业升级和消费升级的需要。目前，中国钢铁产业的自主创新更多地体现在引进新日铁住金、浦项、奥钢联、西门子、西马克等现代化技术装备基础上的新产品及生产工艺的模仿创新，难以形成在世界钢铁界具有影响力的重大专有技术和产品优势；石化产业具有自主知识产权的石化工艺技术较少，特别是引领石化产业发展的核心专利技术较少，建设大型石化生产装置仍需引进关键技术；建材产业中的建筑卫生陶瓷工业主要技术装备如陶瓷压机、窑炉、胶辊印刷、喷墨打印及产品创新等多数是在引进、消化基础上再创新实现自主知识产权的，真正中国创造的，尤其是顶尖技术还有明显差距，高端的设计、节能减排、智能化自动化、产品品牌影响力等与国际领先水平相比还有明显差距。技术创新能力的不足，使得中国传统产业中的一些高端产品和关键材料自给能力严重不足，不能满足结构升级和消费升级对产品新功能、新领域、新需求和高品质的需求，而中低端产品却产能大量过剩，导致中国传统产业产能过剩具有明显结构性特点。更为严重的是，由于技术创新能力不足，改革以来积累的大量社会资本找不到更好的投资出路，只能继续在中低端产品上投资建项目，结果更加加剧了中低端产品产能过剩的严重程度。可以说，创新能力不足是导致中国传统产业产能过剩特别是结构性产能过剩的重要原因。

三 产业政策的调控错位

在市场经济条件下，政府产业政策的主要作用是弥补市场失灵。按照现代市场经济的逻辑，在解决产能过剩问题时，政府产业政策调控的重点在于弥补市场机制调节的短板如负外部性问题。而当前中国产业政策在解决传统产业产能过剩问题过程中，其着力点不是弥补市场失灵上，而是放在替代市场和微观主体决策上。例如，通过为相关产业和企业设定强制性标准和要求，提高新上项目准入和审批的门槛，以产出总量、集中度、生产装置规模、产量大小和技术水平为标准来判断企业的去留，并且规定扶大限小，保留高技术、淘汰落后技术等政策措施，而政府应该解决好的企业生产过程中的环境污染等负外部性，产业政策虽有涉及，但或力度不够，或执行不到位。这是政府在替代市场在决策，是政府产业政策调控的错位。在市场经济条件下，技术路径、工艺流程和生产设备的选择，应该由企业和市场来解决，这也是企业和市场可以解决好的。事实上，政府产业政策调控上的错位，往往在某种意义上加剧了我国传统产业产能过剩的严重程度。以钢铁产业为例，为了解决钢铁产业的产能过剩问题，自2003年以来，政府已经不断提高新建钢铁项目高炉标准，但每次以提高炉容标准淘汰落后产能，都会带来新一轮产能扩张，产业政策不仅没有起到应有的效果，反而适得其反。可以说，政府产业政策的调控错位，虽然不是导致中国传统产业产能过剩的直接原因，但它加剧传统产业产能过剩的严重程度。

第四节　传统产业转型升级的路径

如前所述，中国传统产业的产能过剩具有普遍性、结构性、区域差异性和长期性等特点，导致中国传统产业产能过剩的原因也是多方面的，既有体制机制上的原因，也有传统产业属性的因素以及技术创新和产业政策的因素，因此，根治中国传统产业产能过剩问题也要从长期和短期、治标和治本等多重维度来综合施策。从长期方向来看，解决中国传统产业产能过剩问题，必须通过发展制造过程生产新模式、智能化服务制造模式、互联网定制生产新模式，加快传统产业智能改造等来加快传统产业的转型升级。从短期来看，解决中国传统产业产能过剩问题，必须从完善体制机制、提高产业自主创新能力等来入手。

一　以融合嫁接发展为导向，推动传统产业转型升级

传统产业在中国经济中仍然扮演着重要角色，在很多地区传统制造业仍是支撑区域经济发展的脊梁。因此，我们不能照搬一些发达国家（地区）用高端产业来完全取代传统制造业的道路，而只能通过新旧产业的交互作用、融合渗透、逐步创造出全新的产业体系，完成产业结构转型升级。这种产业融合是不同产业或同一产业不同行业相互渗透、相互交叉，最终达到融为一体，逐步形成新产业的动态发展过程，它有利于延长传统产业的生命周期，提高传统产业的可持续发展能力。产业融合嫁接可从产业内部融合、产业交叉和产业渗透三个方面展开：一是推进传统产业内部的融合发展，延伸产业链。例如，向产业链上游延伸，提高对国内外资源掌控能力，降低原材料成本；向下游延伸产业链，发展深加工产品、加工配送、物流、贸易，甚至渗透到下游主要的用户行业，与下游主要用户企业结成战略联盟，联合进行产品设计、产品开发等，提高产业盈利能力和抗风险能力。二是推进传统产业与其他产业融合发展。例如，与旅游文化产业融合，发展工业旅游、科普教育等；与电子信息产业融合，发展数字车间、数字矿山、数字工厂，建立电子商务平台等；与研究机构融合，建立产学研合作体系，提高行业技术开发效率和水平；等等。三是嫁接适合

传统产业发展特点的新理念、新经济、新业态、新模式、新技术、新的管理模式。例如，把信息技术时代扁平化管理模式嫁接到企业的管理体系中，把设计协同——EVI 先期介入服务模式嫁接到企业的营销模式中，提高企业的管理和营销效率；把共享经济新理念嫁接到传统产业中，实现企业之间共享研发设备、研发平台，提高传统产业研发设备的利用率；把工业 4.0 的理念嫁接到传统产业中，在企业的研发设计、生产制造、经营管理、市场营销以及全寿命周期服务等全流程、全产业链集成应用信息技术，将信息技术运用到传统产业节能降耗、品种质量、环境保护、安全生产、装备改善、物流商贸、管理信息化等各个环节等；在产品生产通过嫁接现代新理念、新模式开发新产品、增加新功能、拓展产品应用新领域等。

二 以智能化、数字化改造提升为导向，推动传统产业转型升级

利用物联网、云计算、大数据、移动互联网、智能化控制技术等智能化技术装备对传统产业进行改造提升是传统产业摆脱同质化竞争激烈，实现差异化发展，提高供给质量的的重要途径，也是传统产业实现转型升级的重要方式。推进传统产业的智能化改造升级，一是要加快推进制造信息化、数字化与传统产业制造技术融合发展，推广应用智能制造关键技术装备、核心支撑软件、工业互联网等智能化关键技术装备，建立和完善企业基础自动化、生产过程控制、制造执行、企业管理四级信息化系统，推广流程智能制造、离散智能制造、网络化协同制造、远程诊断与运维服务等新型制造模式。二是要加快推动信息通信技术与传统产业制造技术融合发展，以互联网技术为核心，推进制造、管理、经营和流通新模式的再造，推广以订单为基础，采用快速灵活的生产组织模式，实现产品的定制生产，满足客户多品种小批量的个性化、柔性化产品定制需求，积极应用自动测温取样机器人、板坯自动清理机器人、原料分拣机器人、切割机器人、表面缺陷判定、产品自动标识、图像自动识别机器人等，建设智能化工厂。三是探索搭建传统产业智能制造云服务平台，汇聚生产企业、下游用户、物流配送商、贸易商、科研院校、金融机构等各类资源，共同经营，提升效率。

三 以全产业链低碳化改造提升,推动传统产业转型升级

绿色低碳发展是生态文明建设的重要内容,也是中国传统产业转型升级的必由之路。传统产业要改变"傻大黑粗"的传统形象,需要对包括研发设计、资源供应、产品制造加工、物流和消费,资源回收利用的全产业链进行低碳化、绿色化改造升级,实现绿色设计—绿色原料—绿色制造—绿色产品—绿色物流—绿色消费的闭环高效循环。在产品研发设计环节,需要以智能化、互联网+、大数据等智能化、信息化手段来加快新一代可循环流程工艺技术研发,加快推进产品生态设计工作,开发、制造符合国际市场需求的绿色环保产品。在原料供应环节,需要大力开发提高资源循环利用率的技术,提高矿产资源回收率,减少资源的开采,提高资源的利用效率。在生产制造环节,大力推进节能减排降碳技术改造,优化产品设计和生产工艺流程,降低单位产品能耗、物耗和废物排放,降低资源消耗量,提高资源产出率。在物流环节,利用先进的物流设施、管理、服务与装备技术等手段,建立具有绿色特征的运输、储存(仓储)、包装、装卸搬运、流通加工、逆向物流等物流运行体系,降低对环境的污染、减少资源消耗,实现产品供应链全流程的绿色化、低碳化。在产品消费环节,引导消费升级,推动绿色产品消费。例如,在建筑行业中推广高强钢筋和钢结构,提高高强钢筋和钢结构的使用范围和比重,在装备制造业推广应用高强度、耐磨、耐蚀、高纯净度钢材,在能源建设领域推广应用高强度、耐腐蚀、耐高温、耐低温、高韧性钢材,减少钢材消费数量,等等。在资源的回收利用环节,加大资源回收利用力度,提高资源回收利用率。

第五节 推进产能过剩治理工作的几点建议

中国对产能过剩的治理,从 21 世纪初开始至今,经历了以行业结构调整来优化产能分布、以抑制重复建设来治理低效产能、以淘汰落后产能来提升产能质量、以产能严重过剩行业作为试点重点突破并进行分类施策

来帮助行业脱困发展的历程。① 从整体上看来,对过剩产能的治理方式虽有改善但成效不大,主要还是因为政府的行政干预过多,留给市场机制运作的空间较小。我们认为,对过剩产能的治理,政府要有所为有所不为,能够用市场机制解决的,应该尽量发挥市场的作用;政府主要是需要做好去产能的配套和职工安置托底工作。

一 尽量不要行政性地制定去产能的数量目标

2016年2月,《国务院关于钢铁行业化解过剩产能实现脱困发展的意见》(国发〔2016〕6号)(以下简称《意见》)中采用的方法,仍然是行政目标与市场手段相结合的方法,其行政目标体现在,由政府给出具体的去产能的量。例如,《意见》指出,化解钢铁行业过剩产能工作目标之一是"在近年来淘汰落后钢铁产能的基础上,从2016年开始,用5年时间再压减粗钢产能1亿—1.5亿吨"。这种明确的、数量化的目标被文件明确提出,就会得到各级政府的重视,使得去产能的工作有了明确的抓手,但是,这种行政性地制定出具体的定量化的目标也会存在较大问题。

第一个问题是政府不见得能够准确判断过剩产能的量。

对过剩产能的判断,不仅要对现存产能进行调查和统计,更要对未来市场需求做出准确的估计。而在后者,政府并不见得比企业本身做得更好,或者说政府未必比企业更有优势进行未来市场需求的判断。我们从最典型的行业来看,无论是钢铁行业还是煤炭行业,政府对未来需求做出的判断常常都是错误的。例如,在煤炭行业,2017年3月的政府工作报告中刚提出"要退出煤炭产能1.5亿吨以上"。到了2017年夏季,随着用煤旺季的到来,煤炭行业就出现了价格大幅上涨甚至煤炭供应紧张的局面。仅仅两三个月后,发改委只好加快了多个地方的煤矿项目的审批,增加了新产能。

第二个问题是一旦中央政府给出了具体的"量化目标",就很容易导致各级政府更关心这种"量化目标"而忽视了"质"的目标。

虽然《意见》中,除了具体的"量化目标",也还提出了要使钢铁

---

① 杨振:《产能过剩调控政策与治理体系研究》,中国社会科学出版社2017年版,第167—182页。

"行业兼并重组取得实质性进展,产业结构得到优化,资源利用效率明显提高,产能利用率趋于合理,产品质量和高端产品供给能力显著提升,企业经济效益好转,市场预期明显向好"。但是,由于数量型的量化目标在操作上更容易实现,在考核时也容易出成效;质量型的目标往往不容易找到抓手。因此,在实践中,往往难以避免会出现一些地方政府在化解过剩产能的工作中,不考虑产业的实际发展情况和企业的竞争力、生产经营、节能环保等实际状况,而是直接简单地强制将数量型去产能任务目标进行分解,并直接分派到企业头上。"有的企业甚至不知道自己已被列入压减名单。"① 另外,由于各个省市、各个企业的钢铁产能特点都不相同,定制了具体的"量化目标"后,在地区分配以及企业分配时,常常很难做到因地施策、因企业个体施策,容易产生"一刀切""一压了之"的问题。

仍然以钢铁行业为例,2016 年,中央政府制定的钢铁去产能目标为 4500 万吨。而各省市随之制定的 2016 年去产能目标累加为 8491.75 万吨,各央企随之制定的 2016 年去产能目标累加为 719 万吨,两者合计 9210.75 万吨,是中央政府确定目标的 2 倍多。② 这里面不乏有"一刀切"下将有竞争力的合理的产能也纳入压减指标的情况。

二 提高市场准入标准淘汰落后产能

政府治理产能过剩的最好方式,应该是制定退出标准,通过市场倒逼的手段来实现。企业生产出来的产品,不符合相关标准的,都要依法依规退出。从而使企业

政府通过制定退出标准的方式来治理产能过剩,有以下优势:第一,可以尽量减少由于政府判断错误而带来的对市场的不当干预,可以更好地发挥市场通过优胜劣汰的竞争机制来自我淘汰不被市场所需要的过剩产能。第二,避免在淘汰产能的过程中用力过度,将一些当前闲置但企业仍想保留,而且当市场回暖后又会很快有需求的产能错误淘汰掉。第三,政

---

① 任明杰:《钢价回暖添烦恼 去产能不宜"一压了之"》,《中国证券报》2016 年 8 月 30 日。
② 《2016 年钢铁去产能目标超额完成》,http://www.opsteel.cn/news/2017 - 02/4873AA1756B572F0E050080A7DC973F0.html。

府与市场都能各尽所能，更好地发挥各自的优势。政府制定退出标准，可以弥补市场失灵对环境、安全、民生等方面造成的损害，而且可以起到价值引导的作用。

政府制定标准的内容和范围，应该尽量以增进民生福利为导向，综合考虑以下各个方面：第一，环境保护方面，包括污染物排放的标准等；第二，能源配置方面，包括各种能耗标准；第三，社会安全生产方面，包括保障从业人员的安全与健康的标准，以及周围居民的生活安全等标准。第四，产品质量方面。灵活运用好产品质量标准这一手段，不仅可以有效地淘汰落后产能、保存先进产能，还可以促进产业升级。产品质量标准应该灵活、及时地反映出社会发展和技术进步的要求。不断地及时提升产品质量标准可以倒逼企业注重提升产品质量、关注先进技术，也有利于提升整个制造业的制造水平。

在制定标准的过程中，会涉及如何看待新老企业之间的差距的问题。对于老企业来说，由于很早进入市场时，当时的技术和设备都不一定能支持企业达到现有的标准，这中间的差距，可以考虑通过其他机制来解决。例如，对于环境保护的污染物排放来说，未达到污染物排放标准的老企业，可以允许其购买污染物排放指标。如果老企业可以承担污染物排放指标的交易成本，通过购买的污染物排放指标来实现达标，则这部分产能可以继续保存。如果企业无法承担因排污权交易带来的成本时，就只能选择退出这部分的落后产能。这样就既可以充分考虑了新老企业之间差异以及解决新环境带来的成本在不同企业之间的分摊问题，又可以通过市场的手段来清退落后产能。当然，这一步的实现，需要不同的政策体系进行协调和配合，需要排污权交易制度尽快健全完善。

政府制定的标准，建议不要涉及技术等方面，而是把这方面的选择还给市场。技术标准的制定，往往也会涉及企业生产的技术路径的选择。而哪种技术更合适，哪种技术更有生命力和发展空间，在这些问题的判断上，政府不见得比企业更准确。因此，政府应该避免做出技术标准的选择，而是做好环保、能源、安全和质量等方面的标准，只要企业能够达到这些方面的标准，无论采用哪种技术都是可能被接受的。在同样的环保、能源、安全和质量等方面的标准下，采用低技术的企业仍然能够存活，就说明这种技术仍然有市场，或者是在当前的发展阶段下，低技术在某些市场领域比高技术更有竞争力。这种情况下就不必强制要求所有的企业都采用更高的技术，那样反而会造成资源的过度浪费。

三 完善社会保障功能，做好淘汰落后产能的托底工作

当企业需要退出市场时，要给予企业良好的退出机制。地方政府要减少对企业的干预，不要给缺乏效率的僵尸企业提供各种补贴和迫使银行发放贷款。要强化银行的预算约束，加强对银行的监管，制定相关的法律法规来确保银行体系的相对独立性。充分发挥市场机制对企业的倒逼作用和资源再配置。

同时，还要健全和完善社会保障网，解决企业退出后给社会带来的不稳定因素。在企业退出的过程中，政府需要做的不是"保企业"而是"保人"，对于退出企业的人员安置，要给予必要的支持。

积极搭建创业和再就业平台，为劳动力提供再精准的职业技能培训，降低就业转换的成本。采用灵活多样的再就业培训形式，提供从短期到长期的培训项目。为退出企业的职工提供再培训费用补贴。

四 简政放权，加强审批改革

政府掌握着巨量的资源和财富（包括土地和矿产资源、货币印制和信贷投放等），掌握着政策法规能否"可行""可操作""可落实"的关键通道。简政放权，进行行政审批改革，可以斩断地方政府插入市场、土地经营、招商引资的"有形之手"，是化解过剩产能的重要途径。一是从审批入手规范政府行为，把市场从审批经济中解放出来。审批改革是破除地方政府盲目扩大产能的"釜底抽薪"之举，可以通过为市场机制松绑而起到化解产能过剩的效果。特别说明的是，审批改革的目的不是限制产能的增长，而是放开政府规制，让企业根据市场需求灵活调整生产决策，这样既可以"去产能"，又可以满足人们日益增长的物质文化需要，提高资源配置效率。二是加强事后监督。在经济领域，行政审批成为政府配置资源的核心手段。用行政权力代替市场机制，用政府决策代替市场博弈，就会导致许多企业只要通过了行政审批环节，接下来就处于无人监管的状态。由事前审批转变为事后监管是更为重要的。

五 减少政策依赖，回归市场调节

要推行竞争性产业政策。为了避免选择性产业政策的一些影响，应当将竞争性原则融入到产业政策中，实现产业政策与竞争政策的统一，由过去的选择性的产业政策向提高经济基础设施状况、提高全产业创新能力的竞争性和普惠性产业政策过渡。政府为各产业创造公平完善的竞争环境，发挥市场在资源配置中的决定性作用，通过竞争提高各产业部门的生产力水平来促进产业发展是应对"新常态"的新思路。竞争性、普惠性的产业政策保护竞争本身，不对特定竞争者进行差别对待，不因企业的所有制性质为转移，是新常态下强化竞争政策基础性地位赋予产业政策的新的精神内涵。要由直接的干预企业投资行为，转变为间接的引导，使企业掌握更准确的市场信息，更好地结合市场和自身的实际情况，制定科学、合理的投资策略。

第二章

中国煤炭行业产能过剩现状及治理

煤炭是中国主体能源。煤炭产业是国民经济基础产业，涉及面广、从业人员多，关系经济发展和社会稳定大局。近年来，受经济增速放缓、能源结构调整等因素影响，煤炭需求大幅下降，供给能力持续过剩，供求关系严重失衡，导致企业效益普遍下滑，市场竞争秩序混乱，安全生产隐患加大，对经济发展、职工就业和社会稳定造成了不利影响。化解煤炭过剩产能是落实中央供给侧结构性改革"三去一降一补"[①] 任务的重要内容，也是社会上比较关注的问题。

作为中国重要的一次能源，煤炭行业的可持续发展对中国国民经济的发展有着至关重要的影响。20 世纪 80 年代以来，随着经济周期的波动以及国家对煤炭行业政策的多次调整，中国煤炭行业的发展大致经历了四次周期。其中，从 2002 年开始，煤炭行业进入了长达十年的黄金发展期，煤炭投资逐年增长，新增产能不断释放。但在高速发展的背后，随着国家经济增长速度的放缓，对煤炭需求量降低，导致产能过剩问题日益凸显，煤炭企业亏损严重，负债规模快速增加，债务风险加剧，严重影响到煤炭行业乃至金融系统的安全。为了帮助煤炭企业走出因产能过剩带来的困境，2016 年 2 月，国务院下发了《关于煤炭行业化解过剩产能实现脱困发展的意见》（国发〔2016〕6 号），率先在煤炭、钢铁两个行业开展推动供给侧结构性改革试点工作。本章在实地调研的基础上，梳理了当前中国煤炭行业去产能过程中采取主要的措施，取得的成效，找寻出现阶段中国在煤炭去产能过程中面临的一些主要问题，并给出政策建议。

---

① 去产能、去库存、去杠杆、降成本、补短板。

第一节 中国煤炭行业产能过剩的现状

一 中国煤炭行业的发展历程

作为中国重要的一次能源,煤炭行业的可持续发展对中国国民经济的发展有着至关重要的影响。改革开放以来,随着经济周期的波动以及国家对煤炭行业政策的多次调整,中国煤炭行业的发展大致经历了四个主要的阶段。

(一)第一个阶段:20世纪80年代至90年代中期,大中小煤矿粗放发展

20世纪80年代初期,随着中国改革开放政策逐步推进,经济发展带动了煤炭需求的快速增加,煤炭供应紧张一度成为制约国民经济发展的主要因素。1983年,国务院颁布了《关于加快发展乡镇煤矿的八项措施》,倡导"大中小煤矿并举"的政策。1984年和1985年,国家又提出了"有水快流""国家、集体、个人一起上,大中小煤矿一起搞"的方针。受此类政策的影响,20世纪80年代末90年代初,中国地方和乡镇煤矿数量快速增加。截至1992年,全国煤炭产量已经增加至11.16亿吨,较1980年增加了80%,其中,小型煤矿数量增加至7万个,产量超过全国煤炭总产量的1/3(张兴凯等,1999年)。

(二)第二阶段:20世纪90年代末至21世纪初,产能严重过剩

20世纪八九十年代,煤炭行业虽然发展迅速,但质量低下。1997年底中国煤炭总产量中,国有重点煤矿产煤占36.6%,地方煤矿产煤占16.3%,各类小煤矿产煤占总产量的47.1%。小煤矿盲目发展,低水平重复建设,一方面造成市场竞争激烈,价格秩序混乱,另一方面造成乱采滥挖、破坏和浪费资源、煤矿安全事故频发等问题。1996年开始,煤炭行业开始出现供大于求的局面,1998年爆发的亚洲金融危机导致煤炭需求放缓,煤炭行业产能过剩进一步加剧。针对这些问题,1998年国家撤销了煤炭工业部,将重点煤矿下放给了个地方政府,同时国家还相继颁布了多项政策,对煤炭行业进行整顿治理。这些政策措施包括关井压产期间停止审批新建煤矿,并依法取缔没有采矿许可证和煤炭生产许可证以及1997年后在国有煤矿矿区范围内开办的各类小煤矿;关闭和淘汰"浪费资源、技术落后、质量低劣、污染严重"和不具备基本安全生产条件的小煤矿。截至1999年年底,关井总数达到3.1万处,压减产量2.5亿吨左右(左前明,2016)。

(三) 第三阶段：2002—2011 年，煤炭行业进入"黄金十年"

经过 3 年的整治，到 2000 年，中国煤炭行业基本恢复供需平衡。2001 年，受益于经济快速增长带来的煤炭需求大幅增长，煤炭行业开启了飞速发展的"黄金十年"。2001 年，煤炭需求明显快速增加，2002 年取消电煤指导价后，煤炭价格更是出现报复性上涨。2003—2011 年，中国煤炭开采和洗选业固定资产由 436.56 亿元增加至 4907.26 亿元，增长 11.2 倍（见图 2-1），原煤开采新增产能也由 7443 万吨/年增加至 41281 万吨/年（见图 2-2），而煤炭产量则由 18.35 亿吨增加至 37.64 亿吨（见图 2-3）。

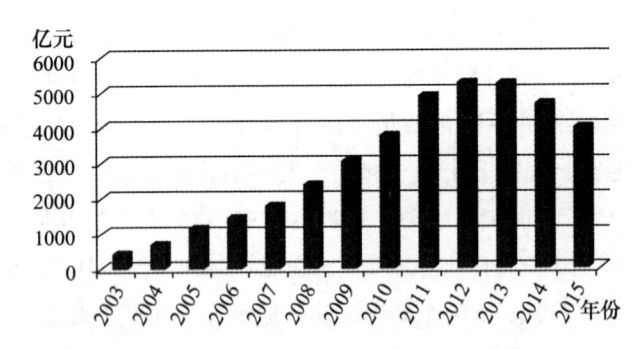

图 2-1 2003—2015 年煤炭固定资产投资

资料来源：Wind 数据库。

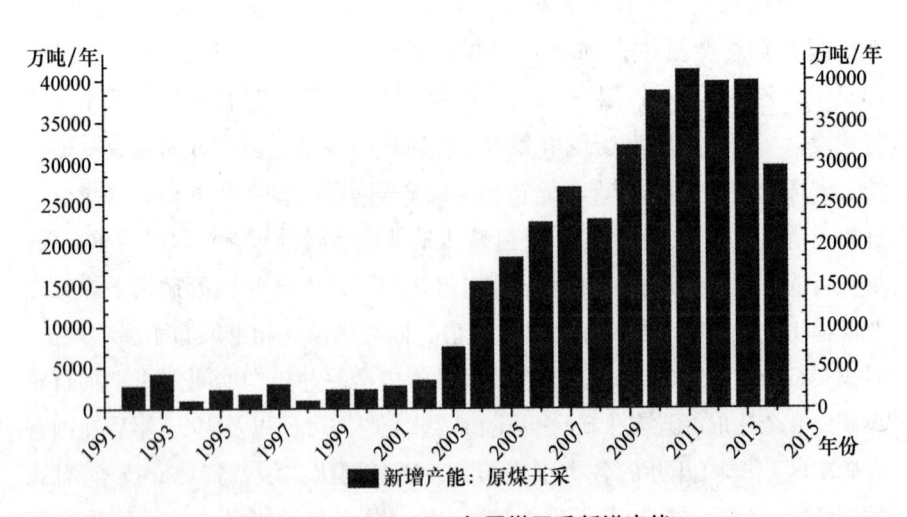

图 2-2 1992—2015 年原煤开采新增产能

资料来源：Wind 数据库。

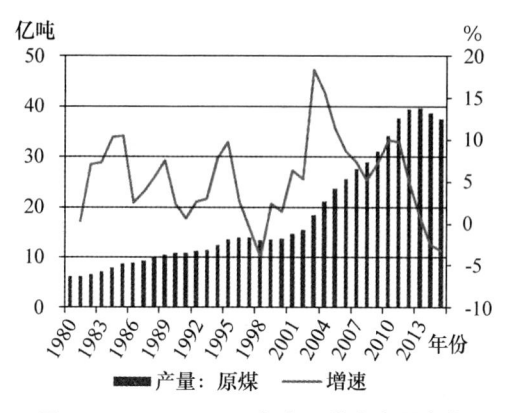

图 2-3 1980—2015 年中国煤炭产量走势

资料来源：Wind 数据库。

（四）第四阶段：2012 年至今，供需反转，政府开启去产能进程

经过十年的快速发展，从 2012 年开始中国煤炭供需形势发生重大改变。根据发改委公布的数据，截至 2015 年年底，全国煤炭产能总规模达到 57 亿吨，其中，正常生产及改造的煤矿产能为 39 亿吨，停产煤矿 3.1 亿吨，新建改扩建煤矿产能 15 亿吨（约 8 亿吨属于未经核准的违规项目）。如果按照 2015 年煤炭产量 37.5 亿吨计算的话，煤炭行业产能利用率仅为 66%。

受产能过剩影响，煤炭价格持续下滑，企业盈利严重恶化，亏损企业数量大幅增加。如图 2-4 所示，从 2012 年开始，煤炭行业亏损额持续快速增长，到 2015 年年底，煤炭企业中亏损企业占到了 27%，亏损额达 972.6 亿元，较 2011 年增加了 12.4 倍。

针对煤炭行业出现的问题，从 2013 年开始，党中央国务院先后出台了一系列政策措施，推进煤炭行业脱困升级。2013 年中国煤炭行业淘汰落后产能 1.5 亿吨，2014 年 2.4 亿吨，2015 年 1.0 亿吨。2016 年 2 月，《国务院关于煤炭行业化解过剩产能实现脱困发展的意见》（国发〔2016〕7 号），明确提出"在近年来淘汰落后煤炭产能的基础上，从 2016 年开始，用 3 年至 5 年的时间，再退出产能 5 亿吨左右、减量重组 5 亿吨左右，较大幅度压缩煤炭产能，适度减少煤矿数量，煤炭行业过剩产能得到有效化解，市场供需基本平衡，产业结构得到优化，转型升级取得实质性进展"的总目标。7 月，发改委在部级联席会议上指出，确保 2016 年煤

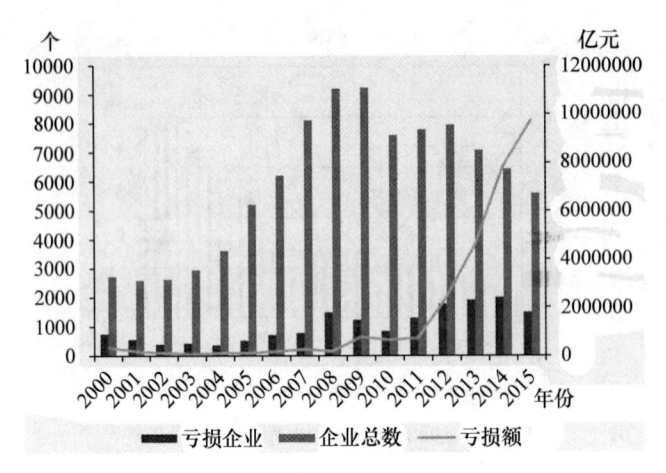

图 2-4　2000—2015 年煤炭行业盈利状况

资料来源：Wind 数据库。

炭行业退出过剩产能 2.5 亿吨。多个部委也先后出台了配套文件，以支持煤炭化解产能过剩。2016 年 12 月 30 日，国家发改委、能源局对外公布了《煤炭工业发展"十三五"规划》，提出在"十三五"期间，中国要化解淘汰过剩落后产能 8 亿吨/年左右，通过减量置换和优化布局增加先进产能 5 亿吨/年左右，到 2020 年，煤炭产量为 39 亿吨。

二　中国煤炭行业产能发展现状

（一）产能主要集中在山西、内蒙古、陕西等 8 个主要产煤省区

经过十年的黄金发展期，在增量扩展性发展思维的驱动下，中国煤炭项目投资、矿井建设都出现大跃进式的发展。根据国家能源局公布的数据，到 2016 年 6 月底，全国 26 个省级行政单位（包括新疆生产建设兵团）中，"两证"齐全的矿井共有 5930 处，核准产能合计 35.8 亿吨。其中，山西省煤炭产能为 9.3 亿吨，居首位；内蒙古自治区次之，煤炭产能为 7.8 亿吨，陕西省煤炭产能为 3.9 亿吨，居第 3 位。3 省煤炭产能合计为 21 亿吨，约占全部产能的 59%。此外，河南、贵州、山东、安徽、黑龙江的产能也分别达到了 1.8 亿吨、1.7 亿吨、1.6 亿吨、1.6 亿吨、1.1 亿吨，8 个省份煤炭产能合计占全部产能的 81%。

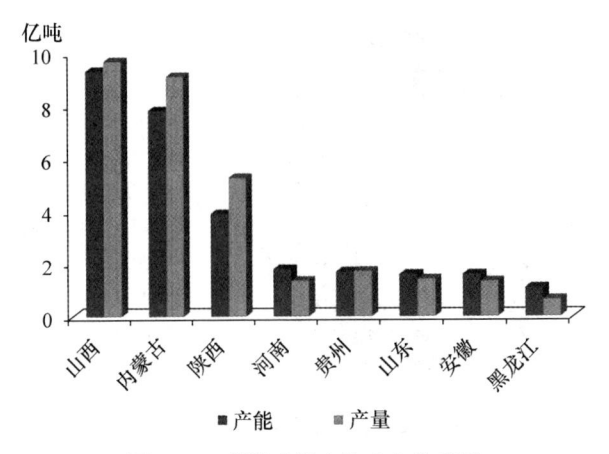

图 2-5　煤炭产能占比前 8 位省区

资料来源：广发证券发展研究中心。

从先进产能煤矿分布的情况来看，中国煤炭工业协会评定的 74 个先进产能煤矿，合计产能约 6.2 亿吨。其中，80% 以上为年产能 300 万吨以上的大矿，主要分布在内蒙古（21 座，2.1 亿吨）、陕西（13 座，1.6 亿吨）和山西（18 座，1.2 亿吨）等主要产煤省区。

（二）中小煤矿数目多，产能小而分散

从各省市公示的煤矿数量来看，2016 年 6 月底，全国共有煤矿 5930 处，其中 9 万吨以下的煤矿个数有 2707 个，占总煤矿数的 46%，总产能约 1.6 亿吨，占比仅为 5%；9 万吨以上 30 万吨以下煤矿有 1415 个，占总煤矿数的 24%，总产能为 4.5 亿吨，占比为 8.0%；30 万吨以下煤矿个数合计约占全部煤矿个数的 70%，合计产能约占 13%。300 万吨以上的煤矿个数为 175 个，仅占总煤矿个数的 3%，但产能占到了总产能的 36%。

从省区分布看，小型煤矿主要分布在黑龙江、贵州、四川、湖南、江西，中型煤矿主要分布在山西、内蒙古、贵州、陕西、山东，大型煤矿主要分布在山西、内蒙古、陕西、河南、山东，特大型煤矿主要分布在山西、内蒙古、陕西、安徽、山东。

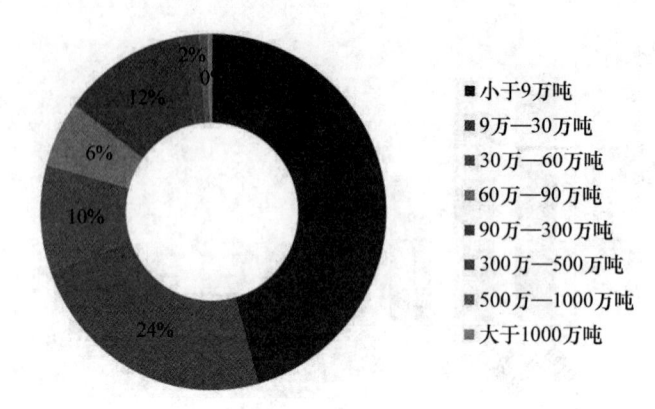

图 2-6　中国不同规模煤矿个数占比（%）

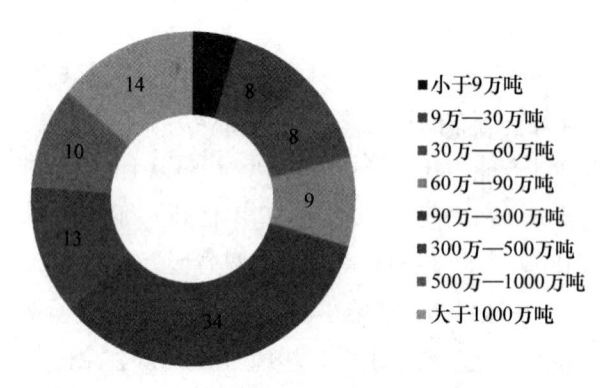

图 2-7　中国不同规模煤矿产能占比（%）

（三）国有企业占比较高，且多数是"高位接盘"

2008 年，山西、河南、内蒙古、陕西等省（区）启动了煤炭业区域性兼并重组，煤矿数量大幅减少，实现了"民企煤老板"向"国企煤老板"的转变。根据统计，2015 年年底，全国煤炭行业总资产规模为 5.4 万亿元，其中，国有企业资产规模为 3.7 万亿元，占比达到了 68.5%，产量排名前十位的企业都是国有企业。在此轮兼并重组中，山西省推进的更为彻底，矿井数由 2598 座压减到 1053 座，办矿企业主体由 2200 多家减少到 130 家。2015 年年底，山西七大煤炭集团非国有资本仅占到 0.3%，除同煤集团非国有资本占 1.17% 外，其他六大集团股份基本归属省政府、市政府和国有。

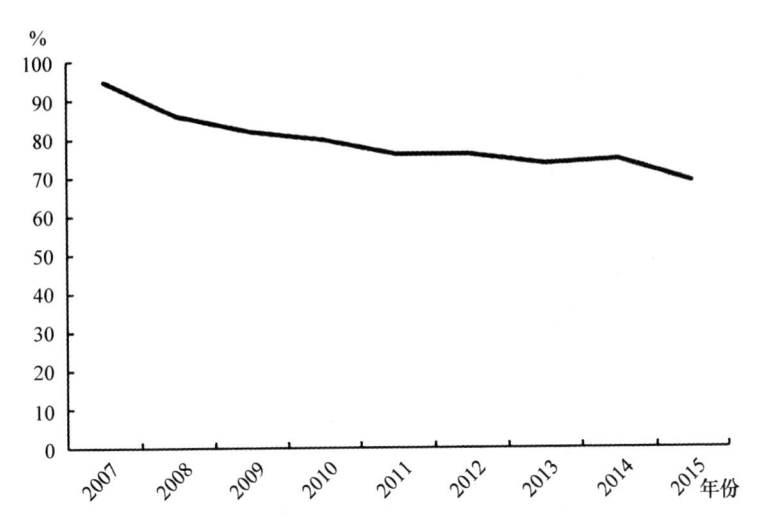

图 2-8 2007—2015 年我国煤炭行业国有企业资产规模占比

表 2-1　　　　　　　　　山西省 7 大煤炭集团股本构成

序号	单位名称	性质	实收资本	股本构成分析							
				省政府		各市政府		国有法人资本		非国有资本	
				股本	比例(%)	股本	比例(%)	股本	比例(%)	股本	比例(%)
1	同煤集团	国有控股	170.34	111	65.16	2.5	1.47	54.82	32.18	2	1.17
2	焦煤集团	国有独资	86.67	86.67	100	—	—	—	—	—	—
3	阳煤集团	国有控股	73	38	52.05	—	—	35	47.95	—	—
4	潞安集团	国有独资	25.11	25.11	100	—	—	—	—	—	—
5	晋煤集团	国有控股	39.05	24.43	62.56	—	—	14.62	37.44	—	—
6	晋能集团	国有控股	372.6	243.1	65.24	129.5	34.76	—	—	—	—
7	山煤集团	国有独资	22.29	22.29	100	—	—	—	—	—	—
合计		—	789	550.6	70	132	16.50	104.4	13.2	2	0.3

需要注意的是，此轮兼并重组国有资本基本是在煤价高位时接盘煤炭资源，每家主体整合小煤矿的家数均不少于 100 家，其在资源价款补偿、矿井基建等方面投入大量资金，且后期运营面临难以实质接管民营煤企、安全生产难度较大、管理难度大等问题；整合过程中各地不断加大地方性

费用征收力度，同时借捆绑非煤项目投资、绿化、扶贫等对企业进行摊派，严重影响企业效益。

三 中国煤炭行业的产能利用情况

关于"产能过剩"概念的界定，目前尚未形成统一的认识。有部分学者从宏观的角度认为，产能过剩是经济周期波动中市场供求关系的特殊表现，当实际生产能力超过有效需求能力达到一定程度，对经济运行产生危害时，即构成产能过剩。部分学者则从微观企业的角度认为产能过剩是指实际产出数量小于生产能力到一定程度时而形成的生产能力过剩。国内外对于产能过剩的界定和评价也不相同。OECD将产能过剩定义为企业实际运用的生产能力少于其能够达到的水平，而国内政府更偏向于从特定角度解释产能过剩，认为产能过剩是由盲目投资、低水平重复建设形成的生产能力远远大于市场需求的现象，其后果表现为库存高企，产品价格下跌，企业利润下降，亏损企业增多，亏损额增加，进一步影响金融稳定（李平等，2015）。

判断产能过剩的指标包括产能利用率、固定资产投资增速、产成品存活增速、亏损面增速等，其中，产能利用率是被广泛利用的判断指标。西方发达国家一般都采用产能利用率这一指标来衡量其工业经济的产能利用情况，如欧盟、美联储官方定期会发布起其制造业的产能利用率，以作为判断经济运行状况的主要参考指标。比较遗憾的是，除2013年国务院发布了6个过剩行业的产能利用率外，目前中国统计部门尚未建立起连续有效的官方产能利用率监测体系，未能提供覆盖全行业、连续性的产能利用率数据。虽然近年来，也不少学者对中国工业部门不同行业的产能利用率进行了测算，但由于所使用方法和资料来源的不同，所得出的结论也并不统一。

关于产能利用率的测算方法，目前比较常用有统计调查法、函数法、峰值法、数据包络分析法、协整方法等。不同方法对应不同理论基础和经济意义。统计调查法对应的是工程意义上的生产能力，即机器设备的设计生产能力，一般通过问卷调查直接获得，具有代表性的指标如欧盟、美联储公布的官方产能利用率指标。函数法对应的是完全经济学理论上的生产能力，即一定时期内，围观企业达到利润最大化或者成本最小化时的最优产出水平。目前国际货币基金组织（IMF）估计工业产能利用率使用的就是生产函数法，该方法充分考虑了要素变化、市场需求、外部环境变化对于产能的影响，但对数据要求相对较高，却本身具有很多强假设，函数形式设定的主观性可能会影响到测算结果的稳定性。峰值法的核心思想是假设产出在达到峰值时，其产能利用率为100%，其他时刻按照峰值的产出进行推演。峰值法的生产能力是指宏观产出的峰值。沃顿商学院开发的"沃顿指数"即采用了该种方法。数据包络法得到的生产能力是指当前固定资产充分利用时的生产能力，也即技术意义上的生产能力。数据包络法数据相对容易获得，操作也都相对简单，但都缺乏相应的经济理论支撑。协整方法的思路可以理解为产出存在着一种由固定资本存量所决定的长期趋势，使得实际产出围绕这一长期趋势上下波动。协整方法偏重于描述产能利用率的周期性特征，但对非周期性因素导致的产能过剩刻画不足（贺京同、何蕾，2016）。

为了深入了解中国煤炭行业产能过剩状况，首先，有必要对现阶段中国煤炭行业的产能利用率状况有清晰的认识和把握。比较几种测算方法的优缺点，考虑到成本函数法所需信息较多，且函数设定的主观性会导致结果差异很大，调查统计法投入巨大。本书选取了数据包络法对中国2000—2015年25个省份（除天津、上海、浙江、广东、海南、西藏）煤炭开采和洗选业的产能利用率进行了测算。

（一）测算方法

Fare等（1989）认为生产能力是"可变投入不受限制时生产设备的最大生产能力"，并构建了测算产能利用率的数据包络法。该方法通过可观察到的投入和产出数据构建生产前沿面，然后根据各生产单元的固定资本测算其生产能力。该方法无需对生产函数或成本函数进行先验性设定，不需要投入价格等难以获得的数据，因此被广泛使用。

用Y表示有效产出，对于给定固定投入F，生产能力可表示为$Y(F)$。实际产出y主要是受可变投入V和技术水平TECH的限制。因此，实际产出y可以表示为：

$$y = Y(F, V, TECH)$$

其中，现实中TECH很难直接衡量，一般采用技术效率TE来代替。技术效率经济学含义表示技术落后导致的产出水平不足。技术效率反映的是相对"落后"生产单元与"先进"生产单元之间的"相对效率",技术效率越低,表示产能落后问题越严重。实际产出可以进一步表示为:

$$y = TE \times Y(F, V)$$

产能利用率为实际产出与生产能力的比值,即:

$$CU = \frac{y}{Y(F)} = \frac{TE \times Y(F, V)}{Y(F)} \quad CU = \frac{y}{Y(F)} = \frac{TE \times Y(F, V)}{Y(F)} = TE \times EU$$

有效产出 $Y(F, V)$ $Y(F, V)$ 和生产能力 $Y(F)$ 测算公式分别为:

$$Max Y_j^t(F_j^t, V_j^t) = \sum_{i=1}^{n} \lambda_i^t y_i^t$$

$$S.t. \sum_{i=1}^{n} \lambda_i^t y_i^t \geqq y_j^t;$$

$$\sum_{i=1}^{n} \lambda_i^t F_i^t \leqq F_j^t$$

$$\sum_{i=1}^{n} \lambda_i^t V_i^t \leqq V_j^t$$

$$\sum_{i=1}^{n} \lambda_i^t = 1$$

$$\lambda_i^t \geqq 0$$

$$Max Y_j^t(F_j^t) = \sum_{i=1}^{n} \lambda_i^t y_i^t$$

$$S.t. \sum_{i=1}^{n} \lambda_i^t y_i^t \geqq y_j^t;$$

$$\sum_{i=1}^{n} \lambda_i^t F_i^t \leqq F_j^t$$

$$\sum_{i=1}^{n} \lambda_i^t = 1$$

$$\lambda_i^t \geqq 0$$

其中,$Y_j^t(F_j^t, V_j^t)$ 表示以 t 期生产技术衡量的被考察单元的 j 有效产出,λ_i^t 代表权重,n 代表生产单位个数,y_j^t、F_j^t、V_j^t 分别表示第 t 期被考察单元 j 的实际产出、固定投入与可变投入,$\sum_{i=1}^{n} \lambda_i^t = 1$ 表示规模报酬可变。

图 2-9 进一步清晰说明产能利用率的公式,图中横轴表示投入,纵轴表示产出。函数 $Y(F)$ 表示只有固定投入时的生产前沿,即所谓的生产能力,函数 $Y(F, V)$ 表示包括固定投入和可变投入时的生产前沿。生产单元 A 的实际产出为 y,在函数 $Y(F, V)$ 和 $Y(F)$ 对应的产出分别为 Y1 和 Y2,技术效率 TE 即为实际产出 y 与 Y1 的比值,Y1 和 Y2 的比值表示设备利用率,产能利用率为实际产出 y 和 Y2 的比值。

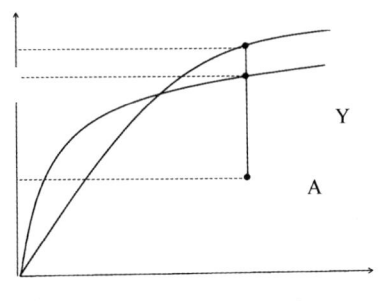

图 2-9　产能利用率示意图

资料来源：董敏杰等：《中国工业产能利用率：行业比较、地区差距及影响因素》，《经济研究》2015 年第 1 期。

（二）资料来源及计量结果分析

本书选取 2000—2015 年全国 25 个省（市、区）的数据（考虑到天津、上海、浙江、广东、海南、西藏煤炭产量很低，故将其删除），产出指标为各省原煤产量，投入指标包括资本和劳动，资料来源于历年《中国工业统计年鉴》《中国煤炭工业年鉴》。其中，资本存量数据采用永续盘存法估测，基期资本存量使用 2000 年固定资产原价与累计折旧的差值，将各年份累计折旧额与上年累计折旧额的差值视为本年固定资产折旧，与上年固定资产原价相比得到折旧率。

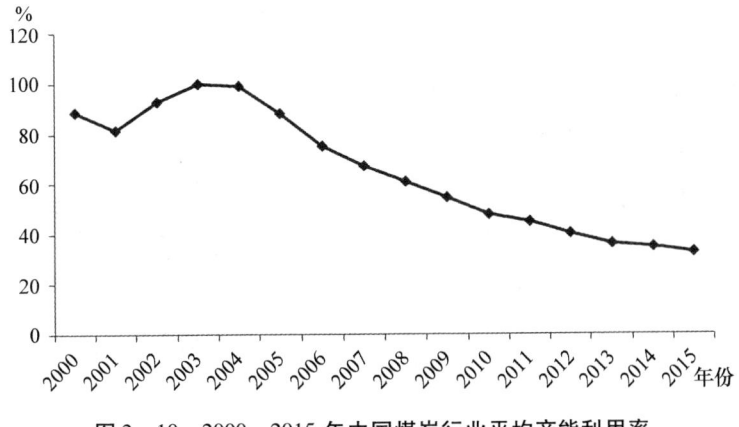

图 2-10　2000—2015 年中国煤炭行业平均产能利用率

从全国范围来看，2000—2015 年，中国煤炭开采和洗选业的产能利用率平均约为 65.4%，其中，2003 年产能利用率达到 100%，2004 年煤炭行业的产能利用率业保持在 99%，之后，随着煤炭行业固定投资的快速增加，产能利用率逐年下降，2009 年降至 60% 以下，2015 年进一步降至 32.6%。

值得注意的是，本书测算的产能利用率并非工程意义上的设备利用率，而是与 2003 年生产效率确定的最大生产能力的相对值，两种并不具备可比性。煤炭行业产能利用率之所以出现大幅度下降，一方面受采矿业本身的特点，不同地区资禀赋不同，开采成本也不尽相同，一些资源枯竭的煤矿，设备基本上处于闲置状态，设备利用率相对较低；另一方面，从2004 年开始煤炭行业固定资产投资快速增加，2012 年的煤炭行业固定资产完成额达到了 5370 亿元，相当于同年煤炭行业累计固定资产原价的26%，2000 年累计固定资产原价的 2.68 倍。2000—2015 年煤炭行业累计固定资产投资约为 39834 亿元。

分地区来看，2000—2015 年煤炭行业平均产能利用率最高的地区为北京，约为 73.6%，其次为甘肃，产能利用率也达到了 73.1%，辽宁、黑龙江、广西紧随其后，分别为 69.6%、69.1%、68.1%，内蒙古排名第 6。值得注意的是，2015 年煤炭产量最高的山西省，产能利用率仅为54.7%，排名第 19 位，主要的产煤区贵州、河南、新疆、山东、安徽等地，其产能利用率也相对较低，排名都相对靠后。

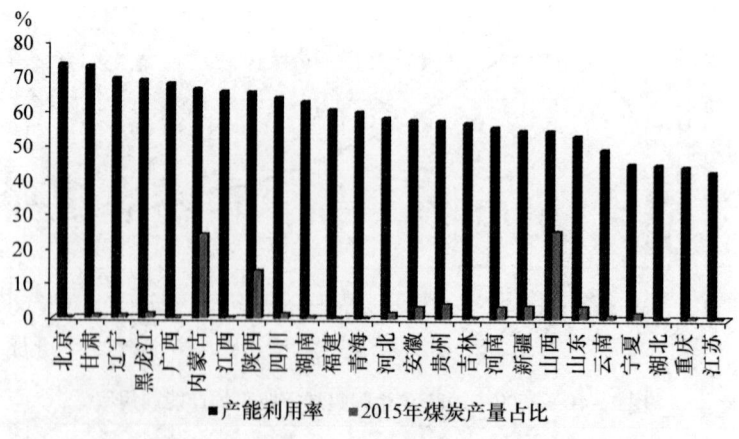

图 2-11 2000—2015 年分地区煤炭行业产能利用率

四 煤炭企业发展面临的主要困境

(一) 企业效益大幅下滑

受国内经济增速放缓，煤炭有效需求不足，供给严重过剩的影响，从2012年5月开始，煤炭价格一路下探。以山西临汾翼城动力煤坑口价格为例（见图2-12），2011年年底，翼城动力煤坑口价格约为630元/吨，到2015年底跌至270元/吨，每吨下跌360元，跌幅达57%；陕西榆林动力煤坑口价格由635元/吨跌至265元/吨，每吨下跌370元，跌幅为58%；部分衰老矿井和煤质较差的矿井的煤炭价格甚至已经跌破成本价格，出现煤炭销售价格与成本倒挂的现象，以潞安集团为例，2015年潞安集团煤炭综合价格约为276元/吨，原煤成本价格为308元/吨，成本价格高出销售价格32元/吨。神华集团2015年煤炭单位生产成本由2014年的127.6元/吨降至119.5元/吨，加上期间费用和运输成本，公司煤炭完全成本合计293.4元/吨左右，而同期商品煤销售价格为292.6元/吨。

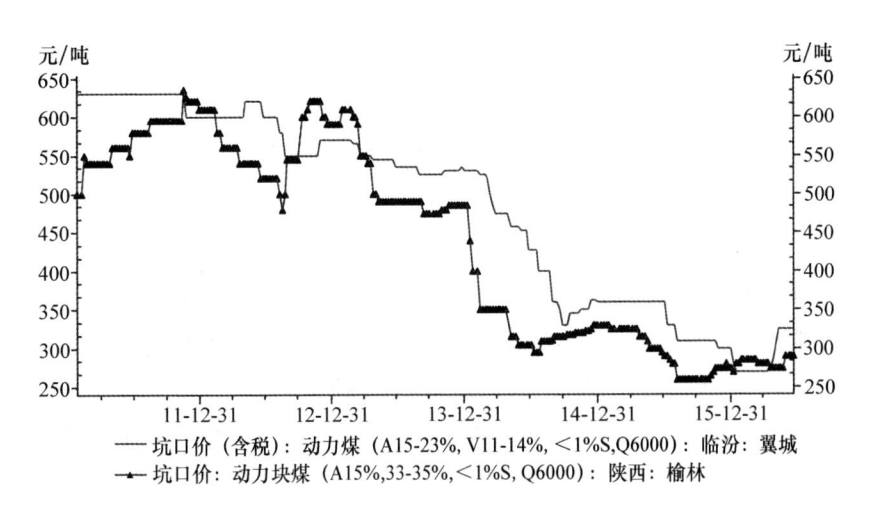

图2-12 山西翼城和陕西榆林动力煤坑口价格走势

资料来源：Wind资讯。

受煤炭需求疲软和煤价大幅下跌的影响，煤炭企业的效益大幅滑坡。2011—2015年，煤炭行业利润额由4342亿元减少至441亿元，降幅89.8%，利润额增速也由33.4%降为-65%，亏损企业占全行业的比重由11%上升到了32%。例如，2011年晋煤集团利润为54.28亿元，2015年下降至2.07亿元；伊利集团2015年的净利润仅为2011年3%；神华集团神东煤炭集团利润由2012年的200多亿元降至2015年的60多亿元，利润降幅70%以上，下属18个矿井中，仅大柳塔、补连塔、上湾等少数单位盈利，其余生产矿井都出现不同程度的亏损，其中乌海、包头、大雁等企业亏损额合计超过100亿元。

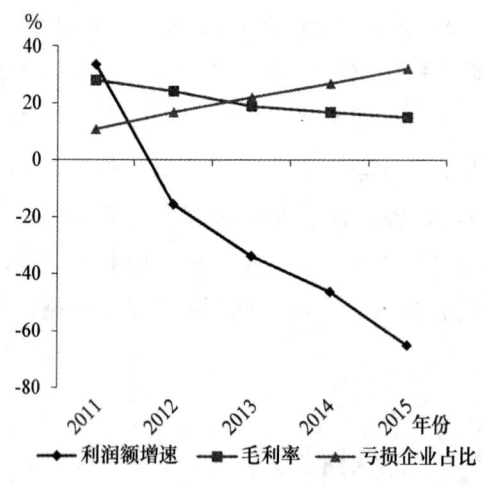

图2-13 2011—2015年中国煤炭行业效益情况

（二）资产负债率升高

随着煤炭行业"黄金十年"的开启，煤炭企业大规模扩张，负债总额持续上涨，2015煤炭企业负债总额达到历史峰值3.68万亿元，相当于2001年的13.6倍，同比增速最高超过了40%，2012年后，随着煤炭行业产能过剩现象的日益凸显，同比增速开始持续回落，但年均增速仍然高达13.7%。

从资产负债率来看，2003—2007年，煤炭企业资产负债率由56%迅速增加至61%，之后一直维持在该水平；2008—2010年，资产负债率开始下行，从61%降至58%，煤炭行业此时利润丰厚，现金流较为充沛，可以相对有效地偿还自身债务；2011—2015年，资产负债率一路上扬，甚至打破了之前年份的历史高点，截至2015年资产负债率已达到68%。

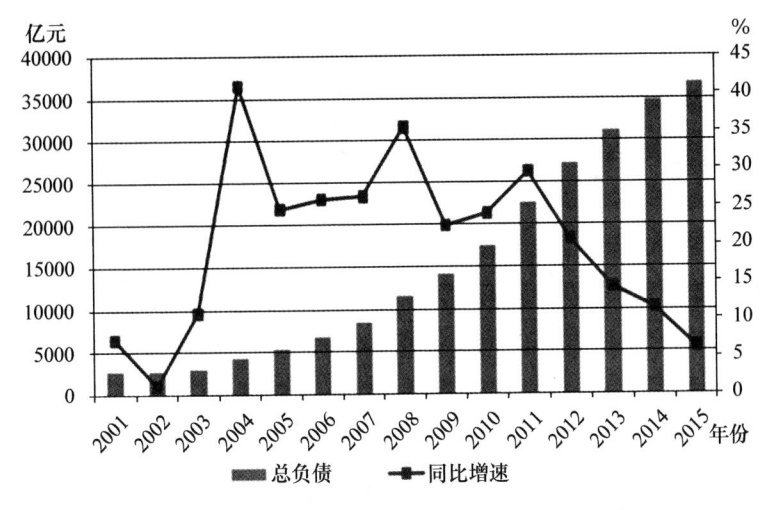

图 2-14　2001—2015 年煤炭企业负债规模增速

从企业来看，中国煤炭工业协会数据显示，2015 年大型煤炭企业亏损面超过 90%，而负债总额（3.68 万亿元）却同比增长 10.4%，90 家大型煤炭企业负债总额高达 3.2 万亿元。山西 7 大煤炭集团负债总额高达 11897 亿元，5 年负债增加了 11 倍，年均增速 22%，而同期资本增速为 17%，负债增速超过资本增速 5 个百分点。有数据显示，2015 年中国煤炭上市公司平均负债率为 60%，最高的达到 94%。2015 年年底，山西省 7 大煤炭集团资本负债率高达 82%，债务资本相当于自有资本的 4.6 倍。表明近几年来，企业的资产增长乃至自身发展，基本上是依赖于负债增长。河南、河北、山东、安徽、江西等东中部地区一些资源枯竭型、亏损比较严重的企业债务风险更高。

（三）企业融资困难

中国国有企业普遍"顺周期加杠杆"，这与国有企业的产权体制、经营目标考核及管理层激励等均有关系。在矿业这种强周期性行业，这种加杠杆过程体现为：只有在周期顶峰才有动力和能力大幅融资，在周期下行过程中，过去提升的福利、工资薪酬等人员成本却无法削减。国有银行对企业的融资投放，也存在此类问题，即在企业最需要信贷支持时，反而是银行机构投放资金风险最高的时刻。以山西省为例，受煤炭行业不景气影响，山西煤炭企业经营性业务利润亏损严重，债务负担加重，偿债指标弱化，各大银行弱化与山西煤企的合作度，导致煤炭行业融资困难。大型国有煤炭企业努力维持贷款存量，但新增银行贷款已几乎不可能，新增融资主要依赖直接融资工具，2015 年 1—8 月，8 家大型国有煤炭集团在银行间债券市场新发行债务总规模达 557 亿元。

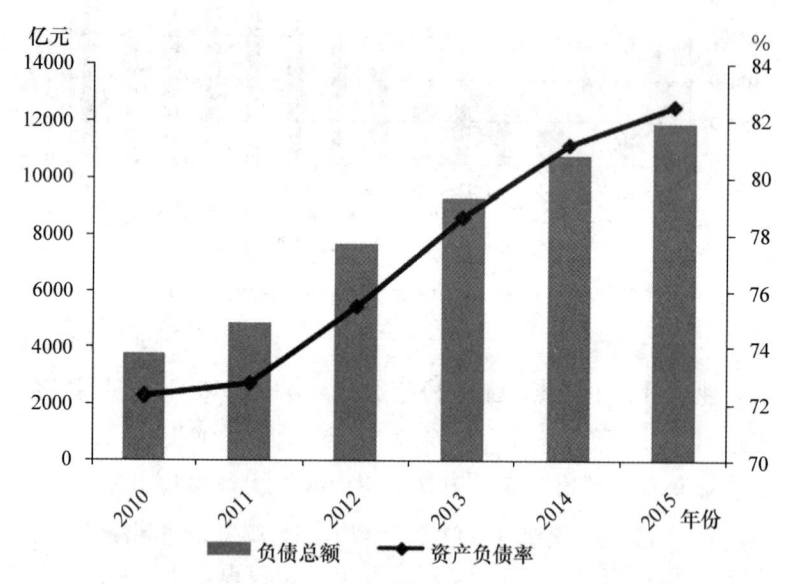

图 2-15　2010—2015 年山西 7 大煤炭集团负债规模增速

资料来源：Wind 数据库。

（四）企业负担重

2013 年一项关于中国煤炭税费制度改革研究的统计显示，全国涉煤税费名目不少于 109 种。煤炭开采和洗选业的综合税负水平长期高于工业企业平均税负水平，十年黄金发展期内，高出工业平均税负水平 6 个百分点，虽然之后煤炭行业"清费正税"，税负有所下降，但 2015 年煤炭开采和洗选业税负仍高出工业平均税负 3.1 个百分点。与同期黑色金属矿采选业、有色金属矿采选业、化学原料及化学制品制造业、电力热力的生产和供应业相比，煤炭开采和洗选业的税负分别高出 9.2、6.5、4.6 和 7.2个百分点。

除了税负外，煤企经营还面临受行政干预较大，社会负担重等问题。自 2009 年以来，山西省推进以 5 大煤炭企业集团为主要整合主体的煤炭资源整合，资源整合在提高市场集中度、增强安全生产方面作用较为明显，但也使大型煤企背上沉重负担，受政策干预各大煤企"高位接盘"煤炭资源。每家主体整合小煤矿的家数均不少于100家，其在资源价款补偿、矿井基建等方面投入大量资金（各整合主体投入资金均超过100亿元），且后期运营面临难以实质接管民营煤企、安全生产难度较大、管理难度大等问题；整合过程中各地不断加大地方性费用征收力度，同时借捆绑非煤项目投资、绿化、扶贫等对企业进行摊派，严重影响企业效益。此外，各大煤企均承担多项办社会职能，办社会支出普遍在10亿元以上。2011—2015年晋煤集团企业办社会支出净额超过40亿元，其中2015年企业办社会支出净额相当于企业利润总额的3.65倍。

第二节 煤炭去产能成效和问题

一 现有去产能政策的梳理

（一）中央关于煤炭去产能政策的梳理

化解煤炭过剩产能是落实中央供给侧结构性改革"三去一降一补"任务的重要内容。2016年2月，《国务院关于煤炭行业化解过剩产能实现脱困发展的意见》（国发〔2016〕7号）率先在煤炭、钢铁两个行业开展推动供给侧结构性改革试点工作。经国务院批准，成立了由国家发展改革委牵头，国家能源局、国家煤监局等多部门和煤炭行业协会参加的化解钢铁煤炭行业过剩产能实现脱困发展部际协调机制。各省（市、区）人民政府和国务院国资委签订了去产能责任书，主要产煤省（市、区）政府还建立领导机构和工作协调机制，研究提出了化解煤炭过剩产能和脱困升级实施方案及配套政策。

在政策方面，财政部、人力资源社会保障部、国土资源部、环境保护部等部门，先后研究制定了奖补资金、财税支持、金融支持、职工安置、国土、环保、质量、安全8个专项配套政策文件。地方政府也根据地方实际情况，制定了相关配套措施，进一步细化方案。表2-2为目前中国公布的煤炭行业主要的去产能政策文件及主要内容。

表2-2 各部门发布的煤炭去产能政策文件及主要内容

时间	部门	政策文件	主要内容
2016年2月5日	国务院	《国务院关于煤炭行业化解过剩产能实现脱困发展的意见》（国发〔2016〕7号）	从2016年开始，用3—5年的时间，再退出产能5亿吨左右、减量重组5亿吨左右，幅度压缩煤炭产能，适度减少煤矿数量。严格控制超能力生产，从2016年开始，按全年作业时间不超过276个工作日重新确定煤矿产能
2016年3月30日	国土部	《国土资源部关于支持钢铁煤炭行业化解过剩产能实现脱困发展的意见》（国土资规〔2016〕3号）	严格控制新增产能用地用矿，从2016年起，3年内停止煤炭划定矿区范围审批
2016年4月7日	人社部、发改委、工信部、财政部、民政部、国资委、全国总工会	《关于在化解钢铁煤炭行业过剩产能实现脱困发展过程中做好职工安置工作的意见》（人社部发〔2016〕32号）	通过支持企业内部分流、促进转岗就业创业、对符合条件人员可实行内部退养和运用公益性岗位托底帮扶等渠道分流安置职工
2016年4月15日	国家安全监管总局、国家煤矿安监局	《关于支持钢铁煤炭行业化解过剩产能实现脱困发展的意见》（安监总管局〔2016〕38号）	原则上要求3年内不再进行煤矿生产能力的核增，并强调了276天工作日制度的落实，按照276天工作日制度重新核定生产能力
2016年4月16日	质检总局	《关于化解钢铁行业过剩产能实现脱困发展的意见》（国质检监〔2016〕193号）	严格生产许可审批，提高生产许可准入门槛，严控新增产能，加强质量违法查处工作
2016年4月17日	中国人民银行、银监会、证监会、保监会	《关于支持钢铁煤炭行业化解过剩产能实现脱困发展的意见》（银发〔2016〕118号）	严格控制对违规新增产能的信贷投入，对长期亏损、失去清偿能力和市场竞争力的企业及落后产能，坚决压缩退出相关贷款。积极为煤炭及钢铁行业拓宽融资渠道，积极稳妥推进企业债务重组，对符合政策且有一定清偿能力的钢铁、煤炭企业，通过实施调整贷款期限、还款方式等债务重组措施，帮助企业渡过难关

续表

时间	部门	政策文件	主要内容
2016年5月10日	财政部	《工业企业结构调整专项奖补资金管理办法》（财建〔2016〕253号）	专项奖补资金规模为1000亿元，按照"早退多奖"的原则实行梯级奖补。奖补资金与各省、中央企业化解过剩产能完成任务情况挂钩
2016年5月20日	环保部、国家发改委、工信部	《环保部 国家发改委 工信部 关于支持钢铁煤炭行业化解过剩产能实现脱困发展的意见》（环大气〔2016〕47号）	严格建设项目环境准入、彻底清理违法违规建设项目，并全面调查钢铁、煤炭行业环境保护情况。同时，进一步督促企业实现全面达标排放、严格依法征收排污费、严格环保执法。《意见》还对进一步加强部门联动和加大环境信息公开力度等工作进行了部署和安排
2016年5月24日	财政部、国家税务总局	《财政部 国家税务总局关于化解钢铁煤炭行业过剩产能实现脱困发展的意见》（财建〔2016〕151号）	设立工业企业结构调整专项奖补资金。煤炭企业重组、破产等执行相应的财务会计制度，并可享受税收优惠政策、退出土地出让收入政策
2016年6月14日	工信部、国家发展改革委、国家能源局、国家煤矿安全监察局	《煤炭行业淘汰落后产能专项行动实施方案》（工信部联产业〔2016〕167号）	2016年5月至2016年12月，各省级淘汰煤炭落后产能工作牵头部门会同有关部门，根据本地区煤炭行业淘汰落后产能年度指导目标，制定实施方案，区分落后产能不同类型，依法依规实施淘汰
2016年7月23日	国家发改委、国家能源局、国家煤监局	《关于实施减量置换严控煤炭新增产能有关事项的通知》（发改能源〔2016〕1602号）	明确要求建设煤矿要与关闭退出的煤矿产能进行减量置换，在建煤矿项目应按一定比例与淘汰落后产能和化解过剩产能挂钩，不同条件下的置换比例分别为不小于120%、110%、105%、100%
2016年9月8日	发改委	《稳定煤炭供应、抑制煤价过快上涨预案》	确定先进产能在不超过276个工作日核定的产能条件下，在淡旺季可以参与市场调节。确定动力煤调量的三级价格相应机制

续表

时间	部门	政策文件	主要内容
2016年9月14日	发改委、能源局	《关于进一步做好建设煤矿产能置换有关事项的通知》（发改电〔2016〕606号）	对于减低建设规模的已核准的煤矿建设项目、退出产能比例大的省份或企业集团、对于历史贡献大、依法为职工缴纳社会保险、转产职工安置任务重、单位产能职工比例较高的企业等产能置换比例进行了安排和部署
2016年9月29日	发改委、能源局、煤矿安监局	《关于适度增加部分先进产能投放 保障今冬明春煤炭稳定供应的通知》（发改电〔2016〕605号）	明确释放产能主体、释放产能周期以及新建产能释放等问题。其中释放产能主体为74座中煤协评定的先进产能煤矿、789座国家煤矿安监局公布的2015年一级安全质量标准煤矿和640座各地向中煤协申报的安全高效煤矿。释放产能期限为在2016年10月1日至12月31日按照全年不多于330天组织生产。适度放宽退出煤矿的关闭事件，新建产能可以在产能置换煤矿关闭之前投产
2016年10月12日	发改委	《关于做好煤炭产能置换指标交易服务有关工作的通知》（发改电〔2016〕626号）	新建煤矿（含补办核准手续的违规建设煤矿）产能置换和已核准在建煤矿承担化解过剩产能任务，可使用其他企业退出的产能指标，双方应签订协议，自主协商在职工安置或资金方面提供支持等事宜。退出产能指标可通过兼并重组、股权收购、在地方政府协调下通过支付费用等方式取得
2016年11月16日	发改委、国家能源局、国家煤矿安全监察局、中国煤炭工业协会	推动签订中长期合同做好煤炭稳定供应工作电视电话会议	要求有关地区、部门和企业进一步加快签订中长期合同，建立煤炭行业平稳发展的长效机制；明确所有具备安全生产条件的合法合规煤矿，在采暖季结束前都可按330个工作日组织生产

续表

时间	部门	政策文件	主要内容
2016年12月3日	发改委	"稳煤市"五项制度	推出了五项制度安排，分别为276个工作日产能储备制度、减量置换和指标交易制度、中长期合同制度、最低库存和最高库存制度、平抑价格异常波动长效机制
2017年1月11日	发改委、中国煤炭工业协会、中国电力企业联合会、中国钢铁工业协会	《关于平抑煤炭市场价格异常波动的备忘录的通知》	2016—2020年，在煤炭综合成本的基础上，原则上以年度为周期，建立电煤钢煤中长期合作基准价格确定机制，以重点煤电煤钢企业中长期基准合同价为基础，建立价格异常波动预警机制。动力煤价格波动区域分为绿色区域（6%以内）、蓝色区域（6%—12%）和红色区域（12%以上），当价格位于绿色区域，充分发挥市场调节作用，不采取调控措施；当价格位于蓝色区域，重点加强市场监测，密切关注生产和价格变化情况，适时采取必要的引导措施；当价格位于红色区域，启动平抑煤炭价格异常波动的响应机制

（二）地方政府关于煤炭去产能政策的梳理

2016年5月，全国25个产煤省（区、市）及新疆建设兵团与中央全部签订目标责任书，共去煤炭产能8亿吨左右，涉及职工150万人左右。表2-3为主要省份煤炭去产能规划目标和主要措施。

表2-3　　各省（区、市）煤炭去产能规划和政策梳理

省（区、市）	2015年产能	3—5年规划	2016年去产能情况	2017年去产能计划	出台的主要文件
山西	96350万吨	到2020年，全省有序退出煤炭过剩产能1亿吨以上，炭产量控制在8亿吨左右	关闭25座煤矿，退出煤炭2325万吨	关闭27座煤矿，退出煤炭2265万吨	《山西省煤炭供给侧结构性改革实施意见》

续表

省（区、市）	2015年产能	3—5年规划	2016年去产能情况	2017年去产能计划	出台的主要文件
陕西	年产能约在7亿吨	净减少生产能力4006万吨，到2020年，陕西省煤矿平均单井生产规模达到120万吨/年	关闭退出62座煤矿，煤炭2934万吨	加快淘汰不达标煤矿	《关于推进供给侧结构性改革的实施意见》（陕发〔2016〕19号）
内蒙古	588处煤矿，年产能11.51亿吨	3—5年内关闭280处产能60万吨/年的煤矿，削减产能1.2亿吨	关闭煤矿10处，330万吨煤炭	退出120万吨煤炭产能	内蒙古发改委主任公开讲话
山东	煤矿194处，年产能1.79亿吨	2016—2018年，产能利用率力争回升至80%以上，煤炭产能压减4500万吨以上	关闭矿井66处、退出煤炭产能1960万吨	煤炭351万吨	《关于深入推进供给侧结构性改革的实施意见》（鲁发〔2016〕12号）；《关于确保完成2016年化解煤炭过剩产能工作目标的通知》
新疆	年产能4亿吨以上	2016年新疆原煤产量目标控制在1.5亿吨左右	关闭退出煤矿21个，煤炭274万吨	淘汰退出117个煤矿，煤炭1187万吨	新疆煤炭工业及煤矿安全生产监管监察工作电视电话会议；煤炭工业及煤矿安全生产监管监察工作电视电话会议
重庆	约4450万吨	产能压减到2000万吨以内，煤矿数量压减到70个以内	关停344处煤矿，煤炭2084万吨	2017年煤炭产能将压减到2000万吨以内，煤矿数量压减到70个以内	《重庆市推进供给侧结构性改革工作方案》
贵州	合法矿井684座、产能1.69亿吨，批复未建产能约300座煤矿、产能5000万吨，合计2.2亿吨	关闭退出煤矿510处、压缩煤矿规模7000万吨左右	关闭退出121座煤矿，煤炭2107万吨	关闭112座煤矿、退出煤炭1614万吨	《关于推进供给侧结构性改革提高经济发展质量和效益的意见》

续表

省（区、市）	2015年产能	3—5年规划	2016年去产能情况	2017年去产能计划	出台的主要文件
河北	煤矿198处（在册煤矿），年产能1.24亿吨	用3—5年时间，全省退出煤矿123处、退出产能5103万吨。到2020年，力争全省剩余煤矿数量达到60处左右、产能控制在7000万吨左右	煤炭1400万吨	13处煤矿，煤炭941万吨	《河北省煤炭行业化解过剩产能实现脱困发展的实施方案》
甘肃	煤矿154处，年产能6560万吨	3—5年退出煤炭产能1000万吨	8处煤矿，压减煤炭产能427万吨	2017年落实国家去产能各项要求，防止死灰复燃	《甘肃省工业领域去产能去库存降成本实施方案》
安徽	1.7亿吨	"十三五"期间四个矿业集团共减少产能1695万吨，全省煤矿产能由1.7亿吨下降到1.5亿吨	10处煤矿，煤炭967万吨	2017年加快优化现有生产要素配置和组合，提升供给体系质量和效率	《安徽省扎实推进供给侧结构性改革实施方案》
四川	771座矿井，年产1.17亿吨	产能稳定在9500万吨/年			《四川省推进供给侧结构性改革总体方案》
江苏	2477万吨	引导5家企业14处煤矿有序退出，退出产能达到47.7%	煤炭产能818万吨	煤炭18万吨	《江苏省化解煤炭过剩产能初步方案》；《江苏省煤炭行业化解过剩产能实现脱困发展目标责任书》
湖南	煤矿561处，年产能4392万吨	化解落后产能1500万吨，全省煤矿总数控制在200处左右	煤矿318处，煤炭2073万吨	162处煤矿两年内全部关闭，产能1200万吨	《湖南省煤炭行业化解过剩产能实现脱困发展的实施方案》
湖北	煤矿320处，年产能2256万吨	压减煤炭产能800万吨；关闭退出煤矿80处，力争100处	压减煤炭产能1011万吨	煤炭生产企业两年内全部关闭。	《湖北省煤炭行业化解过剩产能实施方案》
宁夏	98处煤矿，产能1.3844亿吨	全区非煤矿山数量压减20%，化解过程产能1119万吨（央企997万吨、自治区压减122万吨）	关闭煤矿8处，退煤炭107万吨		宁夏国土部门通知

续表

省（区、市）	2015年产能	3—5年规划	2016年去产能情况	2017年去产能计划	出台的主要文件
河南	470座煤矿，年产能2.1亿吨	3年内原则上停止审批建设不符合国家要求的矿井	关闭矿井100处、煤炭2388万吨	退出煤炭产能2000万吨	《关于促进煤炭行业解困的意见》
江西	年产能3000万吨以上	关闭退出煤矿283处以上，退出产能1868万吨以上	煤矿232处，煤炭1547万吨		《江西省煤炭行业化解过剩产能实现脱困发展实施方案》
青海		压减煤炭产能276万吨	煤炭9万吨	压减132万吨煤炭产能	
云南	年产能1.18亿吨	力争到2018年年底，煤炭产能控制在7000万吨以内	关闭退出煤矿128个，煤炭1896万吨	煤炭154万吨	《云南省人民政府关于煤炭行业化解过剩产能实现脱困发展的实施意见》
辽宁	在籍煤矿289个，年产能7542万吨/年	到2018年，化解煤炭过剩产能2731万吨，关闭退出煤矿83个；到2020年，完成煤炭化解过剩产能3040万吨的任务，关闭退出煤矿140家	煤炭产能1361万吨	年底前全省9万吨以下煤矿要全部退出，煤矿184处，退出煤炭产能959万吨	《关于推进供给侧结构性改革促进全面振兴的实施意见》
黑龙江	年产能约1.03亿吨	退出煤矿44处、退出产能2567万吨（省外45万吨）	煤炭1010万吨	退出煤炭产能442万吨	《黑龙江化解煤炭过剩产能实施方案》
吉林	3250万吨	退出产能2733万吨	64处煤矿，煤炭1643万吨	关停15万吨以下煤矿，压减煤炭产能314万吨	《关于吉林省推进供给侧结构性改革落实"三去一降一补"任务的指导意见及五个落实意见的通知》
福建	192处煤矿，年产能2160万吨	退出煤矿71处以上。"十三五"期间，全省煤炭公告产能控制在1500万吨/年以内			《关于化解部分行业过剩产能的意见》
北京	3座煤矿，年产能353万吨	2020年前煤矿全部关掉		北京市到2020年煤矿全部退出，近800年采煤史将终结	北京市产业结构调整通知

资料来源：根据公开资料整理所得。

从各省（区、市）公布的3—5年煤炭去产能规划来看，到2020年，北京、湖北要关闭所有的煤矿，实现无煤炭生产。主要的产煤大省如山西、内蒙古、新疆规划煤炭去产能的规模都在1亿吨以上，山东、陕西、河北、云南、贵州将压减煤炭产能4000万吨以上，黑龙江、辽宁、重庆将关闭煤炭产能2000万吨以上。24个省份规划的煤炭去产能规模合计超过了国家规划的5亿吨。

值得注意的是，从各省公布的数据来看，未来3—5年，华东、东北、中南和西南等资源条件不好的地区煤矿关闭退出比重会相对较大，而华北、西北等资源条件相对较好的地区煤矿关闭退出比重会相对较小。东北地区、西南地区计划退出产能占其2015年年底在产产能的比重达到41%，华东地区占33%，中南地区占39%，而西北地区和华北地区的比重仅为11%（见图2-16）。

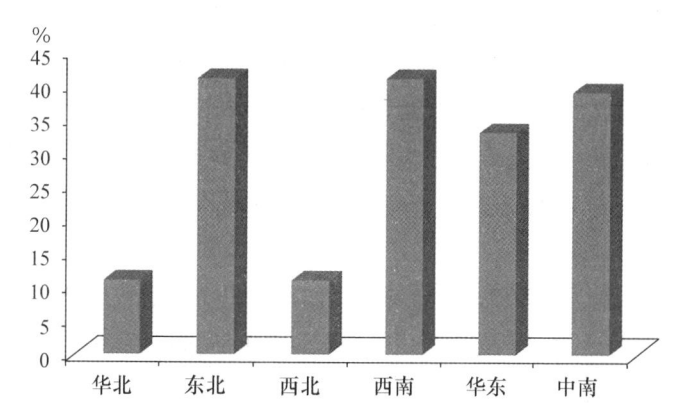

图2-16 "十三五"期间计划去产能占2015年年底在产产能比重

资料来源：中泰证券研究所。

（三）央企煤炭去产能计划

央企是化解煤炭产能的主力军。根据国资委要求，到2020年，中央煤炭企业去产能目标为1.82亿吨。中国华能集团表示，2018年年底前，退出煤炭产能914万吨/年；中煤集团提出将在2016—2020年化解煤炭过剩产能2410万吨，关闭退出13座矿井；中国神华集团计划从2016年开始,停产、停建煤矿 12 处,减少产能近 3000 万吨。

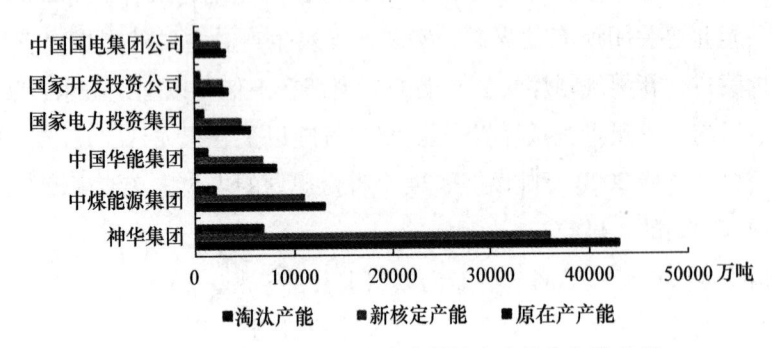

图 2-17　2016 年主要煤炭集团核定产能和淘汰产能

资料来源:国家煤矿安监局,兴业证券研究所。

二　去产能取得的主要成效

得益于部级联席会议推动、督察组的密集督查、违法违规矿的专项治理及奖补资金的推动,2016 年全国退出煤炭产能超过 2.9 亿吨,超额完成 2.5 亿吨的目标任务,分流安置职工 53 万人,出台金融债权债务处置的相关政策,推动建立债权人委员会制度,加强银企合作,积极化解金融债务风险。煤炭行业签约市场化债转股框架协议 16 个,总规模 2065 亿元。

(一)煤炭供需形势由严重供大于求逐渐转为供需基本平衡

2012 年下半年,中国煤炭市场供过于求的局面愈演愈烈,到 2015 年底,全社会存煤连续 48 个月超过 3 亿吨,煤炭企业库存超过 1 亿吨。2016 年全社会存煤在连续四年增加后出现下降。年末,重点煤炭企业存煤 9300 万吨,比年初减少 3499 万吨,下降 27.3%。重点发电企业存煤 6546 万吨,比年初减少 812 万吨,下降 11%,可用 16 天。煤炭市场供需实现基本平衡。

(二)企业盈利状况明显改善

随着去产能工作进度加快,政策措施效果进一步显现,煤炭行业生产经营状况整体好转。2016 年全行业虽然依然处于亏损状态,但形势明显好转,亏损面减少,大型煤炭企业在当年就实现扭亏为盈。2016 年,煤炭开采和洗选业亏损企业单位数为1490家，较2015年下降了317家，实现利润总额1090.9亿元，同比增长223.6%。2017年前6个月全国规模以上煤炭企业利润总额1474.8亿元，比去年同期增加了1403.1亿元。

（三）产业结构逐渐优化

2016年退出资源枯竭、长期亏损、安全基础差的煤矿2000处以上，全国煤矿数量下降到8000处以内。其中，退出30万吨以下煤矿1500处。今明两年还将加快退出9万吨及以下煤矿。落后产能加快退出，优质产能加快释放，资源开采和供应逐步向资源赋存条件好、开采成本低、安全保障程度高的晋陕蒙等地区集中，产业持续优化升级。

（四）经济社会风险逐步缓解

煤炭企业资产状况呈现好转，一些不良或潜在不良资产转为优良，融资能力明显增强，银行欠债、客户欠款、工人欠薪、社保欠费、安全欠账、技改创新投入不足等矛盾和问题明显缓解。

三 去产能过程中存在的主要问题

（一）过度行政干预弱化了煤炭市场功能

中国煤炭企业中国企占据主导地位，政府对煤炭行业调控以行政指令、考核指标等直接干预方式为主。这种非市场化的宏观调控方式，一方面，弱化了煤炭市场的反馈调节功能和资源优化配置作用；另一方面，导致煤炭行业发展过多地依赖国家政策，煤炭企业市场化意识不够，常出现"一管就死、一放就乱"的现象。

政府主导的兼并重组是导致此轮煤炭行业产能过剩的主要原因。一般产能过剩的成因分为两种，一种是市场因素，如需求下降，进入壁垒低、环保执行不力、"潮涌"现象等，一种是体制性因素，如地方政府晋升机制，体制扭曲，地区竞争，缺乏退出机制等。此轮煤炭行业产能过剩，除了企业逐利，市场需求下降外，还有一个主要的原因，即2008年政府主导的兼并重组。政府主导的兼并重组导致产能过剩有两大根源，一是政府行政干预企业生产经营导致生产扩张，二是国有企业所有权不明晰导致了国有企业产能扩张。以山西省为例，2008年，山西省推动实施新一轮的煤炭资源整合，关停单井不足90万吨的矿井以及产能低于300万吨的煤企。在短短10个月后山西省煤炭产业兼并重组基本结束，煤炭企业的数量由 2200 多家缩减至 130 家，煤矿总数减少一半以上，七成的矿井规模达到 90 万吨/年产以上。经过本次兼并重组，山西省煤炭行业产业集中度迅速提高，国有煤炭企业占据主导地位。此后，山西省煤炭行业固定资产增速明显快于其他主要的产煤大省（见图 2-17）。根据山西省煤炭安监局数据，2015—2016 年山西煤矿已形成且经过批准的产能 14.53 亿吨，其中 2015 年释放产能占比约为 66.7%，仅 2/3 产能就达到 9.7 亿吨，仍有近 5 亿吨产能还未释放。

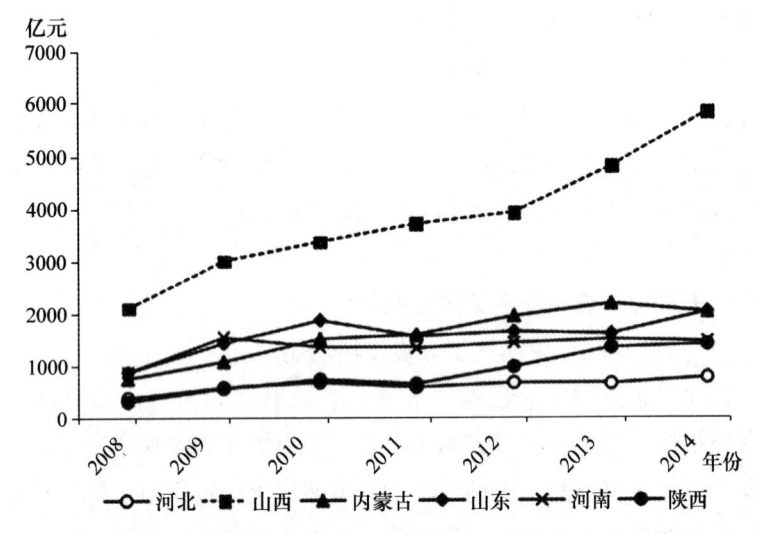

图 2-18 2008—2014 年主要产煤省份煤炭行业固定资产增速

资料来源：曾湘泉：《兼并重组、所有制与产能过剩——基于山西省煤炭去产能困境的案例分析》，《山东大学学报》（哲学社会科学版）2016 年第 5 期。

276 天限产政策导致供需失衡，煤炭价格大幅上涨，挤压了下游行业利润。2016 年 3 月，国家发改委、人社部、国家能源局、国家煤矿安监局联合发布《关于进一步规范和改善煤炭生产经营秩序的通知》（发改运行〔2016〕593 号），明确提出从 2016 年开始，全国所有煤矿按照 276 个工作日规定组织生产，即直接将现有合规产能乘以 0.84 的系数后取整，作为新的合规生产能力。276 天限产政策的实施，在很短的时间内改变了煤炭市场供求形势，导致煤炭价格飙升，下游企业生产成本大幅增加。2016 年，环渤海 5500 大卡动力煤平均价格年内涨幅高达 60%，直接导致五大发电集团火电利润下降68.6%。另外，276天限产这种行政化"一刀切"的方式还直接导致黑龙江、贵州等主要产煤省份煤炭供应出现短缺。

（二）资产负债率居高不下，退出产能债务处置有待解决

债务处置问题是去产能的核心问题。随着去产能的推进，煤炭价格快速上升，企业盈利明显改善，但企业资产负债率仍居高不下。数据显示，2016年煤炭行业资产负债率由2015年年底的67.9%上升至69.5%，2017年降杠杆虽有所成效，但截至2017年6月底，煤炭产业整体资产负债率仍保持在68.7%的高位。在煤炭主产地山西省，截至2016年年底，7大煤企总资产合计15252.46亿元，总负债合计12601.88亿元，总资产负债率82.62%，较2015年的82.20%升高了0.42个百分点。

效益向大企业集中，多数企业经营状况并没有根本好转。根据中国煤炭工业协会统计的数据，2017年前5个月，前5家煤炭企业实现利润770亿元，高出90家大型煤炭企业利润总额514亿元近256亿元，其中，神华集团实现利润占前5家企业利润总额的一半左右。这说明，大部分煤炭企业经营状况并没有出现根本性好转。企业盈利多数成为偿还高额贷款利息的"流动资金"，大部分煤企仍然经营困难。

去产能退出矿井债务分割处置得不到政策保障，所有债务均由集团公司承担，造成企业债务负担增加，不良资产率上升。由于行政化的去产能与市场化的去杠杆不同步，去产能退出矿井债务分割处置得不到政策保障，企业去了产能去不了债务，资产负债率没有随着去产能而降低，反而有所上升。如淮南矿业集团关闭退出煤矿4处，形成债务总额88.8亿元；淮北矿业集团关闭退出煤矿9处，形成债务总额76亿元，该集团需要统借统还的债务51.2亿元。企业一方面需要承担退出落后产能的债务，另一方面发展新建先进产能需要新的资金，新旧产能置换可以在一定程度上平衡先进产能建设与落后产能淘汰的关系、化解煤炭过剩产能、推动煤炭产业转型，但由于市场化煤炭产能置换指标交易平台建设、煤炭产能置换长效机制建设相对滞后，也出现了一些置换指标价格虚高、产能置换成本过高的现象。

债转股政策在帮助煤炭企业脱困、促进煤炭经济复苏方面的作用有限。2016年10月10日，发布的《国务院关于积极稳妥降低企业杠杆率的意见》及附件《关于市场化银行债权转股权的指导意见》（国发

〔2016〕54号），细化和明确了债转股实施方式。虽然截至目前，共有21家煤炭企业与金融机构签订了债转股协议，协议金额为3530亿元，但是债转股落地项目仅有8个，涉及金额655.73亿元，为签约规模的18.6%。债转股政策之所以落地难，一方面是因为时点选择不利，在当前煤炭企业经营困难时期，金融机构有更多的话语权，价格难以确定，寻租意识较浓；另一方面，债转股的监管框架和操作规则均不明晰，在操作层面很多地方都还存在盲区。

（三）人员安置中存在资金缺口大、安置困难和地区差异大等问题

职工安置问题是煤炭去产能的重点问题，也是主要难题。根据人社部公布，未来3—5年全国煤炭行业要退出过剩产能5亿吨左右，涉及130万人，约占煤炭从业人员的30%，如果将煤炭下游受影响职工考虑在内，安置任务更加繁重。而且煤炭产地多集中在第三产业并不发达的地区，分流空间有限。

分流人员年龄偏大，重新择业困难。以安康市为例，富余职工年龄在"45—55岁"的占53.85%，受教育程度以初中和小学为主，分别占46.15%和38.46%。淮南市需要分流安置的49836职工中，36—50岁的中年人占全部调查人员的72%，工龄21年以上的占60%。陕西省调查数据显示实际调查的417家煤炭生产企业中，近一半的企业认为，去产能富余员工安置中，年龄段在45—55岁的安置困难最大；富余员工受教育程度主要以初中为主，初中文化43.5%，大专及以上仅占2.6%；富余人员主要岗位包括采掘一线职工、机关人员、辅助工。

补偿标准低，资金缺口巨大。以山西为例，从2012年开始，煤炭价格连续下跌，企业效益大幅下滑，在整体效益不佳、资金不足的情况下，企业保稳定是近几年工作的重中之重，大多企业都采取了降低工资发放标准的办法维持企业的正常运转，近几年各项社会保险都处于无力足额缴费的状态，所以对于转岗补贴都只能享受每名职工1000元的标准，不能享受连续5年不欠失业保险金前提下的3000元标准的转岗补贴；而对于稳岗补贴，如果补足欠费享受50%的补贴对于企业仍是净支出，所以企业申领的积极性不高。如同煤集团目前就没有申请稳岗补贴，西山焦煤集团也只申请到726万元。在补贴资金不到位的情况下，造成企业安置职工资金缺口巨大。根据淮南矿业集团和中煤新集测算，退出8对矿井后，分流

安置职工所需经费高达62.9亿元。"三供一业"分离移交方面，经测算，淮南矿业集团4对退出矿井"三供一业"每年需补贴1.89亿元，移交改造费用需25.99亿元；中煤新集3个职工家属区改造费用约需1.15亿元。依靠奖补资金、地方财政和企业投入难以填补巨大的资金缺口。

不同区域、不同企业面临的问题差异很大。由于资源禀赋、开发时间和开发力度的差异，中国不同地区实际情况存在很大差异。以山西省为例，除朔州外，其他资源型城市基本进入成熟期或者衰退期，产煤区的就业人员技能单一，对新环境适应能力较差；陕西、内蒙古地区资源开发较晚，生产技术水平较高，面临的就业安置包袱相对较轻；东北地区资源枯竭城市占比较高，主要产煤城市受计划经济影响较大，创新不足，历史包袱重，转岗再就业难度很大，经济结构单一，新兴产业尚处培育发展期，就业容纳能力较弱。

第三节 提高煤炭行业"去产能"效果的政策建议

一 减少政府干预，建立市场调节产能的长效机制

追根溯源，产能过剩实际上是制度缺陷和政府对微观经济过度干预的结果。市场自有具有均衡的调节机制，一旦出现超额供给，市场会通过价格机制引导供需调整和产能调节，通过优胜劣汰的竞争机制迫使低效率企业、低效率产能退出市场，从而使市场供需不断趋于动态平衡。政策部门以市场失灵为依据，将对投资和市场准入的行政管制作为产能过剩治理政策的核心，寄希望于对微观经济更为广泛和细致的管束来治理它，结果只能是事与愿违。因此，要治理当前煤炭行业的产能过剩，首先需要正确处理好政府与市场的关系，消除导致系统性产能过剩的体制机制缺陷，建立起以市场为主导的化解产能过剩的长效机制，充分发挥市场在资源配置中的决定作用，同时更好地发挥政府的作用。

进一步完善政绩考核制度，矫正导致系统性产能过剩的体制机制缺陷。长期以来，政府干预市场的行为存在两个困境：一是无法限制政府的自我授权，二是无法斩断权力与资本的两性相吸。因此，必须从官员的晋升激励入手，改变以往将地区经济增长作为主要评价指标的正向政绩考核方式，引入民生问题、生态问题、不作为和乱作为问题等要素的逆向政绩

考核方式，通过市场倒逼机制改变政府部门作风。建立多层次、透明公开的监督体系，通过民主监督、法律监督、舆论监督等机制对供给侧结构性改革领域内行政权力实行全过程动态监督，确保各项政策措施落实到位。

从宏观的角度认识产能过剩，完善规划的调控机制。在过去的 20 多年中，煤炭在短期内也曾出现了数次需求增速与经济增长不同步的现象。虽然长期而言煤炭有逐渐被替代的趋势，但在相当长时间内其依然是中国最主要的能源品种，经济增长与煤炭需求依然是正相关关系。如果在经济调整期，人为压制产能，很有可能会导致未来煤炭供给的短缺，如 2004 年的电荒。决策者可以通过提高规划的合理性，科学地引导煤炭行业产能的发展。"十二五"期间，由于煤炭产能规划和管理体制机制落后等方面的原因，导致煤炭产业"十二五"规划没能对国内外经济形势进行准确判断，过于乐观地估计了经济增长，从而导致规划与实际情况存在很大差距。当出现供过于求迹象时，相关部门也没能及时对规划进行调整，导致产能过剩愈演愈烈。因此，要预防产能过剩，首先要充分完善规划的调控机制，并根据实际情况，及时对规划进行调整。明确责任主体，必要时采取相应的激励和奖惩措施。

去产能政策应淡化"量"的指标，强调"结构"的优化。长期以来，中国质量产能过剩的政策多以规模、所有制论好坏，以设备规模作为落后产能的重要标准，其结果反而使得企业为了避免被淘汰而投资大规模设备，加重了产能过剩，以及大量低效率重组行为。以钢铁行业为例，河北天柱钢铁集团年产能只有 360 万吨，但 2015 年盈利 2.8 亿元，而大型钢企如武钢、鞍钢却出现几十亿元的亏损。淘汰落后产能的标准应更多地从"结构"优化的角度出发，以市场竞争效率决定"去产能"，充分考虑产品质量、环保、创新程度等综合因素，不单以规模大小、企业性质来决定。

因地施政，合理确定去产能目标和标准。将化解过剩产能与结构调整相结合，按照因地制宜、分类处置的原则，合理确定去产能目标和标准。对于区位差、煤质劣、成本高、竞争弱、隐患因素多和长期亏损而主动停产停运的煤矿，坚决予以关停退出。根据去产能效果和煤炭供需状况，适时取消 276 天工作制，充分发挥先进产能对淘汰落后产能的市场机制作用。严格控制煤炭新增产能，对于合法在建煤矿，引导企业根据市场需求停建缓建，严厉打击违法违规建设。对于下游产业已经建成而煤矿尚未核准的大型一体化配套项目，适时予以补办手续，以降低财务成本，发挥投资效益。

二　多渠道处置去产能企业的债务，减轻企业负担

债务风险是当前煤炭行业面临最大的难题，也是去产能的核心问题。政府应尽快出台相关政策，一方面增加企业的融资渠道，另一方面妥善化解现有债务，减轻企业债务负担，改善企业盈利状况，防范企业债务引发的金融风险。

全面实施煤炭行业体制增效，促进企业转型升级。一是加大技术改造力度，推动煤炭开采机械化、信息化、智能化发展，提高劳动生产率；二是积极支持煤企调整产业结构，在优化主导产业的同时，引导发展接续产业，建设煤电一体化项目，努力实现转型发展；三是推进国有煤炭企业改革，实现国有资产资本化运作，企业主体公司化管理，增强煤炭企业决策与经营的自主性，剥离企业办社会职能；四是全面推进清费正税工作，降低煤炭企业税费负担。

发展直接融资，减少债务杠杆。通过给予贴息、资金奖励、财政担保等优惠政策，鼓励引导企业通过发行企业债券、短期融资券、中期票据、中小企业集合票据、公开上市等渠道融资，扩大直接融资比重。关注大型集团及所属企业的流资、技改、并购、贸易融资等业务需求，为企业量身定做个性化金融服务方案，帮助企业拓宽融资渠道。

多举措化解现有债务。一是加强资产债务处置的指导，尽快研究制订去产能涉及国有资产、债务处置的具体操作办法。对于去产能关闭退出的国有煤矿，可以比照执行原国有煤矿政策性关闭破产的有关政策，对可以明确贷款主体的银行贷款，视为呆坏账予以核销；对不能直接明确贷款主体、由集团母公司"统借统还"的煤炭债务，按退出产能占全公司总产能的比例，由中央和省级财政统一进行债务核销，降低集团母公司的资产负债率。二是落实金融机构呆账核销的财税政策，完善金融机构加大抵债资产处置力度的财税支持政策，支持银行加快不良资产处置进度，提高不良资产处置效率。三、研究出台配套政策，鼓励四大资产管理公司，通过发行债券和支付现金，剥离收购部分银行债务。四是探索运用国有企业改

革发展基金等形式，用市场化方法促进省属煤炭企业化解资产债务问题。

三 发挥政府企业社会三方合力，开辟人员安置新通道

职工安置是去产能的重中之重。各级政府应发挥企业、政府和社会各界的积极性，坚持政府搭建平台，各种市场力量参与其中，共同做好职工分流。

进一步加大优惠政策支持的力度。一是通过财政补助、税收减免、金融支持等方面的优惠政策，进一步加大对去过剩产能企业和被分流职工的支持力度。二是提高补贴标准。三是对去产能分流人员的社会保险费单位缴纳部分给予全额补贴，鼓励用工单位吸纳分流人员就业。

分级保障，分类解决。一是针对不同发展阶段的退出企业制定相应的社保政策。如针对衰落阶段的企业，应制定适应衰落阶段特点的社保政策，减轻企业在市场退出阶段的资金压力，让衰落企业把更多的精力投入到员工转岗安置方面去。二是结合不同地区特点，实行一地一策。三是结合分流职工的年龄特点，制定相应的对策。如现有分流人员中，50岁以上主要是做好内部退养安置工作，30岁以下分流人员学历相对比较高，多数人有一技之长，而且年轻人敢闯敢干，富有创新精神，因此，创新创业是这一群体的主要分流途径。36—50岁的分流人员是主体，这一年龄段人员生活负担重，技能技巧相对单一，针对这一群体需要妥善制定相应的分流安置对策。

加强培训，增强劳动技能，实现再就业。一是鼓励企业组织产业工人开展技能素质提升和技能储备，提高职工适应技术产业升级的技能要求，提高职工适应产业转型对转岗的适应能力。二是鼓励各类人力资源服务机构帮助介绍工作机会，给予一定的职业介绍补贴，提高再就业成功率。三组建省级的煤炭行业人力资源协调机构，或者委托省级就业服务机构，统筹协调因地域交叉带来的职工异地安置问题，采取对等交换或者购买岗位的方式，解决职工异地上岗的困难。四鼓励和引导职工通过创业的方式，以创业带动就业。

第三章

中国钢铁行业产能过剩现状及治理

第一节 中国钢铁产业发展现状

一 钢铁行业已进入低速增长期

（一）钢铁产量增长速度减缓

中国钢铁工业快速发展，目前已经形成全球产业链最完整的钢铁工业体系，有效支撑了上下游行业和国民经济的平稳较快发展。中国统计局数据显示，1978—2011年中国国内生产总值的平均增速高达10%，即使进入"十二五"期间，虽然宏观经济增速有所回落，但是增长率也维持在平均7.5%。钢铁行业在中国宏观经济高速增长的背景下，需求不断增加，刺激了钢铁行业产能项目的释放。然而，进入"十二五"时期，中国经济进入增长速度换挡期、结构调整阵痛期、前期刺激政策消化期三期叠加的"新常态"状态，加之后金融危机时期全球经济复苏缓慢，对钢铁产品需求回落甚至萎缩，钢材价格大幅下跌，钢铁行业已经进入低速增长期，全行业仍处于转型升级的"阵痛期"。

从中华人民共和国成立以后，中国的钢铁工业发展历程至今可以概括为起步发展、缓慢发展、快速发展和增速放缓四个阶段。第一个阶段为起步阶段（1949—1977年）。中华人民共和国成立初期，中国钢铁工业基础薄弱，国家确立了"以钢为纲"的指导方针，在全国范围内开展的一项全民大炼钢运动。但由于中国工业发展水平较为落后，基础设施薄弱，年产量仅15.8万吨，这一时期中国的钢铁行业发展较为波折。第二阶段为缓慢发展阶段（1978—2000年）。1978年十一届三中全会后，改革开放政策为钢铁产业利用外资和技术提供了保障。1992年邓小平南方讲话确立了社会主义市场经济体制的改革目标，进一步激发了企业积极性，粗钢产量在1996年突破1亿吨，中国跃升为当时全球的第一产钢大国，占全球钢产量的13.5%。第三阶段是快速扩张阶段（2001—2010年）。进入21世纪后中国经济腾飞式发展，中国钢铁行业迎来了"黄金十年"。中国钢铁行业在这一阶段出现了爆发性增长，粗钢在2010年产量达到6.27亿吨，占全球产量的44.3%。第四阶段是增速放缓阶段（2011年至今）。随着宏观经济增速放缓，国家房地产调控加剧以及世界经济危机影响，钢铁生产成本上升、经济内生动力明显转弱、全球需求萎缩导致钢材出口下滑，钢铁行业在这一阶段正式进入个位数增长的低速增长期。

从钢铁行业生铁、粗钢、钢材三大主导产品产量来看，2001—2016年，中国生铁产量从15554.2万吨增加到70073.6万吨，增长350.51%，年均增长9.86%[①]；粗钢产量从15163.44万吨增加到80836.6万吨，增长433.1%，年均增长11.03%；钢材产量从16067.61万吨增加到112513.15万吨，增长600.25%，年均增长12.93%。虽然进入21世纪以来，中国钢铁行业主要产品产量总体呈快速增长态势，但进入"十二五"时期后，中国钢铁行业却总体步入低俗增长期。2011—2016年，中国生铁产量从64050.88万吨增加到70073.6万吨，增长9.4%，年均增长1.51%；粗钢产量从64050.88万吨增长到70073.6万吨，增长9.46%，年均增长2.79%；钢材产量从88619.57万吨增长到113801.2万吨，增长28.42%，年均增长4.26%。生铁、粗钢和钢材在2011—2016年的总体增长率相对2001—2016年显著下降，尤其是2013年以后，三种主要产品的增长率不足5%。从年度环比变化看，2015年与2014年相比，中国生铁、粗钢、钢材产量均出现不同程度的下降，下降幅度分别为3.13%、2.25%和0.15%，这是改革开放近40年来中国钢铁工业三大主导产品首次出现同时下降。2016年，虽然生铁、粗钢、钢材产量分别提高1.35%、0.56%和1.29%，但涨幅依然较小。

---

① 此处增长率为复合增长率，下同。

表 3-1　　　　　2001—2016 年钢铁行业产量情况　　　　单位：万吨，%

年份	生铁		粗钢		钢材	
	产量	增速	产量	增速	产量	增速
2001	15554.25	18.72	15163.44	18.00	16067.61	22.22
2002	17084.6	9.84	18236.61	20.27	19251.59	19.82
2003	21366.68	25.06	22233.6	21.92	24108.01	25.23
2004	26830.99	25.57	28291.09	27.24	31975.72	32.64
2005	34375.19	28.12	35323.98	24.86	37771.14	18.12
2006	41245.19	19.99	41914.85	18.66	46893.36	24.15
2007	47651.63	15.53	48928.8	16.73	56560.87	20.62
2008	47824.42	0.36	50305.75	2.81	60460.29	6.89
2009	55283.46	15.6	57218.23	13.74	69405.4	14.8
2010	59733.34	8.05	63722.99	11.37	80276.58	15.66
2011	64050.88	7.23	68528.31	7.54	88619.57	10.39
2012	66354.4	3.6	72388.22	5.63	95577.83	7.85
2013	71149.88	7.23	81313.89	12.33	108200.54	13.21
2014	71374.78	0.32	82230.63	1.13	112513.12	3.99
2015	69141.3	-3.13	80382.5	-2.25	112349.6	-0.15
2016	70073.6	1.35	80836.6	0.56	113801.2	1.29

资料来源：2016 年数据来自《2016 国民经济和社会发展统计公报》，其他数据来自历年《中国统计年鉴》。

（二）钢铁行业进出口波动较大

中国钢铁市场外部需求略有好转，但出口波动较大。2011—2016 年，从钢材出口情况看，中国钢材出口量从 4886.06 万吨增长到 10849 万吨，增长了 1.22 倍，年均增长 5.11%。2014 年全年创纪录达到 9378 万吨，同比大幅增长 50.5%；2016 年钢材出口总量虽然达到 10849 万吨，但是同比增长下降了 3.48 个百分点，这进一步表明，中国钢铁市场在国内市场需求疲软和钢铁工业技术水平提高的推动下，虽然钢材出口持续增长，但是出口波动仍然较大。但需要注意的是，国际贸易保护主义抬头，针对中国钢铁产品的反倾销、反补贴案件增多。一些发达国家如美国频频对中国钢铁产品发动反倾销调查,据统计,中国钢铁行业 2015 年遭遇的反倾销时间高达 136 起,涉及全球 28 个国家和地区,分别比 2014 年增加 67 起事件、13 个国家和地区。自 2010 年起,中国已连续 6 年成为世界钢铁反倾销调查最多的国家。随着出口环境的复杂多变,中国钢铁产品出口难度不断增大。

表 3-2　　　　　2001—2016 年钢材进出口情况　　　　单位:万吨,%

年份	进口量	增长率	出口量	增长率
2001	1721.73	7.87	474.14	-23.60
2002	2448.81	42.23	545.50	15.05
2003	3716.85	51.78	695.57	27.51
2004	2930.27	-21.16	1423.10	104.59
2005	2581.62	-11.90	2052.26	44.21
2006	1851.00	-28.30	4300.70	109.56
2007	1687.06	-8.86	6264.63	45.67
2008	1538.00	-8.84	5918.27	-5.53
2009	1763.20	14.64	2459.65	-58.44
2010	1643.01	-6.82	4255.60	73.02
2011	1557.94	-5.18	4886.06	14.81
2012	1365.75	-12.34	5573.21	14.06
2013	1407.76	3.08	6233.75	11.85
2014	1443.21	2.52	9378.38	50.45
2015	1278	-11.45	11240	19.85
2016	1321	3.36	10849	-3.48

资料来源:2015 年和 2016 年数据来自《国民经济和社会发展统计公报》,其他数据来自历年《中国钢铁工业年鉴》。

据海关数据显示,2017 年 1—6 月,中国钢材出口 4090 万吨,其中向东南亚 7 国出口钢材 1274 万吨,占出口总量 31.1%;向韩国出口钢材 669 万吨,占比 16.4%;向中东 9 国出口钢材 323 万吨,占比 7.9%;向欧盟 7 国出口钢材 214 万吨,占比 5.2%;向南美洲 6 国出口钢材 248 万吨，占比 6.1%；向非洲 10 国出口钢材 152 万吨，占比 3.7%；向印度出口钢材 110 万吨，占比 2.7%；向美国出口钢材 61 万吨，占比 1.5%；向其他地区出口钢材 1039 万吨，占比 25.4%。

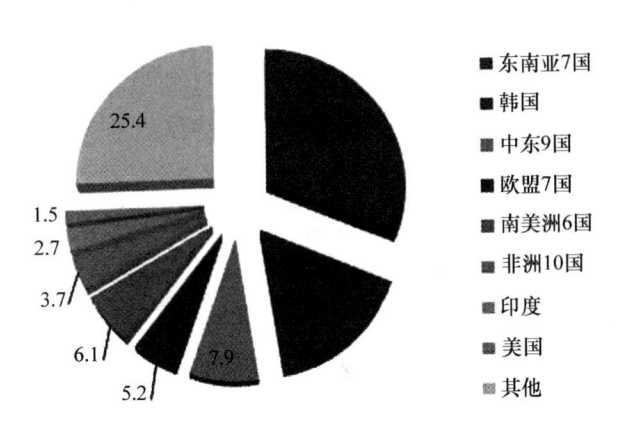

图 3-1 2017 年 1—6 月中国钢材出口流向分布（%）

资料来源：海关总署。

注：东南亚 7 国包括缅甸、泰国、新加坡、印度尼西亚、越南、菲律宾、马来西亚；中东 9 国包括沙特阿拉伯、阿联酋、伊朗、埃及、阿曼、科威特、黎巴嫩、突尼斯、伊拉克；南美洲 6 国包括巴西、智利、秘鲁、委内瑞拉、厄瓜多尔、哥伦比亚；欧盟 7 国包括比利时、意大利、英国、西班牙、葡萄牙、荷兰、德国；非洲 10 国包括尼日利亚、南非、安哥拉、加纳、坦桑尼亚、肯尼亚、埃塞俄比亚、喀麦隆、刚果、科特迪瓦共和国。

中国钢材进口量仍整体下降。2011—2016 年，中国钢材进口量从 1557.9 万吨下降到 1321 万吨，总计下降 15.21%，年均下降 2.71 个百分点。虽然，2016 年钢材进口量相比 2015 年同比增长 3.36 个百分点，但仍无法改变中国钢材进口自"十二五"期间总体下降的事实。

表 3-3　　　2017 年 1—6 月 21 大类钢材品种出口同比增速　　　（%）

品种	2017 年 1—6 月出口同比增长	2017 年 1—5 月出口同比增长	品种	2017 年 1—6 月出口同比增长	2017 年 1—5 月出口同比增长
铁道用材	-19.6	-17.3	中厚宽钢带	-0.8	-0.8
大型型钢	3.4	-6.5	热轧薄宽钢带	15.9	11.3
中小型型钢	-37.9	-27.3	冷轧薄宽钢带	38.9	38.0

续表

品种	2017年1—6月出口同比增长	2017年1—5月出口同比增长	品种	2017年1—6月出口同比增长	2017年1—5月出口同比增长
棒材	-66.8	-62.9	热轧窄钢带	160.7	181.1
钢筋	-6.7	6.3	冷轧窄钢带	-9.1	-13.7
线材	-36.4	-33.3	镀层板（带）	4.6	5.3
特厚板	-88.7	-93.9	彩涂板（带）	-17.5	-19.7
厚钢板	-48.5	-56.9	电工钢板（带）	-9.5	-16.7
中板	-26.5	-27.5	无缝管	-9.9	-12.9
热轧薄板	-6.5	-27.5	焊管	-6.3	-5.0
冷轧薄板	13.2	10.3			

资料来源：海关总署。

2017年1—6月，全国热轧薄板、大型型钢、钢筋、中厚宽钢带进口分别同比增长165.7%、35.5%、35.2%、20.9%，进口增速排名前四位；无缝管、厚钢板、彩涂板（带）、铁道用材进口分别同比下降6.5%、6.5%、20.3%和47.1%，进口降幅排名前四位。

表3-4　　　　2017年1—6月21大类钢材品种进口同比增速　　　　（%）

品种	2017年1—6月进口同比增长	2017年1—5月进口同比增长	品种	2017年1—6月进口同比增长	2017年1—5月进口同比增长
铁道用材	-47.1	-43.3	中厚宽钢带	20.9	17.2
大型型钢	35.5	38.0	热轧薄宽钢带	9.6	8.8
中小型型钢	9.8	13.9	冷轧薄宽带	0.0	4.5
棒材	18.9	19.5	热轧窄钢带	-4.2	-5.8
钢筋	35.2	51.8	冷轧窄钢带	19.1	20.6
线材	0.1	1.4	镀层板（带）	0.6	3.4
特厚板	-0.6	3.4	彩涂板（带）	-20.3	-15.2
厚钢板	-6.5	-12.0	电工钢板（带）	3.3	-6.7
中板	-2.4	-3.0	无缝管	-6.5	-9.7
热轧薄板	165.7	184.5	焊管	18.0	14.7
冷轧薄板	11.1	14.7			

资料来源：海关总署。

(三) 钢铁行业负债率较高

受环保高成本、国家淘汰落后产能、以及需求较少的影响，钢铁行业规模扩张进一步放缓。截至 2017 年 6 月，全国钢铁行业共有企业 8491 家，较 2016 年减少 733 家。全行业规模以上企业的资产总计达到 64008.60 亿元，同比增长 4.00%，增速较 2016 年提高 3 个百分点；负债总计达到 42409.5 亿元，同比增长 2.70%，增速较 2016 年提高 2.6 个百分点。

表 3 – 5　　　　2011 年—2017 年 6 月全国钢铁行业规模情况

	企业数量（个）	资产总计（亿元）	增长率（%）	负债总计（亿元）	增长率（%）
2011	10777	53750.29	16.42	35990.75	18.62
2012	11031	56809.22	5.76	38266.66	6.37
2013	11034	62638.33	9.44	42252.89	9.75
2014	10564	64873.71	4.03	42819.37	1.93
2015	10071	65546.50	1.40	43718.70	2.90
2016	9224	64445.10	1.00	42901.70	0.10
2017 年 6 月	8491	64008.60	4.00	42409.50	2.70
2017	8545	63818.00	2.4	40902.00	-1.8

资料来源：国家统计局。

就规模以上钢铁企业经营情况来看，2016 年，全国钢铁行业完成销售收入 63174.30 亿元，同比减少 0.7%，销售收入增速连续 3 年低于 0，这表明供给侧结构性改革对钢铁行业去产能具有积极的效果。实现利润总额达 1659.10 亿元，同比大幅上涨 323.30%，2015 年同比增长仅 -11.00 个百分点，钢铁行业去产能带来的效益提升效果较为明显。钢铁行业亏损额为 631.90 亿元，较 2015 年下降 54.40 个百分点。

表 3-6　　　　　2011—2016 年钢铁行业经营效益指标　　　　单位：亿元，%

	销售收入	增速	利润总额	增速	亏损额	增速
2011	72699.55	26.66	2099.03	20.18	272.52	30.09
2012	70904.15	-1.24	1229.43	-37.34	805.59	179.22
2013	76316.93	7.34	1695.04	44.09	447.35	-45.30
2014	75028.40	-0.40	1647.15	-2.67	556.95	25.41
2015	64605.70	-13.00	1348.80	-11.00	1398.30	154.30
2016	63174.30	-0.70	1659.10	232.30	631.90	-54.40

资料来源：国家统计局。

从钢铁行业的财务指标看，发现以下问题：一是钢铁企业经营状况有所改善，但盈利能力处于较低水平。2016 年全年，全国钢铁行业盈利能力指标中销售毛利率、销售利润率分别达 8.39%、2.63%，分别较 2015 年上升 1.84 和 0.54 个百分点，钢铁企业经营状况有所改善，但盈利能力水平仍然不高，虽然钢铁工业仍处于去产能背景下，但在供大于求的状况得到有效缓解前，行业利润情况仍将在长期处于较低的水平。

二是钢铁行业总体负债率较高，企业偿债风险很大。2016 年，中国钢铁行业偿债能力指标中负债率和利息保障倍数分别为 65.81% 和 2.34 倍，负债率较 2015 年提高 0.36 个百分点，而利息保障倍数较 2015 年下降了 1.57 倍。资产负债率略有上升，仍然维持着较高的负债率水平，各细分行业负债率均有所回落，整体来看负债水平普遍较高。目前，中国钢铁行业的环保高成本以及下游房地产基建需求不能长期有效提振，资金回收比较缓慢，同时较高的负债率使企业长期偿债能力较差，资金链风险大增，企业偿债风险极高。

三是钢铁行业总体盈利水平有所提升，进一步扩大规模的潜在能力较差。2016 年，中国钢铁行业利润总额增长率、资产增长率以及销售收入增长率分别达 232.30%、1.00% 和 -0.70%，分别比 2015 年提高 243.30 百分点、下降 0.4 个百分点和和提高 12.30 个百分点。2016 年，由于钢铁行业去产能过剩政策持续发酵，造成市场短期内对钢铁产品的需求大于与市场供给量，短期内有利于钢铁行业总体盈利水平的提升，但是这并没有改变钢铁行业竞争能力不足的现状，进一步扩大规模的潜在能力仍然不高。

表 3-7 2011—2016 年钢铁行业主要财务指标对比分析

		2016	2015	2014	2013	2012	2011
盈利能力	销售毛利率（%）	8.39	6.55	7.43	7.37	6.91	7.76
	销售利润率（%）	2.63	2.09	2.20	2.22	1.73	2.89
偿债能力	负债率（%）	65.81	65.45	66.00	67.46	67.36	66.96
	利息保障倍数（倍）	2.34	3.91	2.43	2.69	2.18	3.38
盈利水平	利润总额增长率（%）	232.30	-11.00	-2.67	44.09	-37.34	20.18
	资产增长率（%）	1.00	1.40	4.03	9.44	5.76	16.42
	销售收入增长率（%）	-0.70	-13.00	-0.40	7.34	1.24	26.66

资料来源：国家统计局。

二 钢铁行业呈现集中发展

（一）钢铁的区域分布

中国钢铁生产布局重心在长江入海口以北的沿海地区，包括河北、江苏、山东、辽宁、天津，2015 年合计粗钢产量 4.46 亿吨，占全国总量的 55.5%；2016 年 1—10 月合计粗钢产量 3.79 亿吨，占全国总量的 56.3%。2015 年中国两个粗钢产量超 1 亿吨的超大省（冀、苏）和两个粗钢产量超 6000 万吨的大省（鲁、辽），均位于该区域。

表 3-8 2016 年 1—10 月各地区粗钢产量   单位：万吨

排名	地区	2016 年 1—10 月产量
1	河北省	16296.33
2	江苏省	9201.7
3	山东省	5888.41
4	辽宁省	4984.37
5	山西省	3295.99
6	湖北省	2470.17
7	河南省	2410.08
8	安徽省	2257.85
9	广东省	1911.39

续表

排名	地区	2016年1—10月产量
10	江西省	1836.28
11	广西壮族自治区	1729.76
12	四川省	1523.35
13	湖南省	1509.4
14	天津市	1496.85
15	内蒙古自治区	1488.79
16	上海市	1449.29
17	福建省	1267.67
18	云南省	1190.74
19	浙江省	1079.93
20	陕西省	747.87
21	新疆维吾尔自治区	733.59
22	吉林省	678.18
23	甘肃省	550.87
24	贵州省	418.92
25	重庆市	322.92
26	黑龙江省	306.52
27	宁夏回族自治区	132.86
28	青海省	93.01
29	海南省	22.89
	合计	67296

从钢铁企业分布来看，居全国前五位的地区仍是江苏、浙江、辽宁、河北、山东5个地区。从企业平均资产规模分布来看，居于全国前五位的地区仍是甘肃、上海、河北、山西及新疆；资产增速情况分别是海南、宁夏、青海、天津以及内蒙古位列前五位。中原、东南以及西部地区的钢铁企业发展较快。

（二）私有企业成为钢铁行业主要力量

2014年，国内钢铁行业企业中主要的所有制类型是私营企业，企业数量占到总数的66.22%；但总资产最高的是其他类型企业，私营企业超过国有企业排名第二。

表3-9　　2014年全国钢铁企业不同所有制企业分布情况

企业类型	企业数量（家）	占比（%）	资产总计（亿元）	同比增长（%）	占比（%）
全国	10564	100.00	64873.71	4.03	100.00
国有企业	102	0.97	11437.48	5.47	17.63
集体企业	140	1.33	538.71	10.96	0.83
股份合作企业	60	0.57	43.12	-2.65	0.07
股份制企业	224	2.12	9096.85	1.61	14.02
私营企业	6996	66.22	13633.58	7.53	21.02
外商和港澳台投资企业	767	7.26	6486.91	-2.52	10.00
其他	2275	21.54	23637.06	4.12	36.44

资料来源：国家统计局。

2014年，钢铁行业销售收入较高的是私营企业和其他企业，二者销售收入占总收入的68%以上；且销售同比增速也属子行业中前列，集体企业增速最慢。利润方面，私营企业利润占比最高，股份合作企业处于亏损状态，且亏损增速最高，超过300%。

表3-10　　2014年全国钢铁行业不同所有制企业经营情况比较

企业类型	销售收入（亿元）	同比增长（%）	利润总额（亿元）	同比增长（%）	亏损总额（亿元）	同比增长（%）
全国	75028.45	-0.40	1647.15	-2.67	556.95	25.41
国有企业	8272.51	-1.25	15.10	-36.52	58.64	32.39
集体企业	460.58	-16.29	22.14	-6.30	1.03	11.77
股份合作企业	75.91	1.67	-0.18	112.65	1.91	331.47
股份制企业	6725.46	-10.20	112.14	-25.62	68.93	81.95
私营企业	25886.11	2.85	971.15	0.22	105.74	18.00
外商和港澳台投资企业	7734.71	-6.70	179.59	5.71	76.24	11.01
其他	25873.18	1.94	347.22	-1.83	244.45	20.85

资料来源：国家统计局。

2014年，营业费用同比增长较快的是其他企业，营业费用占销售收入比重最高的是股份合作企业，最低的是集体企业。管理费用同比增速最高的是集体企业，占销售收入比重最大的是国有企业。财务费用同比增速最慢的是集体企业，最快的是国有企业，占销售收入比重最高的是国有企业，最低的是私营企业。

表3–11 2014年全国钢铁行业不同所有制企业费用控制水平比较

企业类型	营业费用（%）		管理费用（%）		财务费用（%）	
	同比增长	占销售收入的比重	同比增长	占销售收入的比重	同比增长	占销售收入的比重
全国	8.33	1.06	−1.86	2.26	16.00	1.54
国有企业	6.38	1.53	−11.09	4.30	35.88	2.65
集体企业	−1.35	0.81	8.61	2.29	−10.45	1.59
股份合作企业	5.19	1.81	4.64	2.58	19.34	1.29
股份制企业	8.03	1.24	−1.76	2.94	14.92	1.62
私营企业	7.25	1.09	2.56	1.73	1.82	0.89
外商和港澳台投资企业	−2.35	0.93	1.77	2.25	20.47	1.64
其他	15.32	0.87	0.11	1.95	15.59	1.78

资料来源：国家统计局。

（三）企业规模大型化的趋势日益显著

近年来，由于受下游需求的拉动，中国钢铁需求持续旺盛，钢铁工业总体规模快速增长，中国钢铁行业企业规模大型化趋势日益显著，生产规模提高较快。1978年，中国粗钢产量超过百万吨规模的企业只有3家［鞍钢集团公司、武汉钢铁（集团）公司和首钢集团］。1995年，中国有4家企业的生产规模达到500万吨以上，占全国钢产量比重31.23%；200万吨以上的企业13家，总产量超过全国50%；100万吨以上的企业数量达到21家，占全球产量的65.78%。

自2008年开始，中国超过500万吨以上的企业数量增长较快。2014年，中国粗钢产量超过3000万吨的企业数量已经达到6家（河北钢铁集团、鞍钢集团公司、宝钢集团有限集团、武汉钢铁（集团）公司、江苏沙钢集团和首钢集团），合计产量 2.24 亿吨，占全国的比重为 27.2%；粗钢超过 2000 万吨以上的钢铁企业有山东钢铁集团，另有 14 家企业粗钢超过 1000 万吨，占全球产量的 52.7%。

表 3-12　　　　500 万吨以上钢铁企业粗钢产量及占比

年份	企业数量（个）	粗钢产量占比（%）	粗钢产量（万吨）	企业平均产量（万吨）
2001	4	28.4	4280	1070
2002	8	36.9	6693	837
2003	12	44.5	9789	816
2004	15	45.1	12275	818
2005	18	49.4	17243	958
2006	21	51.3	21494	1024
2007	22	53.3	26056	114
2008	22	58.8	29420	1337
2009	27	66.6	37794	1400
2010	26	73.8	46232	1778
2011	28	73	49946	1784
2012	28	68.7	49231	1758
2013	31	65.5	51041	1647
2014	31	62.3	51242	1653
2015	33	66.1	53135	1610

资料来源：中国钢铁工业协会。

三　钢铁行业的市场竞争激烈

中国钢铁行业的市场集中度总体呈下降趋势。2005—2014 年，CR4 计算的钢铁行业集中度经历了先升后降的变化，表明钢铁行业的竞争程度在近年来有所下降。这所以出现这种情况，是因为 2008 年之后大型企业之间的兼并重组加速，如河北钢铁集团、山东钢铁集团成立。2011 年之后，中国钢铁产量快速增长，同时大型企业受到各种因素的限制而难以持续提高钢铁产量，导致产业集中度有所下降，体制了企业之间的竞争加剧。不过，2016 年，宝钢、武钢重组成立了宝武集团，产业集中度有所提高，扭转了产业集中度连续下降的趋势，CR10 上升到 35.9%，CR4 上升为21.7%，行业集中度仍然处于较低水平。

表3-13　　2005—2015年中国钢铁产业集中度变化情况　　　　单位：%

	2005	2006	2007	2008	2009	2010	2011	2012	2013	2014	2015	2016
CR4	18.2	18.8	20	24	24.4	27.8	29	27	20.7	19.4	18.5	21.7
CR10	35.4	34.8	36.8	42.6	43.5	49.4	49.2	45.9	39	36.6	34.2	35.9

资料来源：中国钢铁工业协会。

根据中国2013—2014年粗钢产量前15名企业的粗钢产量对比情况发现，中国粗钢生产的15家大型企业2014年的产量总计为37028.88万吨，而2013年达到37382.37万吨，下降353.49万吨。15家大型粗钢生产企业中仅有河北钢铁、宝钢、山东钢铁、华菱钢铁、建龙重工和方大钢铁6家钢铁企业产量相比2013年略有上升，其余9家企业的粗钢产量均有所下降，这表明中国钢铁行业市场集中度呈下降趋势。

表3-14　　2013—2014年粗钢产量前15企业对比　　　　单位：万吨

序号	企业名称	2014年	2013年
1	河北钢铁集团有限公司	4709.44	4582.75
2	宝钢集团有限公司	4334.67	4079.67
3	江苏沙钢集团	3533.19	3931.08
4	鞍钢集团公司	3434.8	3508.05
5	武汉钢铁（集团）公司	3305.29	3368.68
6	首钢集团	3077.65	3152.33
7	山东钢铁集团有限公司	2333.64	2279.34
8	马钢（集团）控股有限公司	1890.29	1932.64
9	渤海钢铁集团有限公司	1848.81	1871.83
10	本钢集团有限公司	1626.06	1682.59
11	湖南华菱钢铁集团有限责任公司	1538.29	1498.83
12	北京建龙重工集团有限公司	1525.55	1481.13
13	河北新武安钢铁集团	1366.98	1429.51
14	方大钢铁集团有限公司	1364.27	1316.39
15	日照钢铁控股集团有限公司	1139.95	1267.55
总计		37028.88	37382.37

（一）生铁

2013 年，中国生铁市场 CR3（前三大生产者产量占总产量比重）为 16.7%、CR4 为 21.4%、CR5 为 25.7%、CR8 为 36.7%，CR10 为 40.4%；2014 年，中国生铁市场 CR3 为 17.0%、CR4 为 25.1%、CR5 为 26.0%、CR8 为 36.3%，CR10 为 41.1%；2015 年，中国生铁市场 CR3 为 16.4%、CR4 为 20.9%、CR5 为 25.1%、CR8 为 34.7%，CR10 为 39.3%。从集中度指标来，中国生铁市场就个生产者集中度相对较低的市场（CR4<30% 且 CR8<40%），竞争非常充分。2013－2015 年，生铁市场的赫芬达尔指数（HHI）分别为 219.21、233.81、227.06，从趋势上来看，市场集中度先升后降，总体变化不大。

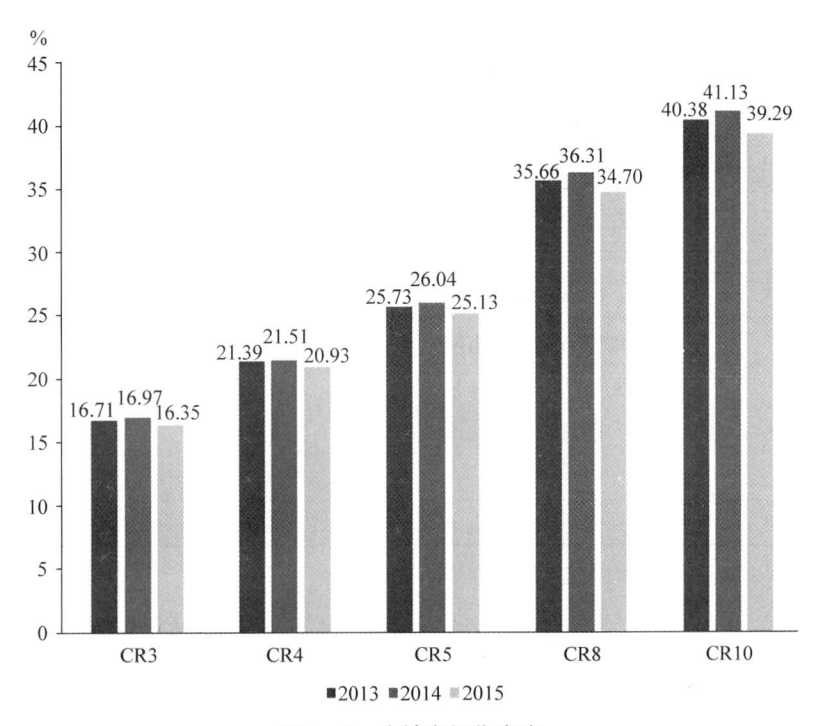

图 3-3　生铁市场集中度

资料来源：中国钢铁工业协会。

表 3-15　　2015 年主要生铁生产企业及产量　　单位：万吨

排名	企业名称	产量（万吨）	份额（%）
1	河钢集团有限公司	4670.59	6.76
2	宝钢集团有限公司	3401.41	4.92
3	鞍钢集团公司	3233.18	4.68
4	江苏沙钢集团	3163.73	4.58
5	首钢集团	2905.77	4.20
6	武汉钢铁（集团）公司	2551.61	3.69
7	山东钢铁集团有限公司	2263.56	3.27
8	马钢（集团）控股有限公司	1800.90	2.60
9	北京建龙重工集团有限公司	1597.33	2.31
10	渤海钢铁集团有限公司	1580.05	2.29
11	本钢集团有限公司	1540.93	2.23
12	日照钢铁控股集团有限公司	1456.25	2.11
13	湖南华菱钢铁集团有限责任公司	1447.63	2.09
14	包头钢铁（集团）有限责任公司	1207.49	1.75
15	方大钢铁集团有限公司	1195.49	1.73
16	河北敬业集团	1148.26	1.66
17	安阳钢铁集团公司	1105.01	1.60
18	河北纵横钢铁集团有限公司	1069.93	1.55
19	广西柳州钢铁（集团）公司	1051.49	1.52
20	河北津西钢铁集团	995.35	1.44
	全国合计	69141.50	100
	重点合计	62477.26	90.36

资料来源：中国钢铁工业协会。

(一) 粗钢

2013 年，中国粗钢市场 CR3 为 15.8%、CR4 为 20.1%、CR5 为 24.2%、CR8 为 33.2%，CR10 为 37.5%；2014 年，中国粗钢市场 CR3 为 15.3%、CR4 为 19.5%、CR5 为 23.5%、CR8 为 32.3%、CR10 为 36.6%；2015 年，中国粗钢市场 CR3 为 14.5%、CR4 为 18.5%、CR5 为

22.0%、CR8 为 30.3%，CR10 为 34.2%。从集中度指标来，中国粗钢市场就个生产者集中度相对较低的市场（CR4＜20% 且 CR8＜40%），竞争十分充分。2013—2015 年，粗钢市场 HHI 分别为 191.23、185.97、173.10，从趋势上来看，市场集中度存在下降的趋势。

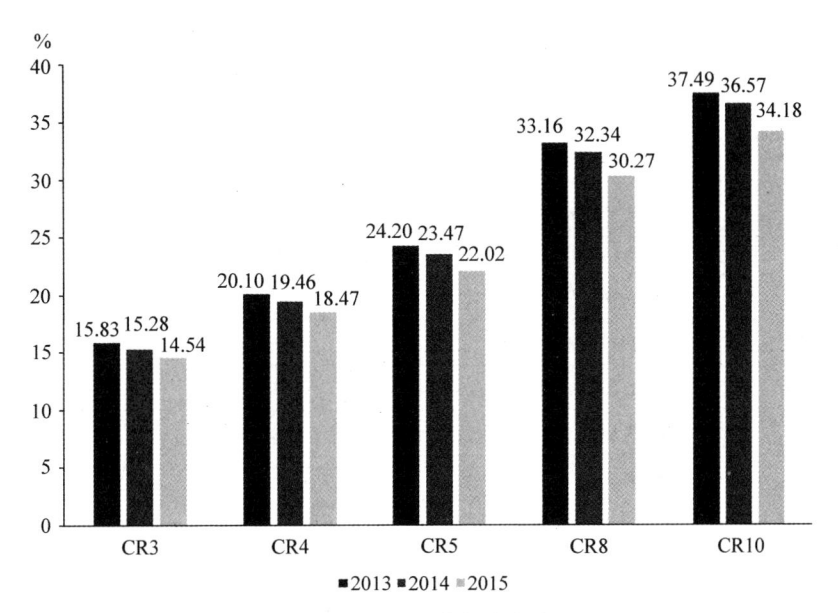

图 3-4 粗钢市场集中度

资料来源：中国钢铁工业协会。

表 3-16　　　　2015 年主要粗钢生产企业及产量　　　　单位：万吨,%

排名	企业名称	产量（万吨）	份额（%）
1	河钢集团有限公司	4774.54	5.94
2	宝钢集团有限公司	3494.19	4.35
3	江苏沙钢集团	3421.39	4.26
4	鞍钢集团公司	3158.18	3.93
5	首钢集团	2855.25	3.55
6	武汉钢铁（集团）公司	2577.62	3.21

续表

排名	企业名称	产量（万吨）	份额（%）
7	山东钢铁集团有限公司	2169.21	2.7
8	马钢（集团）控股有限公司	1882.02	2.34
9	渤海钢铁集团有限公司	1626.9	2.02
10	北京建龙重工集团有限公司	1514.12	1.88
11	本钢集团有限公司	1499.09	1.86
12	湖南华菱钢铁集团有限责任公司	1487.39	1.85
13	日照钢铁控股集团有限公司	1399.94	1.74
14	方大钢铁集团有限公司	1321.43	1.64
15	包头钢铁（集团）有限责任公司	1186.27	1.48
16	河北敬业集团	1131.66	1.41
17	广西柳州钢铁（集团）公司	1082.66	1.35
18	安阳钢铁集团公司	1074.03	1.34
19	河北纵横钢铁集团有限公司	1038.00	1.29
20	太原钢铁（集团）有限公司	1025.59	1.28
	全国合计	80382.30	100
	重点合计	63358.13	78.82

资料来源：中国钢铁工业协会。

（三）钢材

2013年，中国钢材市场CR3为11.8%、CR4为14.9%、CR5为17.9%、CR8为24.7%，CR10为27.9%；2014年，中国钢材市场CR3为10.9%、CR4为13.8%、CR5为16.7%、CR8为23.1%，CR10为26.2%；2015年，中国钢材市场CR3为10.1%、CR4为12.7%、CR5为15.1%、CR8为20.8%，CR10为23.7%。从集中度指标来，中国钢材市场就个生产者集中度相对较低的市场（CR4<20%且CR8<40%），竞争较为充分。2013—2015年，生铁市场HHI分别为104.33、94.55、82.60，从趋势上来看，市场集中度存在下降的趋势。

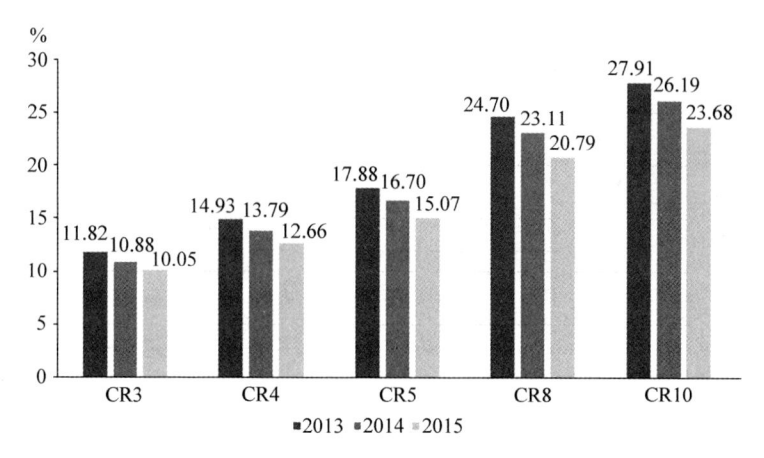

图 3-5 粗钢市场集中度

资料来源：中国钢铁工业协会。

表 3-17　　　　2015 年主要钢材生产企业及产量　　　　单位：万吨

排名	企业名称	产量（万吨）	份额（%）
1	河钢集团有限公司	4436.22	3.95
2	宝钢集团有限公司	3468.35	3.09
3	江苏沙钢集团	3388.14	3.02
4	鞍钢集团公司	2925.86	2.6
5	首钢集团	2715.68	2.42
6	武汉钢铁（集团）公司	2460.23	2.19
7	山东钢铁集团有限公司	2131.50	1.9
8	马钢（集团）控股有限公司	1832.05	1.63
9	渤海钢铁集团有限公司	1787.26	1.59
10	湖南华菱钢铁集团有限责任公司	1463.70	1.3
11	本钢集团有限公司	1462.92	1.3
12	广西柳州钢铁（集团）公司	1362.23	1.21
13	北京建龙重工集团有限公司	1359.84	1.21
14	日照钢铁控股集团有限公司	1339.68	1.19

排名	企业名称	产量（万吨）	份额（%）
15	方大钢铁集团有限公司	1319.45	1.17
16	包头钢铁（集团）有限责任公司	1116.91	0.99
17	河北敬业集团	1111.40	0.99
18	安阳钢铁集团公司	1097.21	0.98
19	河北纵横钢铁集团有限公司	1022.34	0.91
20	唐山国丰钢铁有限公司	972.02	0.87
	全国合计	112349.50	100
	重点合计	60947.41	54.25

资料来源：中国钢铁工业协会。

四 钢铁行业技术进步显著

(一) 技术装备大型化

中国钢铁行业的专业生产设备日趋大型化、多样化。根据2012—2014年中国中钢协会会员企业主要专业生产设备情况，炼铁高炉达到700座左右，其中，2014年达到704座，相比2015年多建5座，实现生产能力75541万吨。尤其是5000立方米及以上的大型高炉3年内均为3座，实现生产能力1348万吨。炼钢用的转炉由659座提高到669座，3年共提高10座，实现生产能力77979万吨；炼钢用的电弧炉由125座增加至142座，共计提高17座，实现生产能力6354万吨。炼钢设备不仅在设备总数上有所提高，而且保持了较大的生产规模。

钢材加工的轧机设备种类繁多，主要包括轨梁轧机、大型轧机、普通中型型钢轧机、H型钢轧机等25种主要的轧机类型，轧机品种种类差异较大、种类繁多，充分体现了我国钢铁行业专业设备日趋多样化、现代化。2014年，中国中钢会员企业悬梁轧机5套，实现生产能力525万吨；大型轧机39套，实现生产能力2603万吨；普通小型轧机179套，实现生产能力13732万吨。

表3-18　2012—2014年中钢协会员企业主要专业生产设备情况

设备名称和规格	计量单位	2014年		2013年		2012年	
		设备数量	设备年末生产能力（万吨）	设备数量	设备年末生产能力（万吨）	设备数量	设备年末生产能力（万吨）
一、机械化焦炉	座	292	14359	300	14393	311	14437
65孔及以上	座	61	3693	57	3421	55	3174
27孔—64孔	座	217	10525	230	10855	243	11146
26孔及以下	座	14	141	13	117	13	117
二、烧结机	台	545	108540	541	104888	557	103114
130平方米及以上	台	324	85440	311	81170	296	78418
90—129平方米	台	169	19453	151	18151	137	15604
36—89平方米	台	41	3151	66	4962	103	8092
35平方米及以下	台	11	496	13	606	21	1000
三、炼铁高炉	座	704	75541	699	73426	713	71863
5000立方米及以上	座	3	1348	3	1348	3	1348
4000—999立方米	座	14	4991	13	4621	12	4143
3000—3999立方米	座	22	5704	19	5179	19	5109
2000—2999立方米	座	77	14923	73	14487	69	13712
1000—1999立方米	座	239	27457	225	25730	217	24680
300—999立方米	座	342	20971	360	21923	383	22518
299立方米及以下	座	7	148	6	138	10	283
四、炼钢设备							
（一）转炉	座	669	77979	655	75928	659	75452
300吨及以上	座	11	2759	11	2759	11	2759
200吨—299吨	座	36	7265	35	7215	34	7070
100吨—199吨	座	304	41806	300	40910	284	39076
50吨—99吨	座	235	20677	219	19432	214	19049
49吨及以下	座	83	5472	90	5614	116	7498
（二）电弧炉	座	142	6354	130	5644	125	5429
100吨及以上	座	27	2821	26	2466	25	2426
50吨—99吨	座	60	3027	54	2729	48	2547

续表

设备名称和规格	计量单位	2014年		2013年		2012年	
		设备数量	设备年末生产能力（万吨）	设备数量	设备年末生产能力（万吨）	设备数量	设备年末生产能力（万吨）
11吨—9吨	座	37	464	32	407	33	412
10吨及以下	座	18	42	18	43	19	44
五、连铸机	台	752	81469	743	80596	737	78287
六、钢压延加工设备							
（一）初轧及开坯机							
1. 初轧机	套	17	1285	13	1025	8	681
2. 开坯机	套	16	983	14	778	11	580
（二）钢材加工设备							
1. 轨梁轧机	套	5	525	5	525	4	405
2. 大型型钢轧机	套	39	2603	36	2273	32	2064
3. 普通中型型钢轧机	套	68	4461	70	4503	69	4263
4. 普通小型型钢轧机	套	179	13732	168	12667	163	11357
5. H型钢轧机	套	11	1145	12	1275	12	1275
6. 车轮轮箍轧机	套	4	35	5	35	5	36
7. 冷弯型钢轧机	套	20	60	19	72	12	53
8. 冷拉钢材轧机	套	12	113	20	13	20	13
9. 普通线材轧机	套	34	1406	19	1371	21	1651
10. 高速线材轧机	套	227	14712	221	14132	186	12417
11. 宽厚钢板轧机	套	23	3385	21	3205	18	2725
12. 中厚钢板轧机	套	44	5808	42	4970	42	4970
13. 热（叠）轧薄板轧机	套	2	2	2	2	4	12
14. 热轧宽带钢轧机	套	42	14235	45	15006	45	14691
15. 热轧中宽带钢轧机	套	40	6923	34	6192	35	6082
16. 薄板坯连铸连轧机组	套	13	2241	13	3038	12	2178
17. 热轧窄带钢轧机	套	48	3855	45	3326	42	3076
18. 冷轧宽带钢轧机	套	93	6710	88	6185	109	7015
19. 冷轧中宽带钢轧机	套	35	1240	34	1105	26	356

续表

设备名称和规格	计量单位	2014年		2013年		2012年	
		设备数量	设备年末生产能力（万吨）	设备数量	设备年末生产能力（万吨）	设备数量	设备年末生产能力（万吨）
20. 冷轧窄带钢轧机	套	20	64	19	56	17	37
21. 冷轧薄板轧机	套	14	423	14	373	14	373
22. 热轧无缝钢管轧机	套	56	1478	58	1467	61	1433
23. 冷拔钢管机	套	91	57	95	61	62	58
24. 冷轧钢管机	套	102	49	111	51	43	14
25. 焊管轧机	套	51	335	49	565	111	473
26. 旋压钢管机	套	2	9	2	9	1	1

资料来源：《中国钢铁工业年鉴》。

（二）节能与绿色发展成效突出

钢铁行业节能与绿色发展情况呈现三个特征：第一，中国钢铁行业能耗指标持续改善。与2014年相比，统计的钢协会员生产企业总能耗、吨钢综合能耗、吨钢可比能耗以及烧结、炼铁、炼钢、轧钢等主要工序能耗均呈下降趋势。第二，主要污染物排放量继续降低。2015年，钢协会员企业的废水废气排放量相比2014年显著降低。第三，资源、二次能源利用水平进一步提高。2015年，统计的钢协会员生产企业固体废物综合利用和可燃气体利用继续保持较高水平。

（1）能耗

2015年中钢协会会员单位能耗总量为28597.16万吨准煤，比2014年下降6个百分点；吨钢综合能耗为571.85千克标煤，比上年降低2.13%；钢产量为63358.13万吨，比2014年下降1.92%，能源消耗的降幅高于钢产量降幅4.08个百分点，这表明节能工作取得很大成效。

2015年地方钢铁企业铁、钢产量分别比2014年降低19.76%、3.82%，降幅均高于中钢协会员单位的降幅，有利于中国钢铁工业结构优化、能耗降低、冶金设备的大型化发展等。

根据2015年中钢协会员单位综合能耗及工序能耗，可以看出，与2014年相比，2015年中钢协会员单位吨钢综合能耗、烧结、炼铁、转炉和钢加工工序能耗均有所下降。另外，各企业之间各工序能耗的最高值与先进值差距较大，说明中国钢铁企业还有节能潜力。

从生铁的重点工序能耗看，2015年中钢协会员单位铁产量占全国铁产量的90.36%，其炼铁工序能耗为387.29千克标煤/吨，比2014年降低5.70千克标煤/吨。工序能耗较低的企业是涟钢、新冶钢、邯钢、石钢、营口中板、敬业钢铁、安阳钢铁、新余钢铁、沙钢、川威钢铁、萍钢、鞍钢集团、三明钢铁、方大特钢、日照钢铁。企业能耗最高值达465.73千克标煤/吨。

从粗钢的重点工序能耗看，2015年中钢协会员单位钢产量占全国钢产量的79.19%，其转炉工序能耗为-11.65千克标煤/吨，比2014年下降1.71千克标煤/吨。转炉工序能耗值较低的企业有建龙钢铁、萍钢、新抚钢、沙钢、马钢股份、韶钢、宣钢、唐钢、新兴铸管、鄂钢、唐山东华钢铁、津西钢铁、攀成钢、敬业钢铁、湘潭钢铁、铜陵富鑫、滩钢、衢州元立。企业转炉能耗最高值达9.34千克标煤/吨。转炉工序能耗下降的主要原因是对煤气和蒸汽进行回收利用。可回收约24千克标煤/吨的能量，实现负能炼钢。

从钢材的重点工序能耗看，2015年中钢协会员单位的钢材产量占全国钢材产量的54.24%，其钢加工工序能耗为58.00千克标煤/吨，比2014年下降1.14千克标煤/吨。中国一些大型钢铁企业钢加工深度不断延伸，使钢加工工序能耗变化较大。

表3-19　2014—2015年中钢协会会员企业综合能耗及各工序能耗

单位：千克标煤/吨

	吨钢综合能耗	烧结	球团	焦化	炼铁	转炉	电炉	钢加工	吨钢电耗（千瓦时）	吨钢耗新水量（立方米）
2015年	571.85	47.20	27.65	99.66	387.29	-11.65	59.67	58.00	471.55	3.25
2014年	584.3	48.48	27.28	97.89	392.99	-9.94	58.49	59.14	467.90	3.35
增减量	-12.45	-1.28	0.37	1.77	-5.70	-1.71	1.18	-1.14	3.65	-0.10
最低值		承钢 35.00	太钢 14.23	鞍钢 50.51	涟钢 322.40	建龙 -32.15	韶钢 15.11	汉中 17.58	衢州元立 195.64	荣程 0.17
最高值		66.80		137.64	465.73	9.34	163.74	252.68		

资料来源：中国钢铁工业协会。

2015年中钢协会员单位的钢材产量占全国钢材产量的54.24%，其钢加工工序能耗为58.00千克标煤/吨，比2014年下降1.14千克标煤/吨。中国一些大型钢铁企业钢加工深度不断延伸，使钢加工工序能耗变化较大。2015年中钢协会员单位各品种钢加工工序平均能耗见表3-20。从表3-20可以看出，热轧无缝管轧机及之后的几个轧机工序的能耗比2014年均有不同程度的上升。说明钢材加工深度越高，能耗就会升高；环保要求高，也要使能耗升高。

表3-20 2014—2015年中钢协会会员企业各品种钢加工工序能耗

单位：千克标煤/吨

项目	2015年	2014年	增减量	增减比例（%）
钢加工工序能耗	58.00	59.14	-1.14	-1.93
其中：热轧工序能耗	50.32	50.51	-0.19	-0.38
大型轧机能耗	70.94	73.51	-2.57	-3.5
中型轧机能耗	50.06	50.33	-0.27	-0.54
小型轧机能耗	41.44	41.85	-0.41	-0.99
线材轧机能耗	51.54	53.11	-1.57	-2.96
中厚板轧机能耗	62.51	64.48	-1.97	-3.06
热轧宽带钢轧机能耗	50.46	50.65	-0.19	-0.38
热轧窄带钢轧机能耗	41.97	47.75	-5.78	-12.1
热轧无缝管轧机能耗	106.84	104.25	2.59	2.48
冷轧工序能耗	67.31	66.71	0.6	0.9
冷轧宽带钢轧机能耗	54.86	53.62	1.24	2.31
冷轧窄带钢轧机能耗	43.01	40.77	2.24	5.49
镀层工序能耗	40.82	40.56	0.26	0.64
涂层工序能耗	59.07	50.29	8.78	17.46

资料来源：中国钢铁工业协会。

（2）节能

钢协会员单位高炉、转炉煤气回收利用水平提高，促进了企业节能，但焦炉煤气的回收利用有所下降。2014—2015年，高炉煤气利用率由

2014年的97.77%提高至98.57%，提高了0.8个百分点；转炉煤气回收量由106立方米/吨提高至102立方米/吨，增加2立方米/吨；高炉煤气放散率由2.21%降低至2.03%，下降了0.18个百分点。虽然焦炉煤气利用率相比2014年有所下降，但仍表明资源、二次能源利用水平有所提高。

表3-21　2014—2015年中钢协会会员企业单位副产煤气回收利用率

	高炉煤气利用率	高炉煤气放散率	转炉煤气回收量	焦炉煤气利用率	焦炉煤气放散率
	%	%	立方米/吨	%	%
2015年	98.57	2.03	108	98.6	1.02
2014年	97.77	2.21	106	99.81	0.39
增量	0.8	-0.18	2	-6.45	0.63

资料来源：中国钢铁工业协会。

（3）污染物排放

2015年12月，统计的钢协会员生产企业外排废水同比下降13.37%，环比下降3.52%。外排废水中化学需氧量排放量同比下降25.44%，环比下降2.89%；氨氮排放量同比下降31.27%，环比增长1.85%；挥发酚排放量同比下降15.06%，环比增长6.79%；总氰化物排放量同比下降30.49%，环比下降28.16%；悬浮物排放量同比下降24.35%，环比下降4.02%；石油类排放量同比下降25.82%，环比下降4.39%。

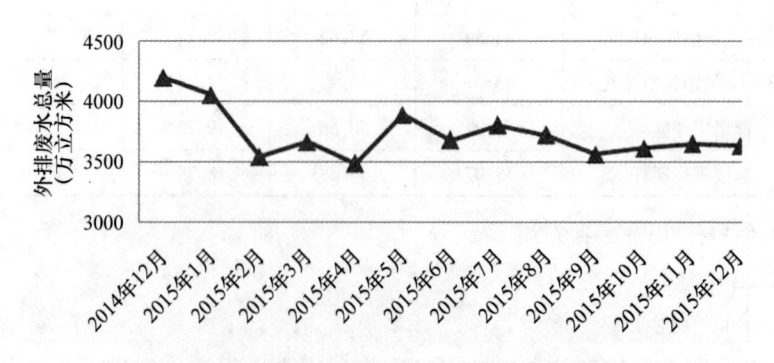

图3-6　中钢协会会员企业外排废水量变化

资料来源：中国钢铁工业协会。

2015年12月，统计的钢协会员生产企业废气排放总量同比下降0.98%，环比下降3.49%。外排废气中二氧化硫排放量同比下降23.59%，环比下降0.31%；烟粉尘排放量同比下降12.62%，环比下降3.25%。

2015年，统计的钢协会员生产企业废气排放量比2014年增长8.53%。外排废气中二氧化硫排放量比2014年下降24.3%，烟粉尘排放量比2014年下降3.98%。

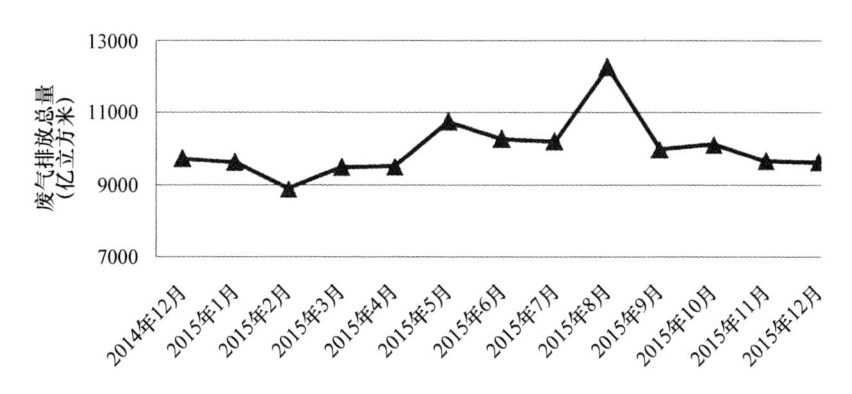

图3-7 中钢协会会员企业废气排放量变化

资料来源：中国钢铁工业协会。

（4）部分产品技术领先

中国钢铁行业拥有世界上最全的产业体系。铁矿、煤炭、电力等上游支持产业和下游建设、机械、汽车等用钢产业对钢铁行业的转型发展提供了系统性支撑。一方面，建筑、造船、汽车等量大面广钢材产品整体水平提升，高强钢筋及钢结构用钢比例提高，试点省市400兆帕及以上高强钢筋的使用比例已达70%—80%，高强造船板占造船板比例已超过50%。另一方面，一大批高科技含量、高附加值产品研发成功，用于大型水电、火电、核电装备制造的取向硅钢板、磁轭磁极钢板、电站蜗壳用钢板等产品性能达到领先水平；核反应堆安全壳、核岛关键设备及核电配套结构件三大系列核电用钢在世界首座第三代核电项目CAP1400实现应用；高铁转向架构架用钢，时速350千米高速动车轮对用钢即将进入试用阶段；第三代汽车高强钢实现全球首发。

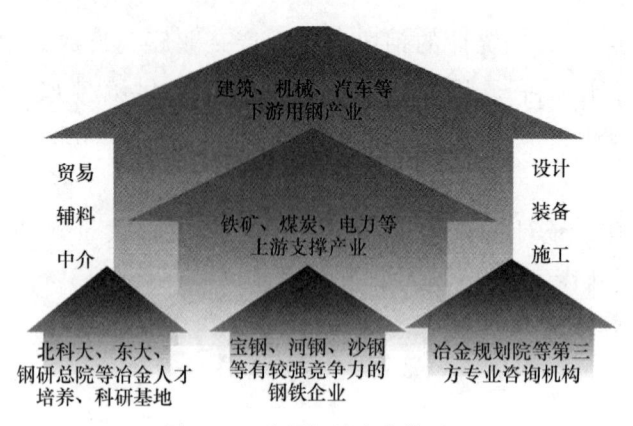

图3-8 中国钢铁产业体系

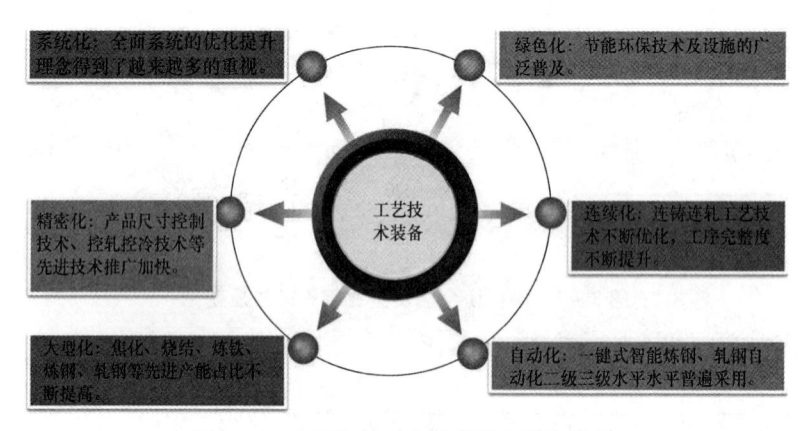

图3-9 中国钢铁工艺技术装备发展趋势

先进的工艺技术装备，以及系统集成化的思维理念，为中国钢铁工业的日趋强大奠定了坚实的基础，呈现出系统化、精密化、大型化、绿色化、连续化和自动化的发展趋势。

第二节　钢铁行业去产能主要举措及效果

一　钢铁行业产能利用率及其变化

2012年，炼钢产能10亿吨，全年粗钢产量7.2亿吨，利用率仅72%左右，钢铁行业（黑色金属冶炼及压延加工业）销售利润率仅为1.73%，远低于2006年5.3%、2007年5.5%的水平。2013年，全国粗钢产量

7.79亿吨，据钢铁工业协会估计全年新增粗钢产能4801万吨，产能利用率回升至75%左右，销售利润率上升至2.22%，高于2012年水平，但仍处于历史较低水平。根据中国钢铁工业协会提供的数据，2014—2015年中国有8320万吨产能建成投产。2014年，中国粗钢产能已经达到11.6亿吨，全面新开工项目2000多个，产能利用率不足75%，钢铁行业全行业销售利润率仅为0.9%。2015年，中国粗钢产能利用率已降至70%左右，主营业务利润率仅为0.8%。2016年，中国粗钢利用率上升至75%左右，主营业务利润率提升至2.6%。

中国粗钢需求的峰值可能已经到来，2012—2016年3年粗钢表观消费量分别为6.7亿、7.7亿、7.4亿、7.0亿和7.1亿吨，粗钢需求增长初步出现逆转趋势。由于中国已进入经济增长换挡期与结构调整阵痛期，投资实际增速将逐渐下降，投资对于拉动钢铁产品需求增长的效力将亦逐渐减弱，钢铁需求的峰值即将到来，届时钢铁产能将出现长期总量绝对过剩态势。

国民经济进入新常态，投资增速明显放缓是本轮钢铁工业产能过剩的直接原因。近年来，投资增速明显放缓，家电、汽车等产品消费增长乏力，加之世界经济持续疲弱，钢材需求增速显著放缓。而前些年（2009—2013年）投资的新建项目不断形成新的产能，从而导致当前钢铁行业较为严重的产能过剩问题。

地方保护主义仍然是导致本轮钢铁工业产能过剩的根本原因。钢铁企业往往是当地经济、财政的支柱，地方政府大多积极支持本地钢铁企业尤其是地方国有钢铁企业的发展，或提供廉价土地以及税收上的优惠，环境治理上放松标准。在行业处于不景气时，地方政府往往会救助处于财务危机中的本地钢铁企业，提供财政补贴、帮助获得银行贷款都是地方政府常用的方式。这使得就使得行业中低效率的产能难以被淘汰出市场，市场化解过剩产能的内在机制难以发挥作用。

钢铁工业缺乏公平竞争的市场化境，市场化解和调整过剩产能的内在机制难以发挥作用，是现阶段面临的突出问题。这主要表现在部分企业违规排污减少环境投入进行不正当竞争、各地方政府对本地企业的违规优惠和补贴政策、部分中小企业采取生产地条钢、无票销售逃税的违法手段进行不正当竞争，从而导致低效率企业、落后产能难以被淘汰出市场；不仅如此，这些低效率企业反而又利用所获得的成本优势进行恶性竞争，使得行业陷入日趋严峻的困局。

二 钢铁行业去产能的举措

（一）2006年以来中国钢铁工业去产能政策概况

中国对钢铁工业产能一直关注度较高，基本上历年都有调整钢铁行业的政策出台。从"十一五"开始，针对钢铁行业调整产业结构、加快落后产能退出的政策陆续发布。作为炼铁产能的源头，高炉设备的淘汰标准越来越严格，从高炉300立方米以下标准提高至400立方米，电炉炼钢从20吨以下标准提高至30吨。2006—2012年钢铁行业以加快推进产能过剩行业结构调整和淘汰落后产能为主，虽然国家一直持续淘汰落后产能和抑制产能无序扩张，但每年仍有新增钢铁项目建设、投产，产能持续增加。

表3-22　　2006—2012年中国钢铁工业去产业重点政策概况

年份	政策名称	政策要点	政策导向
2006	《国务院关于加快推进产能过剩行业结构调整的通知》国发〔2006〕11号	推进经济结构战略性调整，提升产业国际竞争力，是"十一五"时期重大而艰巨的任务。当前，部分行业盲目投资、低水平扩张导致生产能力过剩，已经成为经济运行的一个突出问题，如果不抓紧解决，将会进一步加剧产业结构不合理的矛盾，影响经济持续快速协调健康发展	原则上不批准建设新的钢厂，对个别结合搬迁、淘汰落后生产能力的钢厂项目，要从严审批；尽快淘汰5000千伏安以下铁合金矿热炉（特种铁合金除外）、100立方米以下的合金高炉；淘汰300立方米以下炼铁高炉和20吨以下炼钢转炉、电炉
2006	《国家发展改革委关于防止高耗能行业重新盲目扩张的通知》发改运行〔2006〕1332号	由于国家实施宏观调控，以及经济建设持续多年健康发展，国内能源供应特别是电力供需矛盾总体趋于缓解，今年以来拉限电情况明显减少。在这种情况下，有些地区又出现高耗能行业盲目扩张的苗头。为全面贯彻落实科学发展观，加快推进产业结构调整和经济增长方式转变，实现经济社会平稳较快发展，必须采取经济、法律和行政的综合措施，坚决防止高耗能行业重新盲目扩张	从严控制钢铁、电解铝、铜冶炼、铁合金、电石、焦炭、水泥、煤炭、电力等行业新上项目特别是高能耗项目；对于违规盲目扩张和不按期淘汰落后高耗能装备及产品的企业，电力供应企业要依法停止供电

续表

年份	政策名称	政策要点	政策导向
2007	《国家发展改革委关于加快推进产业结构调整遏制高耗能行业再度盲目扩张的紧急的通知》 发改运行〔2007〕933号	为全面贯彻落实科学发展观，加快推进产业结构调整和经济增长方式转变，实现经济社会平稳较快发展和"十一五"节能减排的目标，必须综合采取经济、法律手段，辅助以必要的行政措施，坚决遏制高耗能行业再度盲目扩张	严把钢铁、电解铝、铜冶炼、铁合金、电石、焦炭、水泥、煤炭、电力等产能过剩行业，特别是新上高耗能项目投资关。进一步提高行业准入门槛，淘汰能耗高、污染严重的落后生产能力
2009	国务院办公厅《钢铁产业调整和振兴规划细则》 3月20日	为应对国际金融危机的影响，落实党中央、国务院保增长、扩内需、调结构的总体要求，确保钢铁产业平稳运行，加快结构调整，推动产业升级，特编制本规划，作为钢铁产业综合性应对措施的行动方案。规划期为2009—2011年	严格控制新增产能，不再核准和支持单纯新建、扩建产能的钢铁项目，所有项目必须以淘汰落后产能为前提。2010年年底前，淘汰300立方米及以下高炉产能5340万吨，20吨及以下转炉、电炉产能320万吨；2011年底前再淘汰400立方米及以下高炉、30吨以下转炉和电炉，相应淘汰落后炼铁能力7200万吨、炼钢能力2500万吨。实施淘汰落后、建设钢铁大厂的地区和其他有条件的地区，要将淘汰落后产能标准提高到1000立方米以下高炉及相应的炼钢产能
2009	《工信部关于遏制钢铁行业产量过快增长的紧急通报》 工信部原〔2009〕191号 5月发布	今年以来，随着国家一系列扩大投资、刺激内需政策的出台，钢铁行业出现了回暖迹象。在这种情况下，一些企业不顾市场需求，盲目扩大生产，致使供需关系严重失衡，钢材价格大幅下滑。为贯彻落实党中央、国务院扩大内需、保增长、调结构的总体要求，保持钢铁行业的平稳增长	据2005年统计，属于淘汰类的落后炼铁产能1.14亿吨、炼钢产能5678万吨。到2011年年底前，要在继续淘汰剩余的落后炼铁产能5340万吨、炼钢产能320万吨的基础上，进一步提高标准，再淘汰落后炼铁产能7200万吨、炼铁产能2500万吨； 加快淘汰落后产能，对20吨及以下转炉电炉等淘汰类，2005年8月以后建设的120吨以下转炉、70吨以下电炉、1000立方米以下高炉等限制类生产能力继续实施淘汰类、限制类差别电价

续表

年份	政策名称	政策要点	政策导向
2009	《国务院批转发展改革委等部门关于抑制部分行业产能过剩和重复建设引导产业健康发展若干意见的通知》国发〔2009〕38号 9月发布	坚持产业政策导向，严格执行环境监管、用地管理、金融政策和项目投资管理有关规定，将坚决抑制部分行业产能过剩和重复建设作为结构调整的重点工作抓紧抓好	不再核准和支持单纯新建、扩建产能的钢铁项目。严禁各地借等量淘汰落后产能之名，避开国家环保、土地和投资主管部门的监管、审批，自行建设钢铁项目。2011年年底前，坚决淘汰400立方米及以下高炉、30吨及以下转炉和电炉
2010	《国务院办公厅关于进一步加大节能减排力度加快钢铁工业结构调整的若干意见》国办发〔2010〕34号 6月发布	为深入贯彻科学发展观，进一步落实《钢铁产业调整和振兴规划》，实现国家确定的"十一五"节能减排目标，加快钢铁工业结构调整，经国务院同意，现就做好钢铁工业节能减排和结构调整有关工作提出意见	充分认识加强钢铁工业节能减排和结构调整；坚决抑制钢铁产能过快增长；加大淘汰落后产能力度，完善和落实徒弟使用、差别电价政策，加大差别电价实施力度，大幅提高差别电价实施力度，大幅提高差别电价的加价标准，进一步提高落后产能的生产成本；进一步强化节能减排；加快钢铁企业兼并重组
2010	工信部发布《钢铁行业生产经营规范条件》工信部原〔2010〕105号（2012年加以修订）7月发布	为进一步加强钢铁行业管理，规范现有钢铁企业生产经营秩序，根据《国务院办公厅关于进一步加大节能减排力度加快钢铁工业结构调整的若干意见》（国办发〔2010〕34号）及相关法律法规，特制定《钢铁行业生产经营规范条件》	产品质量、环境保护、能源消耗和资源综合利用、工艺与装备：高炉有效容积400立方米以上，转炉公称容量30吨以上，电炉公称容量30吨以上、2009年浦钢企业粗钢产量100万吨及以上，特岗企业30万吨及以上，且合金钢比大于60%、安全、卫生和社会责任
2011	工信部关于印发《钢铁工业"十二五"发展规划》的通知 工信规〔2011〕480号 10月发布	钢铁工业是国民经济的重要基础产业，在中国工业化、城镇化进程中发挥着重要作用。为推动钢铁工业转型升级，走中国特色的新型工业化道路，依据《国民经济和社会发展第十二个五年规划纲要》和《工业转型升级规划（2011—2015年）》，我部制定了《钢铁工业"十二五"发展规划》	淘汰400立方米及以下高炉（不含铸造铁）、30吨及以下转炉和电炉。200立方米及以下的专业铸铁管厂高炉。环渤海、长三角地区原则上不再布局新建钢铁基地。河北、山东、江苏、辽宁、山西等钢铁规模较大的地区通过兼并重组、淘汰落后，减量调整区域内产业布局。湖南、湖北、河南、安徽、江西等中部地区省份在不增加钢铁产能总量条件下，积极推进结构调整和产业升级。西部地区部分市场相对独立区域，立足资源优势，承接产业转移，结合区域差别化政策，适度发展钢铁工业

资料来源：根据政府官方文件整理。

(二) 2013—2015 年中国钢铁工业去产能政策及目标

2013 至今中国钢铁行业进入清理严重过剩产能的阶段。然而过去 10 年时间，产能及产量越控制越大，直至 2015 年发生全行业亏损后，中国钢铁粗钢产量首次下降。2013 年以来，中央政府主要任务目标是支持大型企业的兼并重组、提高产业集中度、提高市场竞争力和产业链的延伸。遏制产能盲目扩张的同时加强清理违规、淘汰落后产能，通过落后产能的等量、减量置换加快淘汰落后产能，化解产能过剩矛盾。2013 至今中国钢铁行业主要去产能政策如表 3-23 所示。

表 3-23　　　　2013 年至今中国钢铁工业去产业重点政策概况

年份	文件名称	主要内容	政策导向
2013	《关于加快推进重点行业企业兼并重组的指导意见》工信部联产业〔2013〕16 号	推进企业兼并重组是推动工业转型升级、加快转变发展方式的重要举措，是提升中国经济国际竞争力、进一步完善社会主义基本经济制度的必然选择，有利于提高资源配置效率，调整优化产业结构，培育发展具有国际竞争力的大企业大集团	到 2015 年，前 10 家钢铁企业集团产业集中度达到 60% 左右。支持重组后的钢铁企业开展技术改造、淘汰落后产能、优化区域布局，提高市场竞争力，鼓励钢铁企业参与国外钢铁企业的兼并重组
2013	《国务院关于化解产能严重过剩矛盾的指导意见》国发〔2013〕141 号	化解产能严重过剩矛盾是当前和今后一个时期推进产业结构调整的工作重点。为积极有效地化解钢铁、水泥、电解铝、平板玻璃、船舶等行业产能严重过剩矛盾，同时指导其他产能过剩行业化解工作	通过 5 年努力，化解产能严重过剩矛盾工作取得重要进展。坚决遏制产能盲目扩张、清理整顿建成违规产能、淘汰和退出落后产能，2015 年年底再淘汰炼铁 1500 万吨、炼钢 1500 万吨。重点推动山东、河北、辽宁、江苏、山西、江西等地区钢铁产业结构调整，压缩钢铁产能总量 8000 万吨以上
2014	《关于做好部分产能严重过剩行业产能置换工作的通知》工信部产业〔2014〕296 号	严禁产能严重过剩行业新增产能，做好钢铁、电解铝、水泥、平板玻璃行业产能置换工作	对钢铁、电解铝、水泥、平板玻璃行业新（改、扩）项目，实施产能等量或减量置换，加快淘汰落后产能、化解产能过剩矛盾。2013 年及以后列入工业和信息化部公告的企业淘汰落后和过剩产能（不含各地列入明确压减范围的钢铁产铁产能），方可用于产能严重过剩行业新（改、扩）建项目产能置换

续表

年份	文件名称	主要内容	政策导向
2015	《工业和信息化部关于印发部分产能严重过剩行业产能置换实施办法的通知》工信部产业〔2015〕127号	继续做好产能等量或减量置换工作，严禁钢铁、水泥、电解铝、平板玻璃行业新增产能	京津冀、长三角、珠三角等环境敏感区域，实施减量置换；已超过国家明令淘汰期限的落后产能，不得用于产能置换；支持跨地区产能置换；将用于置换的全部淘汰项目，列入年度淘汰落后和过剩产能任务，按要求组织淘汰，使其不能恢复生产
2016	《国务院关于钢铁行业化解过剩产能实现脱困发展的意见》国发〔2016〕6号	钢铁产业是国民经济的重要基础原材料产业，投资拉动作用大、吸纳就业能力强、产业关联度高，为中国经济社会发展作出了重要贡献。近年来，随着经济下行压力加大，钢材市场需求回落，钢铁行业快速发展过程中积累的矛盾和问题逐渐暴露，其中产能过剩问题尤为突出，钢铁企业生产经营困难加剧，亏损面和亏损额不断扩大。为贯彻落实党中央、国务院关于推进结构性改革、抓好去产能任务的决策部署，进一步化解钢铁行业过剩产能、推动钢铁企业实现脱困发展	严格执行环保、能耗、质量、安全、技术等法律法规和产业政策，达不到标准要求的钢铁产能要依法依规退出。 环保方面：严格执行环境保护法，对污染物排放达不到《钢铁工业水污染物排放标准》《钢铁烧结、球团工业大气污染物排放标准》《炼铁工业大气污染物排放标准》《炼钢工业大气污染物排放标准》《轧钢工业大气污染物排放标准》等要求的钢铁产能，实施按日连续处罚；情节严重的，报经有批准权的人民政府批准，责令停业、关闭； 能耗方面：严格执行节约能源法，对达不到《粗钢生产主要工序单位产品能源消耗限额》等强制性标准要求的钢铁产能，应在6个月内进行整改，确需延长整改期限的可提出不超过3个月的延期申请，逾期未整改或未达到整改要求的，依法关停退出； 质量方面：严格执行产品质量法，对钢材产品质量达不到强制性标准要求的，依法查处并责令停产整改，在6个月内未整改或未达到整改要求的，依法关停退出； 安全方面：严格执行安全生产法，对未达到企业安全生产标准化三级、安全条件达不到《炼铁安全规程》《炼钢安全规程》《工业企业煤气安全规程》等标准要求的钢铁产能，要立即停产整改，在6个月内未整改或整改后仍不合格的，依法关停退出； 技术方面：按照《产业结构调整指导目录（2011年本）》（修正）的有关规定，立即关停并拆除400立方米及以下炼铁高炉、30吨及以下炼钢转炉、30吨及以下炼钢电炉等落后生产设备。对生产地条钢的企业，要立即关停，拆除设备，并依法处罚

续表

年份	文件名称	主要内容	政策导向
2017	《关于做好2017年钢铁煤炭行业化解过剩产能实现脱困发展工作的意见》发改运行〔2017〕691号	更加注重抓住处置"僵尸企业"这个牛鼻子，更加主动地运用市场化、法治化办法去产能，更加严格执行环保、质量、技术、能耗、水耗、安全等相关法律法规和标准；坚决淘汰落后产能，坚决清理整顿违法违规产能，坚决控制新增产能，坚决防止已经化解的过剩产能死灰复燃，强化监管，狠抓典型，严厉问责；统筹抓好产能退出、职工安置、资产处置、债务处置、兼并重组、转型升级、优化布局、供需平衡和稳定价格等重点工作，努力实现科学精准去产能、有序有效去产能，促进行业持续稳定健康发展	《2017年钢铁去产能实施方案》（附件1）：2017年6月30日前，"地条钢"产能依法彻底退出；加强钢铁行业有效供给，避免价格大起大落；2017年退出粗钢产能5000万吨左右；企业兼并重组迈出新步伐，取得实质性进展；严格履行职工安置程序，多开辟职工安置途径，努力做到职工转岗不下岗、转业不失业；按照市场化、法治化原则妥善处置企业债务，明确资产处置政策；加快推进转型升级，促进产业布局进一步优化；《2017年煤炭去产能实施方案》（附件2）：坚持落后产能应退尽退、能退早退，2017年退出煤炭产能1.5亿吨以上，实现煤炭总量、区域、品种和需求基本平衡。多方开辟职工安置途径，妥善安置职工；按照市场化、法治化原则积极推动企业债务和资产处置，力争取得实质性进展。加快推进兼并重组、转型升级，实现产业布局进一步优化

资料来源：根据政府官方文件整理。

根据工信部官方公布数据，"十二五"（2011—2015年）期间，全国钢铁工业完成淘汰落后炼铁产能9088.90万吨、炼钢产能9485.49万吨。其中，产钢前三大省河北、江苏、山东五年共计淘汰炼铁产能达6291.9万吨，占淘汰总量的69.23%；共计淘汰炼钢产能5321.3万吨，占淘汰总量的56.1%，化解产能任务主要集中在产钢大省。"十二五"期间第一年淘汰力度及执行力度较大，淘汰炼铁产能3192.40万吨占淘汰总量的35.12%，淘汰炼钢产能2846万吨占淘汰总量的30%，同样2016年作为"十三五"开局之年，化解任务量也非常大。

三 钢铁行业去产能的政策效果

2016年全国各省（区、市）及钢铁央企已按期按成全年去产能的任务。2016年全国化解钢铁过剩产能涉及26个省（区、市），181家钢铁企业。

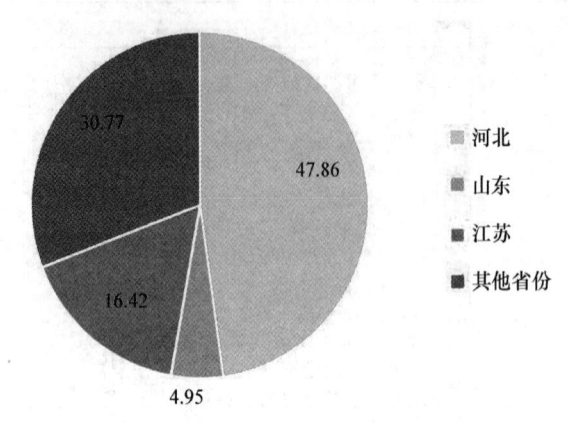

图 3-10 "十二五"炼铁区产能全国分布情况（%）

饼图数据：河北 47.86，山东 16.42，江苏 4.95，其他省份 30.77

由于 2016 年钢铁化解过剩产能任务中长期停产的闲置产能居多，设备本身已经处于关停状态，各地经过向相关部门报备、申请、提交、审核验收后，化解产能任务完成相对容易。另外，部分地区的有效产能居多，均衡企业运营效益及去产能任务工作推进，有效产能的关停集中在 2016 年 10 月和 11 月。随着 2016 年 10 月末河北地区列入去产能计划的有效产能的设备关停，全国钢铁去产能超额完成 4500 万吨任务。据工信部发布的信息，共化解粗钢产能超过 6500 万吨，超额完成 2016 年化解 4500 万吨粗钢产能的目标任务。

截至 2016 年，全国 26 个涉及的省（区、市）中，共有 17 个省（区、市）完成整个"十三五"期间钢铁去产能任务，另外 9 个省（区、市）仍需在未来几年继续压减产能。相对于河北、山东、江苏，其他省（区、市）完成 5 年去产能任务的压力并不大，未来去产能重点主要在河北、山东和江苏 3 个省份。目前，17 个省（区、市）已在 2016 年提前完成整个"十三五"期间的任务，根据《国家发改委关于做好钢铁煤炭去产能公示公告工作的通知》要求，对 2016 年钢铁行业化解产能过剩的完成情况进行了公示。例如，山西太钢集团临汾钢铁有限公司已完成 2016 年化解过剩产能任务。已退出冶炼设备的规格与数量：1×311 立方米高炉、1×380 立方米高炉；退出产能：炼铁 82 万吨。广东共计去产能 307 万吨，其中，中频炉 42 座（12 吨、15 吨等），电炉 1 座（15 吨）。青海省关停西宁特殊钢集团有限公司所属450立方米高炉、35吨电弧炉、40吨电弧炉各1座,压减生铁产能50万吨,粗钢产能50万吨。福建省化解产能445万吨,其中退出电弧炉2座(30吨、60吨),中频炉35座(10吨、15吨等)。

表3-24　　　　　2016各省(区、市)去产能完成情况

省（区、市）	2016年完成情况		"十三五"计划情况		钢铁未完成情况
	炼铁（万吨）	炼钢（万吨）	炼铁（万吨）	炼钢（万吨）	（万吨）
河北	1816	1639	4989	4913	3274
山东	270	270	970	1500	1230
江苏	—	580	—	1750	1170
新疆	—	90	—	700	610
天津	159	370	—	900	530
安徽	222	314	527	663	349
甘肃	100	140	200	300	16
陕西	160	70	—	170	100
云南	125	376	125	453	77
	2016年央企已关停产能		"十三五"央企化解产能		
	炼铁（万吨）	炼钢（万吨）	任务目标		
央企	1072	1932	压减产能1644万吨、兼并重组化解产能393万吨、利用国际合作向海外转移产能100万吨		涉及化解产能2016年已停产

注：其中17个省（区、市）已在2016年完成整个"十三五"期间任务，表中未列。
资料来源：根据政府官方文件、中国联合钢铁网整理。

但是从全国钢铁去产能落实到企业的情况来看,压减的无效产能占比较大,由其是炼钢产能。2016年全国26个省(区、市)落实到企业的压减炼铁产能为3985万吨,无效产能占比为61%;压减炼钢产能8492万吨,无效产能占比高达72%。仅河北、山东、河南和重庆的无效产能占比低于50%。

表 3-25　　2016 年分省（区、市）无效炼铁产能占比

省（区、市）	河北	山东	内蒙古	安徽	黑龙江	四川	陕西	甘肃	天津
压减炼铁（万吨）	1816	270	224.25	62	219	217	160	160	159
无效炼铁（万吨）	692	0	224.25	62	219	167	160	160	159
无效炼铁占比（%）	38	0	100	100	100	77	100	10	100
省份	贵州	云南	浙江	河南	山西	江西	青海	广西	重庆
压减炼铁（万吨）	150	125	110	100	82	50	50	20	10.8
无效炼铁（万吨）	150	125	110	0	82	50	50	20	10.8
无效炼铁占比（%）	100	100	100	0	100	100	100	100	100

资料来源：根据政府官方文件整理、中国联合钢铁网，部分数据为格式统一，不保留小数位。

表 3-26　　2016 年分省（区、市）无效炼钢产能占比

省（区、市）	河北	江苏	黑龙江	辽宁	重庆	福建	江西	四川	云南	天津	浙江	湖北
压减炼钢（万吨）	1639	580	610	602	517	445	433	420	376	370	368	338
无效炼钢（万吨）	619	500	610	520	229.5	445	433	280	246	370	298	338
无效炼钢占比（%）	38	86	100	864	44	100	100	67	65	100	81	100
省份	安徽	山东	河南	广东	贵州	广西	甘肃	吉林	新疆	陕西	内蒙古	湖南
压减炼钢（万吨）	314	270	240	240	220	185	144	108	90	70	67	50
无效炼钢（万吨）	314	30	0	240	220	185	144	60	90	70	67	50
无效炼钢占比（%）	100	11.1	0	100	100	100	100	55.6	100	100	100	100

资料来源：根据政府官方文件整理、中国联合钢铁网，部分数据为格式统一，不保留小数位。

2016 年作为"十三五"时期供给侧结构性改革和化解过剩产能的元年，中央及各省市政府高度重视。尽管 2016 年超额完成年初制定的年内 4500 万吨目标，但完成国务院制定的化解粗钢过剩产能 1 亿—1.5 亿吨的总目标仍是一个艰巨的任务。2016 年各省份根据自身钢铁工业情况，有相当比例的长期停产的产能被列入去产能的目标，而这就意味着在无效产能陆续退出后，未来将有更多的化解任务将落在产产能。这预示着 2017 年的钢铁去产能工作将要有更实质性的进展，去产能工作的难度大增。

关于"地条钢"，国家采取了高压打击态势。2016 年，《国务院关于

钢铁行业化解过剩产能实现脱困发展的意见》（国发〔2016〕6号）要求对生产"地条钢"的企业要立即关停、拆除设备并依法处罚。2017年1月10日，中国钢铁工业协会召开2017年理事（扩大）会议，会上，国家发展改革委副主任林念修确认"地条钢"清除大限为2017年6月30日。2017年以来，全国各省陆续召开严厉打击"地条钢"违法违规生产行为会议，安排部署2017年"地条钢"清理整治和去产能工作任务，多措并举、重拳出击，彻底清除"地条钢"。截至2017年6月，中国共取缔"地条钢"生产企业630多家，涉及产能约1.4亿—1.6亿吨。目前相关企业已全部停产、断水断电。

从各省打击"地条钢"的效果看，各省份对"地条钢"的打击都取得了显著的成效。河北省对有31户使用感应炉的钢铁企业的相关设施、设备按照国家要求全部拆除。山东省对已确认的36户"地条钢"企业，按照"五个彻底"标准进行彻底拆除，对厂房内的原材料进行彻底清理，有关违规产能全部退出（法院查封的1家企业———淄博正晋特钢有限公司除外）。云南省涉及"地条钢"产能的54户企业，已严格按照国家标准要求，拆除289台中频炉及相关设施，取缔产能600万吨。甘肃省15家"地条钢"非法生产企业，已按照国家2017年6月30日前出清"地条钢"的时间节点和"四个彻底拆除"的标准要求，完成主体设备、变压器、除尘罩、操作平台及轨道的彻底拆除。福建省已摸排35户、合计产能535万吨的"地条钢"企业，已全部拆除中频炉、操作平台、变压器、除尘罩、轨道，做到"五拆除"。其他省份也均已按规定严格完成了相关任务。从表3-27可以看出，2017年上半年各省市打击"地条钢"的力度非常大，共关停相关企业649家，化解产能约5873万吨，其中广东、四川、辽宁涉及的"地条钢"企业较多，分别达到96户、68户和66户。

表3-27　　2017年1—6月各省（区、市）打击"地条钢"情况

地区	"地条钢"及相关生产企业数量（户）	产能（万吨）
广东	96	
云南	54	600.1
湖南	11	315.0

续表

地区	"地条钢"及相关生产企业数量（户）	产能（万吨）
内蒙古	9	230.6
重庆	20	289.2
江西	20	
新疆	17	
广西	15	541.0
福建	35	535.0
贵州	11	191.8
安徽	13	246.5
河南	11	
甘肃	15	201.5
江苏	63	1233.0
辽宁	66	
吉林	26	81.7
天津	4	
浙江	10	148.3
河北	31	
陕西	18	
四川	68	1259.4
山东	36	
总计	649	5873.1

资料来源：各地政府、发改委等官方网站整理，产能数据统一保留到小数点后一位。

四 当前去产能政策中存在的主要问题

近年来，钢铁行业治理产能过剩政策或者"去产能"政策，主要还是依靠行政手段，依靠行政手段强力严控投资或者强行去产能，虽然可以收到"立竿见影"的效果，但是却产生了诸多不利的问题，具体体现在以下几个方面。

（1）"去产能"发力过猛，导致价格快速、大幅上涨，为行业优胜劣汰进一步带来困难，并为下游产业发展带来不利影响。2016 年以来，钢材价格在去产能、限产及需求回升的作用下，价格暴涨，行业利润水平大幅回升。具体地，一是去产能、限产力度过大，使钢材市场供给量短期低于市场需求量，导致价格快速、大幅上涨。数据显示，2016 年 1 月至 2017 年 6 月，钢材价格综合指数由 57.75 上涨至 98.70，提高了 70.91%；线材价格指数由 82.03 上涨至 172.55，提高了 110.84%；螺纹钢价格指数由 77.71 上涨至 164.50%，提高了 111.68%（见图 3-11）。二是钢材价格的上涨为下游行业带来了巨大的成本压力。根据国家统计局公布的数据（流通领域重要生产资料市场价格变动情况），2016 年 1 月上旬，螺纹钢价格为 1928.9 元/吨；2017 年 8 月上旬螺纹钢价格为 4015.8 元/吨，较 2016 年 1 月上旬同类价格上涨了 108.2%。钢材价格的大幅上涨，对于下游行业（尤其是下游的消费品行业）带来了巨大的成本压力。三是我国基础设施建设投入依然保持高速增长，这就从需求侧进一步加剧了市场对钢材产品的需要，助推了钢材价格的急剧上涨。数据显示，2016 年，全国基础设施建设投资增长 17.4%；2017 年 1—7 月，全国基础设施建设投资增长 20.9%；基础设施投资的快速增长，拉动了钢材需求的较快增长。

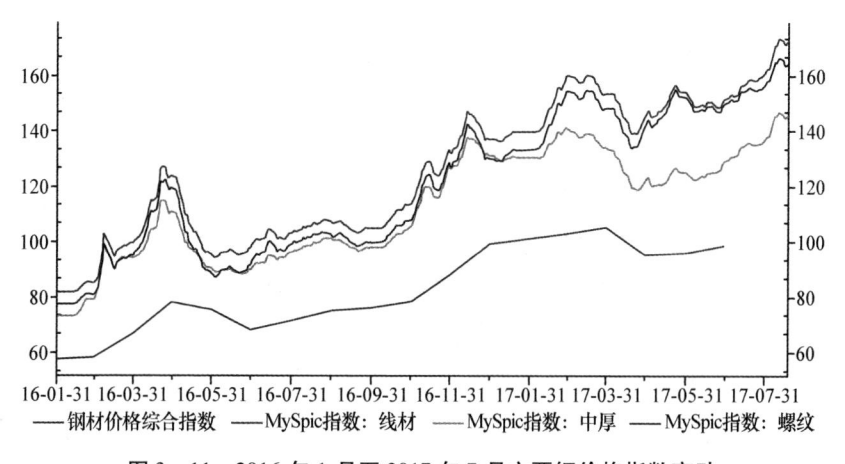

图 3-11 2016 年 1 月至 2017 年 7 月主要钢价格指数变动

（2）现阶段产能过剩治理政策存在"一刀切"等问题，在一定程度上影响优胜劣汰机制的有效发挥。2013 年发布的《国务院关于化解产能严重过剩矛盾的指导意见》（国发〔2013〕41号）中，亦提出"加强产能严重过剩行业项目管理，各地方、各部门不得以任何名义、任何方式核准、备案产能严重过剩行业新增产能项目"。2016年发布的《国务院关于钢铁行业化解过剩产能实现脱困发展的意见》（国发〔2016〕6号）中再次强调"严格执行《国务院关于化解产能严重过剩矛盾的指导意见》（国发〔2013〕41号），各地区、各部门不得以任何名义、任何方式备案新增产能的钢铁项目，各相关部门和机构不得办理土地供应、能评、环评审批和新增授信支持等相关业务"。这种严格控制产能投资的政策，往往阻碍了高效率的企业扩张产能以获得更高的市场份额，反而为低效率企业提供了生存空间。2016年以来，在比较完善的市场经济体系中，市场竞争的优胜劣汰机制是化解过剩产能最为有效的工具，市场出清过剩产能的过程同时也是一个优胜劣汰的过程，在市场出现过剩产能时市场竞争总能把缺乏效率或者不符合市场需求的企业和产能较快清理出市场，并同时推动了市场效率的提高。而当前以制定去产能目标、再将目标分解、通过行政体系强制执行的钢铁去产能方式，使得高效率钢铁企业、低效率企业都得承担去产能任务，很难起到优胜劣汰的效果，反而为低效率的企业提供了生存空间。从盈利水平来看，2017年1—6月，煤炭采选业的主营业务利润率为11.0%，为5年来的最高水平；黑色金属冶炼和压延加工业主营业务利润率为3.5%，已超过2007年，为近十年的最高水平，盈利水平达到历史上较高水平，也使得行业内优胜劣汰倒逼低效率企业退出的机制难以发挥作用。

（3）禁止新增产能的政策还对电炉钢发展产生一定的限制。电炉钢吨钢能耗不到长流程工艺的30%、吨钢污染物排放不到长流程工艺的30%，大力发展电炉钢是钢铁工业节能减排的重要手段，也是转型升级的重要方向。2016年，中国钢铁蓄积量已超过80亿吨，废钢产量大约在1.6亿吨，而电炉钢产量仅仅只有5884万吨，电炉钢仍有非常大的发展空间。从国际经验来看，在经济发展过程中随着钢铁蓄积量和废钢产量的增加，以及环境保护的强化，电炉钢产量占比会显著提高，发达国家电炉钢占比多在20%以上，有的甚至在50%以上，而目前中国电炉钢的占比仅为8%。近年来，随着国内废钢产量快速增长，电炉钢企业迎来新的发展空间。未来中国钢铁蓄积量及废钢产生量还会快速增长，电炉钢的发展及粗钢中电炉钢占比的不断提高应是大势所趋。但是，由于电炉钢及电炉钢企业规模相对较小，禁止新增产能政策对于严重阻碍了电炉钢的发展，不利于钢铁行业的节能减排与转型发展。2016 年以来，不允许钢厂以电弧炉代替中频炉的政策，而是强行一刀切关闭，既不合理也不符合产业发展趋势。

（4）兼并重组难以担当"去产能"的重任且面临诸多困难。现行化解过剩产能政策中，都特别强调兼并重组的作用，但是在竞争性行业中，企业很少会以"去产能"作为兼并重组的动机，因为这不符合企业的自身利益。特别是在钢铁、电解铝等重资产、竞争性行业中，生产能力及相应设备是企业最有价值的资产，让并购企业收购目标企业然后自行报废目标企业有价值的资产，这显然是一厢情愿。此外，我们对历年来钢铁行业兼并重组情况的调查研究表明，几乎所有的兼并重组不但没有减少产能，反而大量增加了产能。兼并重组能盘活低效率企业的有效产能，但当前兼并重组仍面临诸多困难。一是在一些地方政府保护下，部分低效率企业兼并重组意愿不强；二是近年来产能过剩行业企业盈利水平普遍下降，资金压力已成为制约企业兼并重组的重要原因；三是兼并重组过程的手续繁琐，过程漫长；四是现有政策使跨区域、跨行业、跨所有制的重组依然困难重重，金融资本参与兼并重组面临诸多限制；五是许多低效率企业财务不透明，地方政府干预兼并重组，增加了企业兼并重组的风险。

（5）自上而下以行政手段大规模"去产能"不可取。一是以行政手段强行去产能缺乏法理上的支持，容易引发诸多矛盾和纠纷，甚至成为社会不稳定因素；二是地方政府与中央政府在去产能问题上，利益是不一致的，大规模采用"自上而下"任务分解、行政问责的方式去产能，地方政府出于辖区内经济发展、就业等方面考虑，会采取软抵抗的方式，中央政府监督成本极高，而收效却可能很有限；三是中央政府和地方政府关于去产能目标的商议和确定将是个复杂、艰巨、耗时的过程，由此确定目标也很难有其合意性；四是自上而下以行政方式"去产能"，地方政府必然会以各种困难为由向中央政府提出各种条件和要求，中央政府实施去产能政策成本会非常高昂。

第三节　钢铁行业去产能的政策优化

一　现阶段去产能政策优化思路

调整总体策略，政府积极引导，以破产机制（包括破产清算与破产重整）为抓手，充分利用市场、法律与金融手段化解过剩产能。以破产机制为抓手，来推进去产能工作，有充足的法理支持和法律依据，能让中央政府与地方政府在去产能的博弈或者谈判中获得更多的主动性，能在一定程度上帮助中央政府破解地方政府在去过剩产能过程方面的软抵抗，减少中央在推行去产能过剩中不必要的政策成本，如退出奖励。还需要强调的一点是，在中国经营不善的企业及所在地地方政府只有在企业面临很强的破产清算压力时，才不会漫天要价，积极接受或者协助兼并重组，破产不止是直接化解过剩产能的工具，而且可以是促进兼并重组的重要手段。

具体而言，以破产机制加快推动"去产能"，其步骤如下：第一，以人民银行、银监会牵头，全面清查严重产能过剩行业及行业内企业信贷情况、财务状况与风险暴露情况；第二，以全面清查情况为基础，对于产能过剩行业企业信用及风险进行综合评价分级；第三，将财务上已达到破产条件的企业列出清单，并就企业情况进行更为详细的了解，并根据企业规模、财务、资产、经营等方面的情况，以及环境监管部门配合提供的企业环保状况，将这些企业进行评级分类；第四，本着先易后难、风险可控、分类管理的总体思路，有步骤地依法对僵尸企业进行破产清算或者启动重整程序，首先对于严重资不抵债的企业，依法启动破产清算程序；然后对资不抵债且不能按期偿还到期债务、经营十分困难的企业，依法启动破产清算程序；随后对于不能按期偿还债务、尚未资不抵债、但主业经营活动基本停滞的企业，资产正在急剧恶化的企业，依法启动破产程序；对于不能按期偿还债务但尚未资不抵债，主业经营尚可，暂时面临资金困难的，则应进一步观察，根据后续情况再决定是否启动破产重整程序或者破产清算程序。

二　优化去产能政策的具体建议

（一）充分发挥市场优胜劣汰去产能机制的作用。

完善的市场经济体制是促进创新和推动产业发展质量与效率提升最为

有效的制度安排，中国迫切需要通过完善市场制度与市场环境来推动供给侧改革。具体而言，第一，要放开电炉钢投资管制，适当提高粗钢中电炉钢份额，允许等量置换。第二，加快建设与完善市场法制体系。市场经济的本质是法治经济，当前中国经济中面临的诸多问题，主要源于市场制度的基本法律及其执行机制不健全，中国迫切需要完善规范市场行为相应法律体系。第三，完善知识产权保护相关法律体系及其执行机制，以法治建立起严格保护知识产权的长效机制。第四，加快推进要素市场改革。改变行政主导土地等重要资源配置的局面，让市场在要素资源的配置中发挥决定性作用。重点推进土地制度改革，明晰土地产权，改进国家对土地的管理制度；加快推进水资源、矿产资源、能源价格形成机制的市场化改革，使价格能充分反映稀缺程度与社会成本。第五，完善环境保护体制。完善环境保护法及其执行机制，建立健全环境公益公诉制度，推进有关资源环境的税收制度改革，建立全国性的企业污染排放在线监测网络和遥感监测网络。第六，完善消费者权益保护制度。进一步完善《中华人民共和国消费者权益保护法》，建立消费者集体诉讼制度；完善和强化消费领域惩罚性赔款制度，确保惩罚性赔款的震慑作用；落实和完善举证责任倒置制度，避免消费者因鉴定难、举证成本高、不专业而难以维权的问题；严禁地方政府干预消费者权益保护案件的审理保护本地不良企业。

（二）维护公平竞争的市场环境。

公平的市场竞争能通过优胜劣汰机制有效去除低效率产能与过剩产能。一是要清理和规范规范地方政府对于特定企业的补贴、税收减免等优惠政策。对于钢铁行业用电补贴、贴息、环境保护投资补贴、研发补贴等财政补贴政策的适用条件及补贴标准，中央政府应给予明确的规定并制定相应管理办法，据此清理规范地方政府财政补贴政策，并对以后违反规定发放财政补贴的地方政府官员应行政问责，追回相应补贴款项。此外，还应完善公平竞争法律体系，针对地方政府为本地企业提供损害公平竞争的各类补贴及优惠政策与其他损害公平竞争的行为（如帮助本地企业协调银行贷款），应制定相应法律法规予以禁止。反垄断执法部门也应将监察地方政府违背公平竞争原则的补贴、税收优惠、低价供地等不当行为，作为一项重要日常工作。

二是加快落实公平竞争审查制度。中国钢铁行业当前实施的相关产业政策中，仍存在疑似排除竞争、限制竞争倾向的条款，部分条款疑似涉及不公平竞争。这一方面需要这些政策的制定部门对于其进行公平竞争审查，另一方面需要反垄断部门根据《国务院关于在市场体系建设中建立公平竞争审查制度的意见》（国发〔2016〕34号）中明确给出的审查标准，对于这些政策尽快进行公平性审查，清查违反公平竞争原则、排除竞争、限制竞争的条款。当前，公平竞争审查主要是政策制定部门自行组织的审查，这在一定程度上会影响审查的中立性，分散的审查主体也可能在竞争政策的统一理解、适用方面存有分歧。经验表明，竞争主管部门对于公平竞争审查的参与非常重要。当前应由竞争政策执法及研究部门，对各方审查主体在审查口径上给予政策指导，并组织对审查结果的复查。未来中国也可建立起在竞争主管部门深度参与下的外部主体独立审查机制。

三是加强钢材产品质量监管与钢铁行业反不正当竞争执法的力度。在放松投资管制与准入管制的同时，应强化监管，对于违反产品质量等法律法规生产假冒劣质钢材产品的生产企业，要依法严惩，惩罚措施及惩罚力度要具有震慑效果。鼓励公众举报生产假冒伪劣钢材产品的企业，并对举报者予以一定的奖励。

（三）要完善破产制度，疏通过剩产能退出机制

破产是市场竞争的必然产物，是低效率企业退出市场的最为重要的渠道。完善企业破产制度，一方面有利于低效率企业和落后产能的退出，化解过剩产能；另一方面能硬化破产约束，制约企业的过度投资行为。具体而言，从以下几个方面入手：一是增强破产程序的司法属性，明确司法权和行政权在企业破产中的边界，增强法院在企业破产中的主导作用，使企业破产制度回归司法本质，避免地方政府对企业破产程序的直接介入；二是强化出资人的破产清算责任，当市场主体出现破产原因时，出资人在法定期限内负有破产清算义务，如违反该义务，应当承担相应的民事、行政乃至刑事责任；三是对于债权债务涉及面广、涉及金额大、有重大影响的破产案件，交由巡回法庭审理，避免地方政府干预破产司程序；四是优化破产程序，完善破产管理人的相关规定，降低破产财产评估、审计、拍卖费用，减少破产清算成本，提高破产清算收益，提高债务人、债权人申请破产的积极性；五是适时修改《中华人民共和国商业银行法》，赋予商业银行在处置不良资产中的投资权利，促进商业银行创新不良资产处置

方法。

（四）建立辅助退出机制，做好政策托底工作

对于严重产能过剩行业，还需建立辅助退出机制，重点做好失业职工的安置与社会保障工作，并对失业人员再就业提供培训、信息服务甚至必要的资助；如破产资产不足以安置失业职工时，政府应减免破产企业土地处置应缴土地增值税并以腾退与在开发破产企业土地所产生的部分收益用于职工安置。对于产能过剩行业集中的地区，中央政府还应给予一定财政支持失业职工的安置与再就业，并在土地开发利用方面提供支持；对于严重产能过剩行业集中地区、落后地区还可以提供特别的税收优惠政策，支持这些地区发展经济。

（五）切实为兼并重组创造良好的外部环境

一是对兼并重组其他企业可以给予扩大税收抵扣或税收减免的措施，特别是对于兼并重组过程中涉及的土地增值税，应缓征、减征或免征。二是切实落实促进兼并重组的金融政策，引导金融企业加强对兼并重组的融资支持。三是规范区域之间横向税收分配，降低地方政府由于担心企业被兼并导致税源流失而产生的阻力。四是适当放松管制，鼓励金融资本多渠道参与产能过剩行业的兼并重组。

（六）积极推动环境保护体制改革，强化钢铁行业环境监管

环境保护执法中的地方保护与选择性执法，是钢铁行业存在不公平竞争的另一重要原因。要加快推进省以下环保机构监测监察执法垂直管理制度改革，积极构建新型环境监察体系，加强省级环境监察的组织领导和队伍建设，建立健全环境监察专员制度，形成任务明确、责任落实、追责严格的责任管理制度链条，从体制机制上保障环境监察工作权威独立有效开展。还要健全社会参与监督体制，保证公众有效参与环境保护。要完善环境公众参与制度的法律设计，在宪法、环保基本法、单项法规中明确公民环境权的内容，通过立法明确规定公众参与的程序性权利，大力发展环保团体，积极发挥非政府组织的民间团体作用，进一步完善环境公益诉讼制度，使环境得到及时有效的保护，对个人和公众的环境权益进行全面周到的救济。最后，还应加快建立和完善全国性的钢铁企业污染排放在线监测网络和遥感监测网络，强化严重钢铁行业环境监管的技术手段。

第四章

中国制盐业产能过剩现状及治理

制盐业是中国重要的资源性产业。改革开放以后，制盐业不断发展，已经形成了以海盐为主的北方沿海产业带，以井矿盐为主的中东南生产区和湖盐为主的西部生产基地。经过一段高速发展之后，中国制盐业出现了一定程度的产能过剩，产品市场价格大幅下滑，企业效益和投资效益恶化，影响中国制盐业可持续性发展。

第一节 中国制盐业发展现状

一 中国制盐业生产情况

进入21世纪，随着化学工业的高速发展，专用化学品和精细化工逐渐扩展到盐化工领域，而盐化工生产链条也逐渐向专用化学品和精细化工领域延伸。这些大宗基础化学品还可进一步深加工形成化工产品系列。如有机氯产品系列、无机氯产品系列、氯酸盐系列和氢气产品系列等，它们可广泛应用于造纸、纺织、肥皂、染料、冶金、陶瓷、玻璃、塑料、医药等领域，也可用于制造漂白粉、有机化工中间体、合成树脂、香料、除草剂、防腐剂、灭火剂等。中国盐业已成为与石油、天然气等一样的资源型产业。

"十二五"期间，中国盐的产能年均增长3.0%，产量年均增长1.7%，消费量年均增长2.7%。2015年与2010年相比，原盐产能增长了35.0%，产量增长了18.0%，消费量增长了26.0%。

表4-1　　　中国原盐2011—2015年产能、产量及消费量　　　单位：万吨

	2011年	2012年	2013年	2014年	2015年
产能	9855	10050	10745	10970	11345
产量	8198	8230	8600	9210	8876
消费量	8200	8660	8950	9690	9312

资料来源：中国盐业协会。

"十二五"期间，中国原盐产量分品种结构发生了较大变化。海盐区由于城市化、工业化大量占用盐田，盐田生产面积大幅度减少，海盐产能产量呈现下降趋势。而井矿盐资源丰富且分布广、技术成熟、投资门槛不高，一批新项目建成投产，产能产量不断上升。随着中、西部地区众多新建两碱项目的相继开工，下游行业对两碱工业用盐需求呈现了较快的增长势头，井矿盐产量也随之连年快速增长，因此近年井矿盐产能增幅较快，在全国盐总产量中的比例逐年提高。湖盐虽然地处西北，受经济、运输条件制约，但随着国家西部大开发战略的实施，产能产量呈现逐年增长态势。

表4-2　　　2015年海盐、井矿盐、湖盐产能与产量结构

产能产量结构	海盐	井矿盐	湖盐	总计
2015年产能（万吨）	3900	6255	1190	11345
2015年产能结构比例（万吨）	34	55	11	100
2015年产量（万吨）	3233	4456	1187	8876
2015年产量结构比例（％）	36	50	14	100

资料来源：中国盐业协会。

"十二五"期间，由于中国国内盐的主要下游行业——两碱工业迅猛发展，拉动了国内制盐企业纷纷新建和扩建盐场（厂），原盐生产能力迅速上升，从2011年的9855万吨增加到2015年的11345万吨。2011—2015年，中国制盐业在中部和西部快速发展，井矿盐产能以45.56%的速度增长，在全部原盐产能55%以上。

中国原盐的需求结构，盐化工用盐占80%左右，食用盐占16%左右，其他用盐占11%左右。盐化工是中国制盐业发展的决定因素。中国以盐为原料的盐化工产业，主要是纯碱和氯碱两大行业（俗称"两碱"）。近年来，氯酸钠和金属钠也发展较快，但这两种下游产品的盐的消耗较低，不足总消费量的1%，对全行业的供需平衡影响较小。"两碱"的发展拉动了盐业的发展，中国已形成以纯碱和氯碱为龙头，下游产品开发并存的盐化工产业格局。

近几年，随着中国经济增长速度放缓，两碱工业对其下游产品需求的减少，增长速度下降。中国制盐业的产能过剩问题逐渐显现出来。原盐价格的下滑，形成盐业无序的竞争。从总量上看，中国盐业供给满足了两碱工业用盐增长的需求，市场供需基本达到平衡。但是，由于中国盐业产能分布不尽合理，因而造成局部地区产能过剩，导致制盐业的资源浪费、行业无序竞争、利润水平降低等一系列问题。

二　目前中国制盐业的基本格局

（一）三大制盐产业带及基地

中国的盐业资源十分丰富，分布较广，23个省（区、市）都有盐的资源。按照生产工艺区分，工业盐可以分为海盐、井盐和湖盐。这三种工业盐目前以海盐的产能以及用量最大，井盐次之，湖盐最小。中国海盐的生产依海岸线北起辽宁鸭绿江口，南至广西的北仑河口，全长18000千米，按照地区划分，以长江为界，长江以北的辽宁、河北、天津、山东、江苏5省市盐区为北方盐区。而长江以南的浙江、广东、广西、福建、海南5省区为南方海盐区。北方海盐区由于气候和滩涂条件较好，适宜大规模生产海盐，是中国海盐生产的主体。

中国井矿盐的生产始于2000多年前的秦代，井矿盐矿床分布全国18个省（区、市），主要集中在河南、四川、湖北、湖南、江西、四川、重庆、云南、江苏、山东、安徽及陕西。中国的湖盐资源丰富，主要分布在西北部地区，包括内蒙古、新疆、青海、甘肃、宁夏、西藏、陕西等地区。湖盐产区主要分布在内蒙古、青海、新疆、陕西及甘肃等西北部地区。改革开放以后，中国的制盐业不断发展，已经形成生产区域差异化布局的三大制盐产业带及基地：北方沿海地区：大型海盐生产基地；中东南：井矿盐产业带；西部：湖盐生产基地。

(二) 盐业管理体制

中国制盐行业长期以来都是国家税利的重要来源。因此，国家对行业的控制力度历来较大，形成了以中国盐业总公司统领，各省、市盐业公司分区域管理的盐业生产、销售体系。

进入21世纪，随着国家对企业产权制度改革的深入，各地盐业生产企业进行了深度不一的体制改革，形成了一批法人独立的企业集团以及股份制公司，并逐步打破了工业盐的专营管理，实行了工业盐的价格放开。这种状况加速了盐业生产企业和运销企业的两极分化，也激活了制盐盐行业的快速整合，在全国开始形成了一批制盐业强势企业集团。如山东盐业集团公司、四川久大盐业集团、四川和邦盐化集团、云南盐化集团公司、湖南盐业集团等。

目前，从管理及销售网络资源来看，中盐集团控股的有陕西盐业公司、青海盐业公司、黑龙江盐业公司、北京盐业公司、上海盐业公司、中盐河北银河盐业集团公司、中盐河南加碘配送中心等。从生产资源上控股生产企业有中盐皓龙盐化股份有限公司、湖北宏博集团、湖北枣阳盐化、东兴盐化、云南盐化、长江盐化、陕西榆林盐化、内蒙兰泰实业等。在科研设计方面，有中盐制盐工程技术研究院以及中盐勘察设计院等。形成了集盐业生产、销售、科研设计为一体的超大型盐化生产企业集团。

四川久大盐业集团公司经过近几年的快速发展，已经形成了一定的产业规模，确立了在国内制盐行业的重要地位，并得到了各方面的认同。目前，集团通过资本运作，已经基本形成了四川自贡制盐基地、四川蓬莱盐化工基地和湖北应城制盐基地，展现出蓬勃的发展生机。但与中盐集团比较，仍然显现出各方面的欠缺，如资源占有总量、产品规格品种、产品生产规模、社会融资渠道、经营销售网络，甚至包括技术创新能力等。

目前中国盐业的总体格局是：中盐集团仍然是制盐业的龙头。但不同区域的盐业公司也将同时得到一定发展空间，四川久大盐业、四川和邦盐化公司、江西盐矿盐化公司、山东海化集团、江苏井神盐化集团等一批具有产业优势的公司也正在快速的发展之中。

三 当前制盐业发展面临的困难和问题

（一）无序竞争现象严重，技术水平低下

无序竞争现象的主要表现是在供大于求的市场背景下，有的企业为了提高市场占有率，将产品销售价格压底至零利润甚至负利润状态，而行业中其他企业为了应对竞争对手压价的手段，很可能迅速模仿这种做法，最终整个市场都处于价格战当中，使得无论是参与还是没有参与价格战的企业都感到苦不堪言，这种情况长期持续便是一种恶性循环，严重阻碍了盐业的健康发展。原本，这种无序竞争的现象集中在工业盐领域，但"盐改"放开食盐市场后，一些企业为了在改革后第一时间抢占其他省份的食盐市场，在食盐市场上也实施了价格战，无序竞争的现象蔓延到了食盐领域。企业技术水平低下，也是中国盐业当前普遍存在的一个问题。上文提到，中国盐业行业集中度低，大多数制盐企业规模不大，迫于银行贷款还款等现金流压力无力投入技术研发，或者压根并不打算进行技术投入。一般来说，规模较大的企业才可能有能力且有意愿进行技术投入。另外，整体上看，中国盐业企业在人才培养方面不够重视、相应投入不足，也是行业整体技术水平低下的原因之一。

（二）产业集中度低，资源开发不集约

中盐等产量排前 5 名的行业龙头企业总产量占全国盐产品总产量不超 30%，大大小小的几百家制盐企业分布在各地，而且有些企业还是地方政府大力支持或直接参与投资的企业，行业整合的难度很大。对于大企业来说，很多小的盐企都不是其理想的收购对象，而对于一些小企业和地方政府来说，也不一定愿意被收购、整合。小盐企无法被整合，又不会被轻易市场所淘汰，且不会有大的突破性发展，这也就意味着这些小企业可能依然使用落后的技术和设备进行生产，生产效率不高，资源开发不集约。盐企按资源所在地分布，客观上可能会导致一些地区内的企业地理分布比较分散。企业之间距离远，不易建成产业园区，就不如产业园区内企业之间协作发展更高效、集约。以井矿盐企业为例，建厂时若厂址分布不合理，企业之间就不易进行"集中制卤"等合作生产方式。由于不同的企业生产技术指标不同，再加上行业协会发挥的作用也不够，盐企之间缺乏协商沟通的机制，导致就算相邻的企业也难以高效地相互协作。例如，相近的井矿盐企业由于井深等技术指标不同，无法在地下建立储油（气）溶腔，浪费了发展溶腔经济的大好机会。

（三）成本逐年上升

虽然大多数制盐企业在行业出现产能过剩状况后都在努力的降低成本，但是客观上，中国盐企的多项成本都在逐年上升。无论是海盐、湖盐、还是井矿盐企业都面临着人力成本上升的压力。中国经济长期处于增长状态，人民生活水平逐渐提高，人均收入也相应提高。据业内人士透露，地处西部的青海省，熟练的盐业一线生产工人的人均月工资也已经超过4000元，发达省份可能会更高。除了人力成本以外，土地、环保、运输等成本也有所上涨。以海盐企业为例，晾晒是海盐生产的重要环节，需要占用大量的土地，而沿海省份的土地越来越昂贵，使得很多海盐企业感到"压力山大"。中国工业正在向"资源集约型、环境友好型"转型，随着国家对环保问题的重视程度和投入力度的逐步加强，制盐企业不能再打"马虎眼"，要不升级技术减少污染，要不投入更多的环保治理成本。总之，盐业企业的多项成本均逐年上升而产品售价受产能过剩影响而无法提高，对于很多制盐企业来说，"利润保卫战"仍是当前企业工作的重心。

（四）产业发展观念落后

观念落后体现在缺乏全局观和长远规划上。对于地方政府来说，由于制盐业项目投资少、见效快，技术上相对容易掌握，可以大量吸纳就业，短期内增加税收，再加上地方政府对盐矿资源又有自主权，因此，几乎各产盐地的政府都纷纷为盐化工项目专门出台了优惠政策。有的地方政府甚至直接参与投资或推动银行为新上马的盐化工项目贷款。然而，当地方政府推进上述工作时，往往没有考虑行业背景和环境，也没有对辖区工业投资的合理性和长期健康发展进行过系统的规划。对于制盐企业来说，由于工业盐产品差异不大，食盐的生产和销售又长期处于计划经济体制下，盐企与其他行业，尤其是与科技、互联网行业相比观念更显得陈旧。例如，有些企业认为花钱请外部机构做投资方案可行性分析等咨询服务是"多此一举"和浪费资金的行为；有的企业高层认为支付专利费太过于昂贵，先"偷偷用"着，等被发现了再说；有的企业领导认为环保投入应当能少则少，环保工作仅仅就是为了应付政府的监管；有的企业为了节约保证费等成本，造成了运输途中遇到下雨，产品受潮，损失巨大，等等。事实上，观念陈旧是企业领导者做出重大失误决策的主要原因之一。政府若观念落后则会影响产业的长期可持续发展与合理布局，企业若观念落后则会在市场竞争中缺乏竞争力，而中国盐业在这两方面都存在问题。

第二节　中国制盐业产能过剩的原因

近年来，随着中国制盐业的加快发展和规模的不断扩大，制盐业规模化集约化发展取得了积极成效，但部分地区制盐业落后产能比重较大，结构性、区域性、季节性产能过剩问题日益突出。

一　产能利用现状及其特征

（一）产能利用率下降明显

"十一五"期间是中国重化工工业高速增长期，全国两碱工业以年均15%左右的速度增长。随着中、西部地区众多新建两碱项目的相继开工，下游行业对两碱工业用盐需求呈现了较快的增长势头，拉动了制盐业产能的高速增长。2008年全年的原盐产量已经达到6835万吨，相比2007上增长了8.79%。其中，以井矿盐产量增长速度最快。2008年国内井矿盐产量占到了全国原盐总产量的近40%，产能增长速度达到123%。

"十一五"期间，由于两碱工业的高速增长，中国制盐业的产能利用率一直在高位徘徊。2008年产能利用率达到96%。在高速增长下，井矿盐的产能利用率明显低于全国产能利用率平均水平，其产能利用率仅在75%左右。

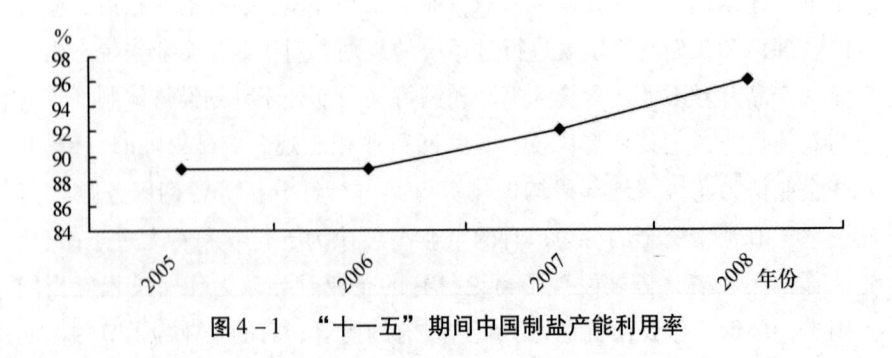

图 4 - 1　"十一五"期间中国制盐产能利用率

"十二五"期间中国宏观经济发展速度逐渐放缓,两碱工业对其下游产品需求的减少,制盐业的产能过剩问题逐渐显现出来。2015年全国盐业平均产能利用率下降到76%。其中,井矿盐的产能利用率低于65%以下。产能利用率下降,导致中国盐业企业大量设备闲置,原盐价格下滑,企业经营成本上升。

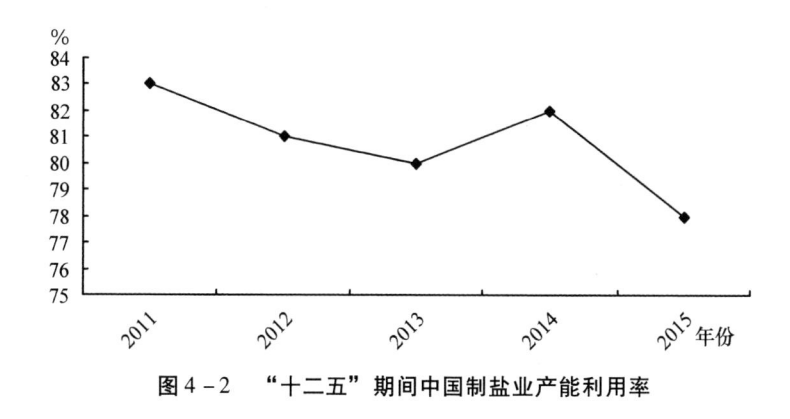

图4-2 "十二五"期间中国制盐业产能利用率

(二)行业库存水平处于较高水平

自2013年以来,中国制盐业库存数量出现了明显增长。库存指标能是反映企业营运能力的重要指标。从总体情况来看,海盐和湖盐的库存量占主导,占全国原盐库存总量的93%以上。2014年年底原盐总库存量2326万吨,较2013年年底增加656万吨,同比增加39.28%,其中,海盐库存1417万吨,较2013年年底减少439万吨,同比增长44.89%;湖盐库存量753万吨,较2013年年底增加153万吨,同比增长25.50%;井矿盐库存量为156万吨,较2013年增加64万吨,同比增长69.56%,三种盐库存均大幅增长。2014年年底大量库存为2015年盐业市场无序竞争,导致原盐价格下跌。

表4-3   2013—2015年中国制盐业库存量及增长

	库存量(万吨)			同比增长(%)		
	2013年	2014年	2015年	2013年	2014年	2015年
全国合计	1670	2326	2520	-5.92	39.38	18.51

续表

	库存量（万吨）			同比增长（%）		
	2013年	2014年	2015年	2013年	2014年	2015年
海盐	978	1417	1628	-3.36	44.89	33.66
井矿盐	92	156	165	10.84	69.56	10.00
湖盐	600	753	627	-11.76	25.50	6.97

资料来源：中国盐业协会。

2015年全国总库存量增加到2420万吨，同比2014年增加378万吨，增长18.51%，其中，海盐库存同比增加410万吨、同比增长33.66%，湖盐库存减少47万吨，同比减少6.97%，井矿盐库存略有增加。库存量的两位数增长，表明由于产能过剩，导致盐业市场产大于销，影响盐业盐企业的进一步发展。

（三）行业集中度较低

目前粮食加工企业仍然比较分散，企业数量很多，且大多为中小企业，市场集中度整体不高。据中国盐业总公司统计，2016年全国共有443家制盐生产厂（场），现平均产能仅18.5万吨，产业集中度低，最大的中国盐业集团的中国盐业总公司占全国总生产能力的17.26%，前三名盐业集团约占全国总生产能力的25%，前五名盐业集团仅占全国总生产能力的30%左右。行业中的龙头企业技术先导，技术创新能力不强。几百家制盐企业分布在全国广阔地域，而且生产厂（场）隶属不同行业和企业属性，整合的难度很大。

（四）中国制盐业产能过剩的特征

一是区域性产能过剩。从中国制盐业总产能区域分布看，制盐业产能区域布局明显的不均衡。沿海地区的辽宁、河北、天津、浙江、福建、广东和广西等省市，主要生产海盐。由于近年来盐田面积大量用于工业开发，导致海盐产量逐年萎缩。但在区域内基本保证盐业市场的供需平衡。中国井矿盐区分布在，河南、四川、湖北、湖南、江西、四川、重庆、云南、江苏、安徽及陕西等18个省区。近几年中国井矿盐产能扩张高速增长，其产能已占全国盐产能50%以上，远远高于区域内盐业市场的需求，为扩大销路，制盐企业不得不降低盐价冲击其他区域的盐业市场，导致行业内无序竞争。

二是结构性产能过剩。大多数制盐业企业还没有形成原盐生产全产业链模式，而是以简单、初级的制盐产品作为主要产品，企业竞争力低下，资源综合利用率低，难以发挥循环经济的优势。

二　中国制盐业产能过剩问题的原因

（一）产能扩张过快致使制盐行业整体产能利用率下降

中国制盐业产能过剩的原因有很多，其中一个就是市场经济下，体制机制不完善导致的信息不对称和信息缺漏，是导致制盐企业错判市场发展前景的重要原因之一，也是企业盲目扩大扩大产能的重要诱因之一。不断投资之后会出现产能的快速增长，单一产品结构的持续增长最终必将出现市场中供大于求的局面。"十一五"期间中国制盐业产能增长速度平均达到72.9%，产能的扩张远快于需求增长速度，导致中国制盐业在"十二五"产能利用率下降的根本原因。

表4-4　　　　　　"十一五"期间盐业产能增长速度

年份	海盐	井矿盐	湖盐	合计
2004年（万吨）	2715	1565	460	4740
2008年（万吨）	3835	3490	870	8195
增长速度（%）	41.25	123.00	89.13	72.89

资料来源：盐业协会统计资料。

（二）进入门槛较低和恶性竞争加剧制盐行业产能过剩

目前，中国制盐业企业准入门槛低，中小企业依靠低成本、高污染的恶性竞争得以长期生存。同时，由于生产规模小、生产计划组织灵活、直面消费市场等优势，大多数盐业中小企业宁愿勉强维持经营，等待市场行情好转后的盈利机会，也不愿意被他人兼并重组，从而导致了制盐业企业内的优胜劣汰、行业整合难度增加。一方面，中小型制盐企业的总体产能不断增加，单体产能有扩张的趋势；另一方面，大型制盐企业间的市场竞争也导致了"产能扩张竞赛"，都希望依靠规模经济摊低运营成本。因此，制盐业的总体产能持续增长。

(三) 信息化体系发展滞后间接导致制盐行业产能过剩

制盐业企业在投资新建产能的过程中，因信息不对称和信息不公开引发的缺乏市场调研，对市场的正确认知往往是企业投资失误的主要因素。而地方政府在招商引资中给予企业的政策待遇又往往扮演了传导和放大市场信号的作用，两者加之是造成了粮油加工业的区域性产能过剩的重要原因。

"十一五"期间中国重化学工业高速发展，拉动中国盐及盐化工业的产能高速增长。资源优势成为制盐业发展的直接催化剂。

盐及盐化工对当地经济的带动作用也很快为政府部门所认识。制盐业项目投资少，见效快，技术上相对容易掌握，可以大量吸纳就业。而且盐资源不像石油资源那样为国家垄断，地方政府有更大的自主权。为此，一些地区将制盐和盐化工项目列入"十一五"规划中。山东省将以潍坊、青岛、东营、滨州为中心，打造盐化工产业集聚区。为促进当地资源充分利用，各地政府纷纷为制盐和盐化工项目度身定做各种优惠政策。其中最常用的就是税收优惠。如陕西省榆林市绥德县人民政府允许新上盐化工企业享受"老、少、边、穷"地区优惠政策，3年内免征所得税。江西省向全球推出高达97亿元的盐化工招商融资项目。同时在用地、税收、投融资等方面也有配套优惠政策推出。

(四) 技术进步和产业升级缓慢导致制盐行业产能出现结构性过剩

中国大部分制盐业企业产品结构单一，还没有形成全产业链模式，以简单、初级的盐产品主要产品，行业研发费用投入仅为销售收入的1.5%，资金投入严重不足；人才缺乏，尤其是高端人才和创新团队缺乏，科研开发能力不强；在凝炼行业关键和共性技术方面视野和前沿性不足，基础和应用研究水平低，缺乏自主开发的核心技术；品牌意识不强，品牌战略推进不力；新产品研发滞后，产品同质化现象突出，产品竞争力不强，食盐品种、功能均落后于发达国家水平。

第三节 盐业去产能的途径与政策措施

一 盐业去产能可行的路径

(一) 淘汰落后产能，处理亏损单元

这里说的落后产能，是指技术落后、生产效率低、成本高、污染大的老旧产能，主要是集中在工业盐领域。海盐和湖盐都是将海水或盐湖中的盐结晶后再进一步加工，而井矿盐一般是以卤水的形式将地下盐矿抽出再继续加工，由于自然条件的不同造就了生产工艺的不同，客观上，技术和设备对井矿盐的生产影响更大。老旧生产线由于技术落后，明显低于新设备和先进技术条件下的生产效率，而且能耗和污染也往往较大，最终导致成本偏高，并且可能会面临环保处罚的风险。

近年来，中国制盐企业处理落后产能的方式有两种，一是投资进行技术升级改造；二是淘汰掉落后产能。在当前盐业整体产能过剩的背景下，选择后者可能会更合理一些，因为选择前者存在投资改造后的设备因产能过剩而闲置的风险。淘汰老旧落后的生产线对整个制盐行业来说，可以在一定程度上缓解产能过剩的现状；对企业自身来讲也可以减少制盐的单位成本从而提高企业的竞争力；淘汰掉落后产能而转移出来的劳动力大多都是技术熟练的工人，无需消耗过多的培训成本就能胜任其他的生产工作；剔除冗杂低效生产能力的企业在管理运营方面更加高效便捷，产品质量更有保证。以湖北广盐蓝天盐化有限公司为例，该企业将一条年产 30 万吨的高能耗老旧生产线淘汰，降低了制盐的单位能耗、减少了制盐的单位成本，并将淘汰下来的生产线变卖为现金。

"十一五"和"十二五"期间，中国制盐业发展迅速，很多大型盐企都扩大了规模，有的进行了横向并购，收购了一些小盐厂；有的进行后纵向并购，主要是控制下游产业的前向一体化并购；还有的盐企实施了相关多元化战略。在这些进行横向、纵向或多元化发展的企业中，有不少都遇到了新发展的子公司或业务单元出现亏损的现象。主要原因有，对新进入的行业不了解，在新进入领域中没有掌握关键技术或核心资源；新收购的企业技术落后、设备老旧，需要投资进行升级改造，而企业无力或无意进行继续投资等。产能过剩严重冲击了很多制盐企业的盈利能力，而亏损单元还要进一步蚕食着仅剩下的微薄利润，亏损子公司或业务单元不仅使企业承受的负担沉重，还会因占据大量现金流等资源而拖累企业的发展。可以说"壮士断腕"般的处理掉亏损单元，也许是面对产能过剩现象制盐企业"保存有生力量"可以考虑的策略。例如，青海盐业股份有限公司，对旗下不能扭转亏损的企业——青海天泰制钠有限公司实施了放弃战略。

（二）调整产品结构，降低工业盐产量

调整产品结构包括调整食盐与工业盐产能分配和丰富食盐产品品种类型。2016年5月5日，国务院对盐业体制改革做出总体部署，颁布了《盐业体制改革方案》，该方案已于2017年1月1日正式实施，改革后中国将放开食盐市场，取消食盐生产、销售的"配额制"，食盐企业参与市场化竞争。食盐产量虽然不足整个盐业产量的20%，但是每吨的售价却是工业盐的30—50倍，对于制盐企业来说，在改革后占领更多的食盐领域的市场份额，将会得到非常有利的发展机会，相反，如果在食盐领域的竞争中"失利"，则可能导致企业利润下滑的情况愈发严重，甚至被市场所淘汰。因此，大多数有食盐生产资质的盐企在2017年都将更多的精力放在食盐生产上。一方面，在人员安排和产能上优先食盐生产；另一方面，根据市场情况，开发出新的食盐品种，例如低钠盐、海藻盐、特级精制盐等。在调整产品结构的过程中，有些盐企适当地降低了工业盐的产量，客观上也缓减了产能过剩的影响。

（三）提高营销能力，参与市场竞争

在"盐改"和产能过剩的影响下，有食盐生产资质的盐企大多都开始在食盐领域发力，以期望抓住改革带来的机遇，除了调整产品结构以外，还加强了营销能力。在"盐改"之前，食盐的生产、销售都是处于计划经济下，长期以来企业的品牌意识淡薄，民众在购买食盐时也不太在意牌子。改革后，市场化的竞争下，品牌的重要性开始呈现，各家制盐企业都纷纷开始打磨自己的品牌，不断提高营销能力。尤其是对于部分井矿盐企业来说，生产设备折旧成本高，设备处于高盐度易腐蚀环境下，停产后相应的维护保养成本高，销售工业盐亏本，而不生产工业盐亏得更多，销售食盐以及政府对食盐的补贴是企业利润的主要来源，所以，提高营销能力，占领食盐领域的市场份额，关系到企业的生存问题。从整个行业的角度看，企业提升营销能力，行业内企业之间良性而又激烈的竞争，有利于优胜劣汰，将没有竞争力的产能淘汰出局，也就淘汰掉一部分过剩的产能了。

（四）努力降低成本，寻求合作伙伴

从微观层面讲，对于企业自身来说，降成本的确可以在一定程度上缓减产能过剩所带来的压力。从实践看，国内制盐企业降低成本主要采取了

两种做法。一是部分企业对没有被利用的产能进行技术升级改造。例如，以井矿盐企业为代表的盐企，生产设备经过改造后单位煤炭消耗降低、污染减少、生产成本降低；湖盐企业可以在尾矿再利用上做文章；还有的企业按照医疗行业的标准对食盐生产车间进行了无菌化改造。二是通过减少业务招待费用和员工差旅费标准、降低薪金福利或裁员等方法降低成本。此外，有的企业在产业链中积极寻求长期合作伙伴，虽然产品销售给合作伙伴时单位售价会略低一些，但销路稳定，同时节省了销售费用，降低了坏账率，保证了资金的回笼。尤其是对于西部湖盐企业来说，找到临近省份的长期合作伙伴，还可以节约运输费用（西部盐企的产品销往内地，运费占总售价的比例较大）。

二 化解中国制盐业产能过剩的产业政策建议

（一）制定新的产业政策，着力解决盐产能过剩问题

尽快制定新的产业政策。不再限制海、湖、井矿盐生产装置、项目的产能规模标准。以生产装置、项目的吨盐综合能耗、环保达标以及主要物料消耗指标为主要指标，重点关注投资回报率、劳动生产率、销售收入利润率等经济指标，以上指标与国际领先、国内一流指标对接。新的产业政策颁布后，未达标的装置、项目属于落后产能，划入淘汰目录。

建立制盐企业退出机制。按照新的产业政策要求，不达标企业要限期退出；对在建未投产制盐项目，如当地没有下游盐化工项目对接不允许投产，促其转产；对不能就近与盐化工形成对接关系、远离市场、成本高企的原有制盐企业原则上要退出。对不能正常运营的"僵尸企业"进行清理，如连续多年经营亏损，已经资不抵债；生产装置50%以上停工，不能正常组织生产。产品质量不合格，产品市场占有率大幅度萎缩；盐资源枯竭以及资源利用率不到25%；企业管理混乱，严重违反行业信用等等。对这些企业限期实行关、停、并、转。

严格控制新增产能。引导制盐企业不再通过技术改造新增产能，而着力于降本增效；引导地方政府控制制盐项目的投资冲动，关注现有企业的转型升级。对影响生态环境、助推产能过剩、经济效益低下的制盐项目，政府有关部门应该在采矿权和土地使用、企业登记注册、金融贷款授信、减免税收、环境排放容量等方面严格把关、不予审批。

贯彻"只减不增"要求,提高食盐定点企业准入门槛,按照《盐业体制改革方案》要求,高标准制定并落实《食盐定点生产企业规范条件》,并根据盐业发展状况逐步提高条件。督促省级盐业主管机构按照企业实力、经营规模、储备责任能力、技术装备水平、安全环保卫生保障条件、信用状况、产业布局等因素,严格审核、管理许可资质。食盐生产许可证原则上审批给具备条件的大中型食盐定点生产企业;多品种食盐加工企业不能简单进行食盐混料、分包,必须具备新产品研发能力,必须确定食盐定点生产企业为原料基地。

鼓励、支持盐业企业实施结构调整,联合重组,做优做强。各级盐业主管机构加强管理,从严审核批准食盐定点生产企业,淘汰不合格企业。鼓励食盐生产与批发企业产销一体,鼓励实力雄厚、业务相近的上市公司、投资集团通过重组食盐定点生产企业为企业注入资金、壮大实力。促进盐业企业产销合一,逐步形成一批跨地域和区域性优势产销集团。通过政策引导、政府扶持和市场竞争,形成全国性和区域性产销合一的盐业大企业格局,实现盐业产能、销区的合理配置和大企业对市场的合理调控。

取消对食盐批发企业发行股票、上市融资的政策限制。鼓励、支持达到条件的省级食盐批发公司联合食盐定点生产企业股改上市;允许已经实现股改且资产质量优良、产业转型到位、具有很强发展潜力的盐业企业经政府有关部门批准,获取上市优先。

加大财税政策支持力度,促进企业转型发展。在企业改革改制中,争取政府财力支持。对历史形成的不良资产给予政策性核销;对特别困难企业欠缴的各类社保基金予以财政补偿;拖欠的地方税收和规费予以免除;对国有划拨土地变更为商业出让用地的,争取免缴土地出让金或土地出让金全额返还,专项用于分流安置富余人员。对食盐批发、食盐定点生产企业在发展电子商务、物流配送、连锁经营等现代商贸流通业的投资项目重点扶持。在专项资金投入、项目贴息、税收减免、批准项目建设用地等方面给予政策支持。

(二)深化企业改革,转换经营机制

明确战略定位,实施相关多元战略。盐业企业要结合自身优势,制定切合实际的发展战略,实施多元化经营。生产企业以产业链、价值链为主线,在坚持主业的同时,依靠资本运作,发展食品、调味品、精细化工、现代种植养殖业、金融贸易等相关业务;以销售为主的批发企业充分利用区位、资金、网络等优势,开展特色服务,实现渠道增值,向现代商贸物流业转型。

促进联合重组,推进股份制改革和混合所有制改革。鼓励各类盐业企业采取无偿划转、出资入股、兼并控股等多种方式实施跨区域、跨行业、跨所有制的联合重组,实现优势互补,发挥集团优势,打造一批品牌优、效益好、行业领先的大型企业集团。借鉴并推广混改企业的成功经验,通过混合所有制改革吸纳社会资本,转换经营机制,加快企业发展。

借力资本市场,实现股权融资。鼓励有条件的盐业企业在股改基础上争取上市,拓宽企业融资渠道,提升企业品牌价值。鼓励上市公司参与盐业企业改革,通过兼并重组,将盐业资产证券化,彻底转换经营机制,实现规模与效益的提升。

继续深化企业内部改革。按照塑造合格市场主体的目标,对盐业企业进行全面改革,重点推行公司制、股份制改革,实行股权多元化,创新机制体制,适应市场竞争。推进组织结构调整,打破按照行政级别、区划设立的管理层级和组织模式,按照物流环节最少、配送路径最佳、流通成本最低的思路,优化资源配置,设立最优组织架构和营销模式。进一步推进三项制度改革,实行"三定"和全员竞聘上岗,完善聘用制和劳动合同制,建立以业绩为导向的优胜劣汰机制。同时,积极探索实施股权激励、期权激励、员工持股等长效激励约束机制。

(三)响应"一带一路"倡议,开展国际化经营

"一带一路"倡议的实施,为中国盐业扩展海外市场提供了机遇。有条件的盐业企业应以国际市场为舞台,从全球战略出发,以优质产能、优势产品、优秀技术为依托,科学谋划、统筹资源、精准定位,有条件、有步骤地参与国际产能合作,帮助"一带一路"沿线国家发展盐业。

重点在以下方面发力:一是提高产品质量,优化产品结构,扩大本国盐产品出口,扭转出口逆差;二是积极利用国外产品研发技术,促进国内盐产品升级换代;三是输出中国成熟、先进的设备制造能力、制盐技术,在帮助欠发达国家发展制盐业的同时,提升中国企业国际化程度;四是利用先进技术和宣传策划,打造我国盐的国际品牌。

（四）加强人才队伍建设，弘扬盐文化

建立科技攻关项目、技术改造项目、企业技术中心。建设产学研联盟科技人才培养基地，加快培育一支具有较强创新能力和创新精神的科技人才队伍。发扬"工匠"精神，重视传统技艺，进一步做好职工技术培训和技能鉴定工作，形成一支门类齐全、技艺精湛的技术技能人才队伍。根据国家各类人才引进计划，引进和培养一批懂技术、懂市场的高端复合型管理人才，培养和造就大批优秀企业家。依托海盐、湖盐、井盐传统制作工艺，挖掘盐行业悠久的历史文化内涵，建立盐文化主题旅游基地，把弘扬盐文化和发展现代旅游服务业结合起来。

（五）发挥行业协会协调服务作用

发挥行业协会桥梁和纽带作用，鼓励行业协会积极参与国家、地方有关产业政策法规的制定，引导企业落实产业政策。支持行业协会积极推进盐业体制改革，增强服务行业发展的能力，加强对行业发展重大问题的调查研究，反映企业诉求，引导规范企业行为，组织开展企业信用体系建设，加强行业自律。在国务院盐业主管机构指导下，建立食盐安全防伪电子追溯体系，促进全社会食盐储备和应急机制的建立，加强经济运行分析和信息交流、沟通，及时反映行业情况和问题。鼓励和引导行业协会建立知识产权联盟，及时协调企业之间的经营矛盾，维护公平有序的市场竞争秩序。组织商品交易、贸易洽谈、产品展销活动，组织对外经济技术交流，依法应对涉外知识产权、贸易争端，维护企业合法权益。

依靠信息化技术构建行业产能过剩监测预警机制，关注制盐业产能过剩的最凸显地区和产品，建立预警警戒线，当实际情况达到这一阈值时应当及时进行行业调整，定期对行业中出现的问题进行解决。

完善行业信息统计制度，通过对中国国内制盐业及运营数据的收集和整理，借助大数据分析方法，透过表层的现象看待问题，及时发现中国制盐业中潜在的问题。

加强未来市场需求预测的科学研究。政府在监督制盐业的同时，应当注意对盐业市场的预测，对于产能过剩问题，应能够准确的规划和预测。

第五章

黑龙江省煤炭去产能问题

黑龙江省是东北老工业基地的重要省份之一，也是全国产煤大省、全国重点煤炭工业基地。中华人民共和国成立以来，黑龙江省为国家生产原煤近 25 亿吨[①]，为保障国家能源安全和经济建设做出了突出贡献。2015 年黑龙江省煤炭核定产能 11194 万吨，在全国排名第 8 位。

伴随全国煤炭去产能工作的全面展开，2016 年黑龙江省超额完成煤炭去产能任务，在煤炭去产能过程中积累了一些经验，同时伴随去产能工作的深入推进，也呈现出一系列的普遍问题。本章试图对黑龙江省去产能工作进行效果评价及经验总结，同时剖析黑龙江省未来煤炭去产能工作可能面临的挑战，以便为中国其他地区去产能工作提供一定的参考。

第一节 黑龙江省煤炭产能过剩的现状

一 黑龙江省煤炭行业发展现状

黑龙江省是全国产煤大省、全国重点煤炭工业基地。2015 年黑龙江省煤炭储量在全国排第九位，占东三省储量的 53.5%。这里不仅煤炭储量丰富，而且煤种齐全，多为低磷、低硫，可以满足发电、冶金、化工、建材、炼焦和动力用煤等各种需求。

2004 年年底，为做大做强煤炭产业，经省委、省政府批准，重组鸡西、鹤岗、双鸭山、七台河 4 个省内国有重点煤矿优良资产，组建了东北

---

① 原煤是指开采出的毛煤经过简单选矸（矸石直径 50 毫米以上）后的煤炭，以及经过筛选分类后的筛选煤等。洗选煤是指经过筛选、破碎、水洗、风洗等物理化学工艺，去灰去矸后的煤炭产品，包括精煤、中煤、煤泥等，不包括煤矸石。

（蒙东）地区最大的煤炭企业——龙煤矿业集团有限责任公司。2008年4月28日，由黑龙江省国资委出资组建的省属国有大型煤炭企业集团——黑龙江龙煤矿业控股集团有限责任公司，简称龙煤集团，其前身为黑龙江龙煤矿业集团有限责任公司（后整体变更为拟上市的黑龙江龙煤矿业集团股份有限公司）。截至2014年第一季度，龙煤集团在册职工24.8万人。2015年黑龙江省煤炭产量约6700万吨，产能利用率不足65%，其中龙煤集团煤炭产量约占黑龙江省的一半。[①]

从煤炭分布来看，黑龙江东部地区是煤炭的主产区，仅鸡西、双鸭山、七台河、鹤岗4个煤城储量就达到百亿吨以上，可供开采百年以上。位于东南部的鸡西、七台河总产量约占55%，位于东北部的鹤岗、双鸭山的总产量约占35%左右，中部的依兰、方正，西部的黑河、大兴安岭也有一定比例的产量。

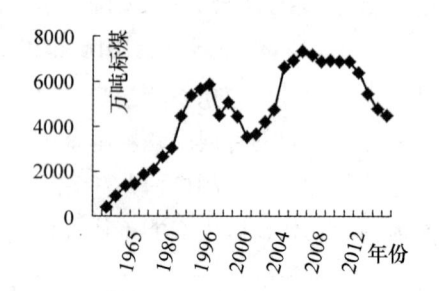

图5-1 1962—2015年黑龙江省原煤生产量

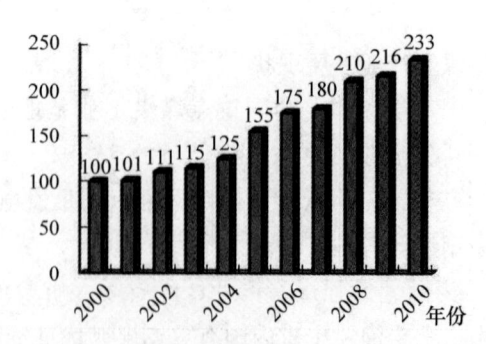

图5-2 2000—2010年煤炭行业"黄金十年"煤炭采选

---

① 姜明君、刘丹、辛国军：《黑龙江省煤炭资源综合利用现状与对策研究》，《价值工程》2017年第6期。

中华人民共和国成立以来黑龙江省原煤产量呈现"M"形趋势。以2000年为分界年。2001—2010年是黑龙江省煤炭行业"黄金十年",2006年黑龙江省煤炭产量达到峰值,为7344万吨标准煤。

煤炭产业"黄金十年"期间,煤炭出厂价格呈现稳定的上涨趋势。煤炭价格的上涨,带动煤炭企业的蓬勃发展,数据显示在此期间,省内煤炭开采和洗选业煤企数量由2001年的74个增至2010年的335个。[①] 黑龙江省原煤产量从2001年的5121万吨升至2010年的6266万吨,年均增长率为7.3%。

2012年煤炭价格达到峰值,是2010年的2.5倍,之后煤炭价格开始一路下滑,煤炭市场呈现疲软,库存急剧增加,煤炭企业进入亏损状态。2013年煤炭市场的终结"黄金十年",进入产能过剩期。多数煤炭企业纷纷降价抢夺市场,煤炭销售举步维艰,市场竞争加剧。黑龙江省国有重点煤矿库存量从2013年起开始大幅增加。截至2014年12月底,黑龙江省煤炭库存550万吨,其中龙煤集团库存98万吨。截至2015年3月末,黑龙江省煤炭库存664万吨,同比增长24.1%。在经过一系列去产能组合拳下,2015年黑龙江省煤炭库存量仍高达520万吨。

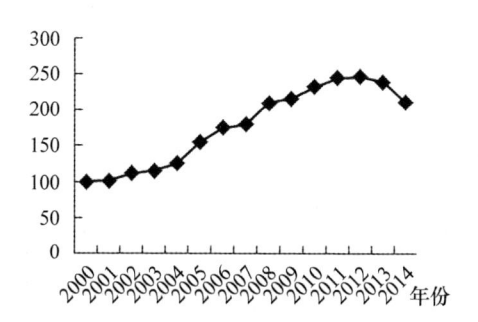

图5-3 2000—2014年黑龙江省煤炭产品出厂价格指数

注:2000年不变价格指数。

资料来源:黑龙江省统计年鉴,作者计算整理。

---

① 任树伟、关梦杰:《给侧改革背景下黑龙江省麟行业问题及对策分析》,《煤炭经济研究》2016年第10期。

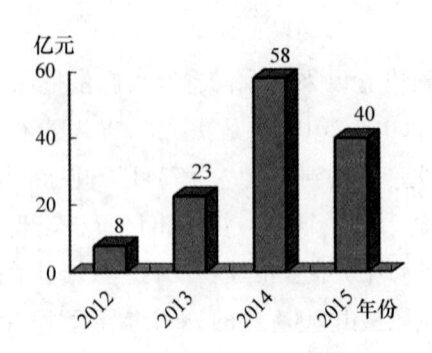

图 5-4　2012—2015 年龙煤集团亏损状况

资料来源：黑龙江省统计年鉴，作者计算整理。

随着煤炭市场"价量齐跌"和俄罗斯进口低价煤及内蒙古低价煤冲击，黑龙江煤炭产量销量持续下降，库存不断增加，部分煤炭企业开始出现亏损、拖欠职工工资和停产半停产情况。银行纷纷下调煤矿信用等级，导致煤炭企业融资更加困难，① 部分矿井吨煤全部成本已经与售价倒挂。

以龙煤集团为例，自 2012 年以来，龙煤集团陷入连续多年亏损的"泥淖"，2012 年净亏 8 亿元，2013 年净亏 22.8 亿元，2014 年亏损接近 60 亿元，2015 年净亏 40 亿元。龙煤集团现有的 42 个生产煤矿（仅有 3 个矿维持盈利）亏损日趋严重，尤其是鸡西正阳矿 14.1 亿元，占全部亏损的 29.4%（吕萍，2017）。

二　黑龙江省煤炭产能过剩的原因剖析

（一）产能过剩的类型

造成煤炭产能过剩的根本原因，主要包括几方面的原因：

第一，企业的投资过度。林毅夫等（2010）② 指出产能过剩更多是投资层面原因，企业对行业发展前景达成共识，在行业内部信息不完全确知情况下，形成先投资建厂扩大产能、再进行市场竞争，从而形成投资的"潮涌现象"。

---

① 同时，由于煤炭行业盈利前景不被看好，银行均要求上浮新增贷款利率 5%—20%，企业流动资金不足，财务成本不断上升。为解决到期债务和生产资金，已有煤炭企业开始从企业职工集资，利率达到年率 10%。

② 林毅夫、巫和懋、邢亦青：《"潮涌现象"与产能过剩的形成机制》，《经济研究》2010 年第 10 期。

这种情形下的产能过剩,根据诱致原因,可分为投资刚性导致的产能过剩和投资过度型产能过剩。前者主要源于煤炭企业的客观生命周期,即勘探、设计、基建、投产、达产、盈利、高效积累、衰老、报废。[①] 一旦投入生产,沉没成本较大,生命周期较长。重化工业的资本规模大、投资周期长等导致固定资产投资不得不在较长时期内保持高速增长的态势,从而延长了产能过剩的存续时间。后者是指在行业发展上升阶段,企业普遍对市场形势看好,投资热情的高涨带来行业投资额的过快增长,随着产能建成并集中投产导致行业产能超过市场需求增速从而形成投资过度型产能过剩。

第二,地方政府的投资冲动。目前煤炭产能过剩明显带有地方政府特性,在现有财政分权体制下,地方政府对煤炭行业固定资产投资冲动强烈。自1994年中国实施分税制以来,地方政府间的竞争方式发生显著变化,由直接对当地企业提供财税支持逐步转向税收优惠、土地补贴、地方保护等多种吸引投资的政策扶持。这种扶持政策会扭曲要素市场价格,压低企业投资成本,是导致产能过剩的深层次影响因素(耿强等,2011)。在这样的财税体制和政治体制下,地方政府会对煤炭等具有较好市场预期的行业有强烈的投资意愿,表现为对煤炭行业的直接投资和间接的政策扶持,最终造成了煤炭产能超前建设、产能过剩(周黎安,2007;顾元媛,2012)。

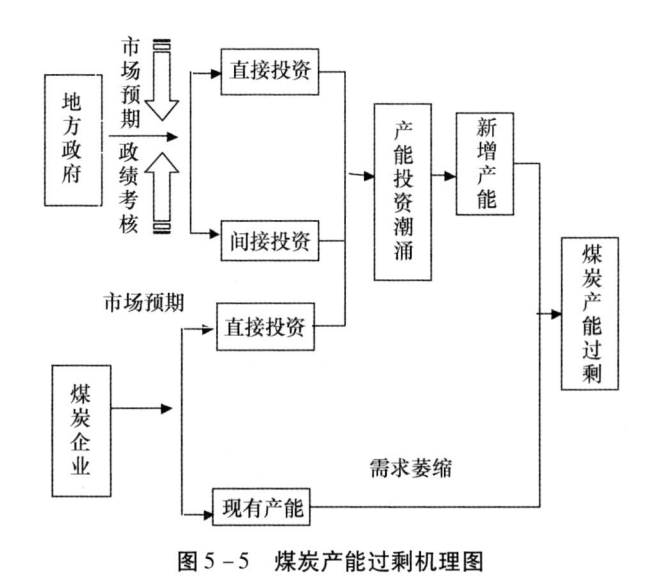

图 5-5 煤炭产能过剩机理图

[①] 徐娟:《浅议精细化管理在煤炭企业管理创新中的应用》,《现代商业》2011年第5期。

第三，市场周期的产能过剩：一是表现为需求萎缩型产能过剩。国内外市场环境突然变化导致市场需求快速萎缩，而产能水平不但不会减少而且会保持一定增长，这种反向变化增大了供给量的富余，并最终形成产能过剩。二是宏观调控政策的滞后性。政府不能够对行业有很好的判断，导致行业出现问题时，才做事后的政策干涉，从而不能引导和调整行业的发展趋势。

表 5-1　　　　　　　　　　　产能过剩种类划分

划分依据	产能过剩类型	解释
时间维度	即期过剩	当前生产能力与需求量比值已超出正常水平，表现为设备利用效率低、产成品库存增加、价格大幅下降、企业亏损面较大
	预期过剩	未来某时段内生产能力与预期需求的比值超出正常范围，主要表现为在建产能投资增长过快
"企业—市场"属性维度	微观产能过剩	单个企业的实际生产能力过剩，即企业的生产能力与实际产量之间存在较大差额，部分生产能力实际并未使用
	宏观产能过剩	从总量上考察整个行业的供需平衡关系，表示行业产量与市场需求间存在较大差额，市场库存严重，部分企业处于减产、半停产或停产状态
形成机理	投资型产能过剩	在行业发展上升阶段，企业普遍对市场形势看好，投资热情的高涨带来行业投资额的过快增长，随着产能建成并集中投产导致行业产能超过市场需求增速从而形成投资过度型产能过剩
	需求萎缩型产能过剩	需求萎缩型产能过剩是指国内外市场环境突然变化导致市场需求快速萎缩，而产能水平不但不会减少而且会保持一定增长，这种反向变化增大了供给量的富余，并最终形成产能过剩
经济周期的关系	周期性产能过剩	周期性产能过剩是由经济周期引发的良性过剩，会促进企业变革，即市场经济派生出产能过剩的同时，通过价格下跌到供应下降再到需求上升等周期性变化，自动调节化解产生的产能过剩
	非周期性产能过剩	由除经济周期外的因素形成，又划分为结构性产能过剩和体制性产能过剩，结构性过剩是指在供给结构不适应需求结构变化下，部分落后产能无法满足需求形成富余产能；体制性过剩是指管理体制、市场政策等非市场因素影响供求关系，导致产能利用水平脱离经济周期变化形成产能过剩

资料来源：张言方：《我国煤炭产能过剩的形成机理及调控对策研究》，硕士学位论文，中国矿业大学，2014 年。

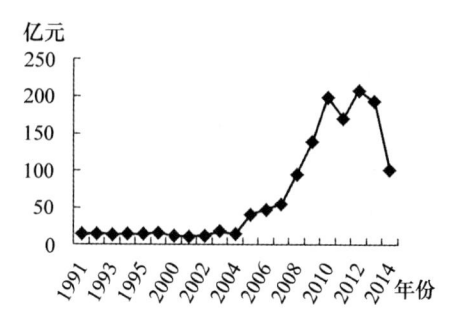

图 5-6　1991—2014 年黑龙江省煤炭采选业固定资产投资图

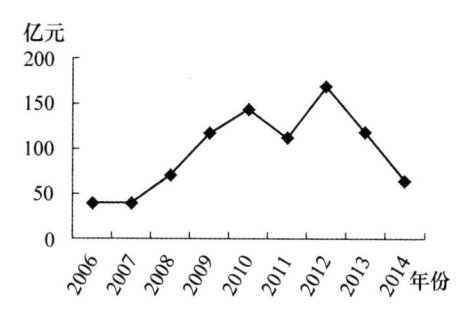

5-7　黑龙江省煤炭采选业新增固定资产投资

注：1991—1996 年煤炭固定资产投资数据为国有经济煤炭采选业固定资产投资数据。
资料来源：《黑龙江省统计年鉴》《中国能源统计年鉴 2009》。

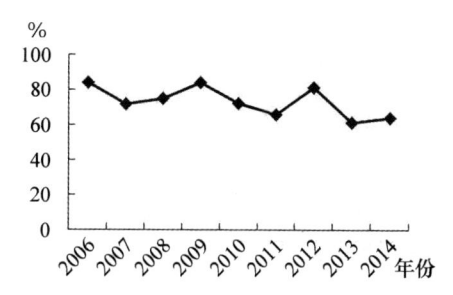

图 5-8　2006—2014 年黑龙江省煤炭采选业固定资产交付使用率

注：固定资产交付使用率指一定时期新增固定资产与同期完成投资额的比率。
资料来源：《黑龙江省统计年鉴》《中国能源统计年鉴 2009》。

（二）过度投资是黑龙江省产能过剩的主要原因

2008 年前后，中国煤炭工业整体效益好，行业相对于其他产业利润率更高，资本逐利的需要引发煤炭产业下游的电力和房地产等相关产业大量社会资本争相进入，同时由于门槛设置相对较低，整个行业出现无序竞争，形成社会投资的大量堆积。

在煤炭产业"黄金十年"（2001—2010年），煤炭行业全社会固定资产投资额从2001年的11.1亿元，增长到2010年的199.3亿元，年均增长37.8%。① 其中煤炭采选业新增固定资产投资从2006年40亿元，增长到2010年的143.7亿元，年均增长37.7%。固定资产投资中，地方政府投资占有较高的比例。

表5-2　　　　　　　　黑龙江省煤炭行业固定资产投资

年份	投资额（万元）	地方政府投资（万元）	地方投资占行业投资的比重（%）
2006	47.50	47.50	100.00
2007	55.43	55.43	100.00
2008	95.03	93.88	98.79
2009	139.38	138.81	99.59
2010	199.25	199.00	99.87
2011	170.48	170.32	99.91
2012	207.86	202.68	97.51
2013	193.18	181.60	94.01
2014	101.07	93.90	92.91

资料来源：历年《黑龙江省统计年鉴》。

除了地方政府直接投资外，政府还通过税收优惠等措施鼓励投资。中国自1984年10月1日开始征收资源税，经历了多次的调整与改革后，于1994年1月1日确立了煤炭资源税从量定额的计征方式，规定对煤炭资源征收定额税率，每吨煤炭征收的税额为0.3元—5元。但黑龙江省长期采用全国较低的税费标准，自2006年4月1日起，黑龙江省煤炭资源税适用税额标准由原来的每吨0.5元（鸡西、双鸭山）和0.6元（鹤岗、七台河）统一提高至每吨2.3元。

---

① 几何增长率。

2014年全国实施实施煤炭资源税①改革（从量税变为从价税），黑龙江省在综合考虑本省资源税费规模、企业承受能力、煤炭资源禀赋等因素的基础上，2014年12月颁布的《黑龙江省煤炭资源税实施办法》（黑财税〔2014〕32号），采用国家最低标准2%②的税费标准，成为全国煤炭资源税税率最低的省份之一。而在11个执行最低税率的省份中，黑龙江省煤炭资源最为丰富。而同期其他省份煤炭资源税税率在2%—10%。同时对衰竭期煤矿③开采的煤炭，资源税减征30%。对充填开采④置换出来的煤炭，资源税减征50%。

三 黑龙江省化解煤炭产能过剩的必要性

从可持续发展的角度看，黑龙江省四大国有重点煤矿的煤炭资源已面临枯竭或大量关井的局面，而新的接替性主导产业又没有成长起来，由此严重影响了四大煤城经济的持续、稳定、协调发展。

黑龙江省煤炭开采地质条件差、煤层生产能力低，不具备功率大、自动化配套程度高的采掘机械设备使用的条件，强制扩大规模提高产量势必要造成采煤工作面多生产分散、生产劳动环境恶化，安全无保证，劳动量大，全员效率低，成本高效益差。而且浅部煤层大多开采完毕，资源面临枯竭，现有生产能力极不稳定。由于资金投入严重不足，造成资源勘探滞后，矿井接续紧张，全省煤炭生产可持续能力不强。要保持现有规模和产量，主要靠老矿挖潜，包括鸡西矿区的杏花、东海、永庆一区等煤电一体化项目，鹤岗矿区的鸟山立井和新华立井项目，双鸭山矿区的东荣一矿、宝清鲁能、东荣四矿等项目，以及七台河矿区的向阳立井项目等。

---

① 煤炭资源税应纳税额按照原煤或者洗选煤计税销售额乘以适用税率计算。原煤计税销售额是指纳税人销售原煤向购买方收取的全部价款和价外费用，不包括收取的增值税销项税额以及从坑口到车站、码头或购买方指定地点的运输费用。洗选煤计税销售额按洗选煤销售额乘以折算率计算。洗选煤销售额是指纳税人销售洗选煤向购买方收取的全部价款和价外费用，包括洗选副产品的销售额，不包括收取的增值税销项税额以及从洗选煤厂到车站、码头或购买方指定地点的运输费用。
② 煤炭资源税税率幅度为2%—10%。
③ 衰竭期煤矿，是指剩余可采储量下降到原设计可采储量的20%（含）以下，或者剩余服务年限不超过5年的煤矿。
④ 充填开采是随着回采工作面的推进，向采空区或离层带等空间充填矸石、粉煤灰、建筑废料以及专用充填材料的煤炭开采技术，主要包括矸石等固体材料充填、膏体材料充填、高水材料充填、注浆充填以及采用充填方式实施的保水开采等。

黑龙江省四个煤城都以煤炭产业为主导，产业结构单一，原字号、粗加工比重过大，过度开采依赖煤炭资源，资源枯竭压力日益临近，开采沉陷、抽排水、排放瓦斯等有害气体和固体废物以及占用和破坏耕地林地等，致使生态环境压力巨大。

第二节　黑龙江省煤炭去产能的政策措施

"十三五"期间，黑龙江省要全面完成2522万吨煤炭产能压减任务，结合实际情况，力争压减更多低效产能和无效产能，处置好已停产、半停产、连年亏损、资不低债、靠政府补贴和银行续贷存在的"僵尸企业"产能。煤炭产能调控政策主要涉及对现有产能的整顿、淘汰落后产能、限制新建产能规模等方面。

表5-3　　　　　　　　　2012年以来黑龙江省煤炭去产能政策

序号	文件	颁布日期及机构	核心内容
1	《关于开展2016年化解煤炭过剩产能关闭退出煤矿督导检查的通知》黑煤规划发〔2017〕37号	2017年3月3日，省煤炭生产安全管理局	对沈焦集团鸡西盛隆公司立新煤矿六井、新城煤矿关闭到位情况进行督导检查
2	《关于2017年化解煤炭过剩产能年度目标任务公示》	2017年7月，省发展和改革委员会	2017年，全省目标任务是退出煤矿4处、产能292万吨，包括龙煤集团鹤岗矿业公司新陆新煤矿100万吨/年、龙煤集团七台河矿业公司新强煤矿140万吨/年、黑河市一五一煤矿有限责任公司一井45万吨/年、黑河市一五一煤矿有限责任公司二井7万吨/年，全省计划退出煤矿职工8199人。另外，目标任务计划外，鸡西市退出海林煤矿4万吨/年。
3	《黑龙江省人民政府办公厅关于深化供给侧结构性改革促进钢铁煤炭水泥等行业转型升级的意见》黑政办规〔2017〕3号	2017年2月11日，省政府办公厅	持续深化供给侧结构性改革，有效化解钢铁、煤炭、水泥等行业低效产能和无效产能，处置好已停产、半停产、连年亏损、资不低债、靠政府补贴和银行续贷存在的"僵尸企业"，推动兼并重组，促进钢铁、煤炭、水泥等行业转型升级、提质增效，提供有效供给
4	《关于调整后的2016年化解煤炭过剩产能年度目标任务公示》	2017年1月25日，省发展和改革委员会	

一 有序退出过剩产能政策举措及效果

黑龙江省高度重视化解煤炭过剩产能工作,成立了煤炭行业化解过剩产能领导小组,2016年颁布了《黑龙江省化解煤炭过剩产能实施方案》(黑政办发〔2016〕77号),要求结合煤炭行业发展实际和煤矿关闭整治整合工作,有序推动化解煤炭过剩产能工作。方案明确提出,从2016年开始,用3至5年时间退出煤矿44处、退出产能2567万吨(省外45万吨)。其中,龙煤集团引导退出煤矿24处(省外2处)、退出产能1814万吨(省外45万吨);地方退出煤矿20处、退出产能753万吨。

表5-4　　　　　　　黑龙江省化解煤炭过剩产能实施方案

2016年	2017年	2018年	2019—2020年
全省退出煤矿15处(省外2处)、退出产能983万吨(省外45万吨)①	全省退出煤矿8处、退出产能514万吨。其中,龙煤集团退出煤矿6处、退出产能462万吨;地方退出煤矿2处、退出产能52万吨	全省退出煤矿6处、退出产能816万吨。其中,龙煤集团退出煤矿4处、退出产能720万吨;地方退出煤矿2处、退出产能96万吨	引导有序退出煤矿15处、退出产能254万吨。其中,龙煤集团退出煤矿6处、退出产能57万吨;地方退出煤矿9处、退出产能197万吨

同年公布《黑龙江省2016年化解煤炭过剩产能引导退出煤矿名单》,名单中涉及黑龙江省龙煤集团旗下6家煤矿,退出产能530万吨万吨/年,涉及7家地方煤矿,退出产能408万吨/年,2016年计划退出产能938万吨。

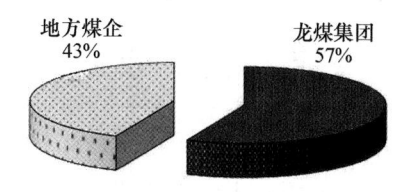

图5-9　2016年黑龙江省煤炭退出产能分布

---

① 其中,龙煤集团退出煤矿8处(省外2处),退出产能575万吨(省外45万吨);地方退出煤矿7处,退出产能408万吨。

表5-5　2016年黑龙江省化解煤炭过剩产能引导退出煤矿名单

序号	煤炭企业	地址	退出产能（万吨）
一	龙煤集团		530
1	龙煤矿业集团股份有限公司鸡西分公司荣华煤矿斜井	黑龙江省鸡西市	30
2	龙煤矿业集团股份有限公司双鸭山分公司七星煤矿	黑龙江省双鸭山市	130
3	龙煤矿业集团股份有限公司七台河分公司桃山煤矿	黑龙江省七台河市	100
4	七台河矿业精煤（集团）有限责任公司东风煤矿	黑龙江省七台河市	40
5	鸡西矿业（集团）有限责任公司二道河子煤矿	黑龙江省鸡西市	110
6	龙煤矿业集团股份有限公司鹤岗分公司兴山煤矿	黑龙江省鹤岗市	120
	龙煤集团提前分流安置2017—2018年退出煤矿职工		
二	地方煤矿		408
1	沈焦鸡西盛隆公司鸡东煤矿	黑龙江省鸡西市鸡东县	150
2	沈焦鸡西盛隆公司光大煤矿	黑龙江省鸡西市	9
3	沈焦鸡西盛隆公司新城煤矿	黑龙江省鸡西市	90
4	沈焦鸡西盛隆公司立新煤矿六井	黑龙江省鸡西市	45
5	沈焦鸡西盛隆公司立新煤矿三井	黑龙江省鸡西市	15
6	沈焦鸡西盛隆公司立新煤矿新一井	黑龙江省鸡西市	9
7	林口沈阳煤业（集团）青山有限责任公司青山煤矿	黑龙江省牡丹江市	90

资料来源：黑龙江省人民政府。

2017年2月，《关于黑龙江省2016年国民经济和社会发展计划执行情况与2017年国民经济和社会发展计划草案的报告》提出，2017继续引导退出煤炭产能442万吨，其中龙煤集团再退出2个矿井240万吨产能。

2017年7月，黑龙江省在兼顾接续资源的有效衔接和煤炭稳定供应调整了当年去产能目标，发布《黑龙江省发布2017年全省化解过剩产能目标》《关于2017年化解煤炭过剩产能年度目标任务公示》。文件指出，2017年全省目标任务是退出煤矿4处、产能292万吨的目标。包括龙煤集团鹤岗矿业公司新陆煤矿100万吨/年、龙煤集团七台河矿业公司新强煤矿140万吨/年、黑河市一五一煤矿有限责任公司一井45万吨/年、黑河市一五一煤矿有限责任公司二井7万吨/年，全省计划安置退出煤矿职工8199人。另外，目标任务计划外，鸡西市退出海林煤矿4万吨/年。

从实际执行情况来看，2016年黑龙江超额完成煤炭去产能任务，实际去产能1010万吨。2017年黑龙江省对2016年度化解煤炭过剩产能情况进行了公示。

《黑龙江省2016年度第一批完成化解煤炭过剩产能煤矿名单公告》显示按照钢铁煤炭行业化解过剩产能脱困发展工作部际联席会议办公室《关于做好钢铁煤炭行业化解过剩产能验收工作的通知》要求，龙煤集团鸡西矿业公司梨树煤矿二区、鹤岗矿业公司新岭煤矿（井工）、七台河矿业公司东风煤矿3处煤矿验收合格，符合国家煤炭行业产能退出标准要求，已关闭到位。

《黑龙江省2016年度第二批完成化解煤炭过剩产能煤矿名单公告》显示，龙煤集团鸡西矿业公司荣华煤矿斜井、鹤岗矿业公司兴山煤矿、双鸭山矿业公司安泰煤矿、七星煤矿，沈焦鸡西盛隆公司光大煤矿、立新煤矿三井、立新煤矿新一井等7处煤矿已关闭到位，达到国家煤炭行业产能退出标准要求，完成《2016年黑龙江省化解煤炭过剩产能引导退出煤矿名单》33.4%。[①]

《黑龙江省2016年度第三批完成化解煤炭过剩产能煤矿名单公告》，龙煤集团七台河矿业公司桃山煤矿，沈焦鸡西盛隆公司新城煤矿、立新煤矿六井、青山煤矿等4处煤矿已关闭到位，完成《2016年黑龙江省化解煤炭过剩产能引导退出煤矿名单》34.6%。

"回头看"工作：省煤管局会同有关部门对煤炭过剩产能关闭退出煤矿进行督导检查。并要求关闭煤矿做好关闭退出煤矿相关佐证材料的准备工作，包括前期验收中发现问题整改情况、关闭到位情况等。

伴随三批化解煤炭过剩产能煤矿名单的公告，14处煤矿的关闭，2016年黑龙江省超额完成产能淘汰目标。

二 淘汰落后产能的政策举措及效果

2016年5月20日，黑龙江省委省政府出台了《关于推进供给侧结构性改革的意见》（以下简称《意见》）。《意见》强调，按照国家对黑龙江省煤炭淘汰落后产能的要求，产能小于30万吨/年且发生重大及以上安全

---

① 不包括双鸭山矿业公司安泰煤矿退出产能。

生产责任事故煤矿、产能小于15万吨/年且发生较大及以上安全生产责任事故煤矿以及采用国家明令禁止使用的采煤方法、工艺且无法实施技术改造煤矿，长期亏损、资不抵债的煤矿，长期停产、停建的煤矿，资源枯竭、资源赋存条件差的煤矿，不承担社会责任、长期欠缴税款和社会保障费用的煤矿，与大型井田平面投影重叠的煤矿，以及省煤矿整治整合方案批复保留规模小于15万吨/年的煤矿，要有序退出。

严把劣质煤生产关口，引导劣质煤炭生产企业有序退出。凡煤质不符合质量标准的新建、改扩建等煤矿建设项目一律停止审批。对多煤层开采的煤矿，应当优先开采煤质符合质量标准的煤层，煤质不符合质量标准的煤层禁止开采；单一煤层开采的煤矿，煤质不符合质量标准的，禁止进行任何采掘活动。对煤质不符合质量标准的生产煤矿由地方人民政府制定淘汰退出计划，予以限期关闭。

严格控制低质、劣质煤使用：停止核准高硫高灰煤矿项目，依法依规引导已核准的项目暂缓建设、正在建设的项目压缩规模、已投产的项目一律实施减产、限产。落实商品煤质量管理有关规定，加大对从蒙东等地区购买使用劣质散煤情况的检查力度。2013年，国家下达黑龙江省淘汰煤炭落后产能煤矿55处、淘汰煤炭落后产能165万吨，黑龙江省实际完成淘汰落后产能煤矿56处、淘汰煤炭落后产能415万吨。其中，关闭退出煤矿30处、淘汰煤炭落后产能145万吨，改造升级煤矿26处、淘汰煤炭落后产能270万吨。2016年，黑龙江严格控制低质燃煤使用，淘汰燃煤小锅炉2210台。

三　严格控制产能增量的政策举措及效果

《黑龙江省化解煤炭过剩产能实施方案》明确提出重点任务包括严格控制产能增量，"十三五"期间，全省煤炭产能只减不增，除龙煤集团脱困安置替代项目外，停止审批各类煤矿新增产能项目。严格执行《国务院关于煤炭行业化解过剩产能实现脱困发展的意见》（国发〔2016〕7号）文件，煤矿项目从2016年起3年内原则上停止审批新建煤矿项目、新增产能的技术改造项目和产能核增项目。支持龙煤集团开展接续矿井前期工作。确需建设钢铁、煤炭、水泥项目，要按照国家要求落实等量或减量置换方案，发展先进产能。对超能力生产的煤矿，一律责令停产整改。

引导企业实行减量化生产,从 2016 年开始,按全年作业时间不超过 276 个工作日重新确定生产矿井的产能,原则上法定节假日和周日不安排生产。

实施减量置换:落实和执行国家发展改革委、国家能源局、国家煤矿安监局《关于实施减量置换严控新增产能有关事项的通知》(发改能源〔2016〕1602 号)、《关于建设煤矿产能置换有关事项的通知》(发改电〔2016〕606 号)。

产能置换:黑龙江龙煤矿业控股集团有限责任公司鸡西矿区荣华立井、鹤岗矿区鸟山煤矿两处在建煤矿项目探索保留产能与退出产能适度挂钩的产能置换工作。鸡西矿区荣华立井项目建设规模 210 万吨/年,通过关闭煤矿、安置职工折算承担化解煤炭过剩产能任务,承担任务量为 42 万吨/年。其中,化解煤炭过剩产能实施方案内 2016 年关闭退出的鸡西矿业公司二道河子煤矿(产能 110 万吨/年、折算任务量为 33 万吨/年,21 万吨/年用于荣华立井项目,置换后结余 12 万吨/年);职工安置折算为实施方案以外的置换产能指标 21 万吨/年。

鹤岗矿区鸟山煤矿项目建设规模 120 万吨/年,通过关闭煤矿、安置职工折算承担化解煤炭过剩产能任务,承担任务量为 24 万吨/年。其中,化解煤炭过剩产能实施方案内 2016 年关闭退出的鹤岗矿业公司兴山煤矿(产能 120 万吨/年、折算任务量为 36 万吨/年,12 万吨/年用于鸟山煤矿项目,置换后结余 24 万吨/年);职工安置折算为实施方案以外的置换产能指标 12 万吨/年。

四 整合资源、做大做强的政策举措及效果

"大矿兼并小矿、小矿联合做大"。《黑龙江省化解煤炭过剩产能实施方案》鼓励大型煤炭企业兼并重组中小型企业、"僵尸企业",培育一批大型煤炭企业集团,稳妥推动具备条件的国有煤炭企业发展混合所有制经济(鼓励龙煤集团发展混合所有制经济),完善现代企业制度,提高国有资本配置和运行效率。进一步提高安全、环保、能耗、工艺等办矿标准和生产水平。利用 3 年时间,力争单一煤炭企业生产规模全部达到 300 万吨/年以上。

按照《现代煤化工建设项目环境准入条件(试行)》,有序发展现代煤化工。加快煤层气产业发展，并有效利用煤层气资源。

兼并重组，提高了产业集中度。黑龙江省政府按照中央下达关于煤炭企业兼并重组的相关批示，监管本省的煤炭企业，清理"僵尸企业"，对一些产煤量少、安全保障较差的小煤矿进行关停。2016 年，龙煤集团关闭矿井 10 座，同比减亏 23.7 亿元，分流富余人员 4 万余人。同时龙煤集团开展接续矿井前期工作，兼并重组现有煤矿，提高了产业集中度。

五　促进煤电协调发展的举措及效果

主要政策及举措体现在鼓励煤炭、电力企业增进合作，巩固电煤供需关系。采取适当扩大电煤库存能力、减少外埠煤采购、提高省内优质煤的掺烧比重等方式，增加省内煤炭采购量。

鼓励煤电一体化经营。为应对黑龙江省煤炭市场占有率持续下滑、企业经营困难加剧的严峻形势，2014 年黑龙江省委、省政府采取了一系列组合拳省政府印发了《关于支持龙煤集团改革发展政策措施的通知》《关于严格控制燃煤污染的通知》要求，从占全省 40% 以上煤炭需求量的电煤市场入手，积极帮助煤炭企业缓解销售困难。鼓励发展煤电一体化，[①] 引导大型火电企业与煤炭企业之间参股。火电企业参股的煤炭企业产能超过该火电企业电煤实际消耗量的一定比例时，在发电量计划上给予该火电企业奖励。并要求黑龙江省国有企事业用煤单位被责令一律采购和使用龙煤的煤炭。

这些措施的实施使得全省煤炭行业大幅下滑态势得到遏制，2015 年 1—12 月，全省煤炭行业累计增加值增速降幅分别比第 1 季度、上半年和前 3 季度收窄了 8.0、4.6 和 4.2 个百分点。

在稳定省内电煤市场份额的同时，争取增加外送电量，扩大省内煤炭需求。2014 年，黑龙江省净输出电量 46.6 亿千瓦时，同比增加 34.6 亿元千瓦时，净增省内电煤需求约 90 万吨。

六　有关解决煤企社会包袱的政策举措及效果

2016 年《黑龙江省 2016 年化解煤炭过剩产能引导退出煤矿名单》提

[①] 目前由于条块分割，国外通行的煤矿与大电站联合在我国一直没有发展起来，煤电一体化的程度至今仍然很低。

出，2016年黑龙江省退出煤矿企业计划安置职工3万人。

表5-6　　　　2016年黑龙江省退出煤企转岗安置职工情况

序号	煤炭企业	地址	安置职工人数（人）
一	龙煤集团		24198
1	龙煤矿业集团股份有限公司鸡西分公司荣华煤矿斜井	黑龙江省鸡西市	1260
2	龙煤矿业集团股份有限公司双鸭山分公司七星煤矿	黑龙江省双鸭山市	6004
3	龙煤矿业集团股份有限公司七台河分公司桃山煤矿	黑龙江省七台河市	4149
4	七台河矿业精煤（集团）有限责任公司东风煤矿	黑龙江省七台河市	2108
5	鸡西矿业（集团）有限责任公司二道河子煤矿	黑龙江省鸡西市	2361
6	龙煤矿业集团股份有限公司鹤岗分公司兴山煤矿	黑龙江省鹤岗市	4417
	龙煤集团提前分流安置2017—2018年退出煤矿职工		3899
二	地方煤矿		5866
1	沈焦鸡西盛隆公司鸡东煤矿	黑龙江省鸡西市鸡东县	2612
2	沈焦鸡西盛隆公司光大煤矿	黑龙江省鸡西市	
3	沈焦鸡西盛隆公司新城煤矿	黑龙江省鸡西市	976
4	沈焦鸡西盛隆公司立新煤矿六井	黑龙江省鸡西市	1237
5	沈焦鸡西盛隆公司立新煤矿三井	黑龙江省鸡西市	
6	沈焦鸡西盛隆公司立新煤矿新一井	黑龙江省鸡西市	
7	林口沈阳煤业（集团）青山有限责任公司青山煤矿	黑龙江省牡丹江市	1041
	合计		30064

资料来源：黑龙江省人民政府。

1. 职工安置

实施了资源型城市和老工业基地城市困难企业专项就业帮扶计划，2015年共给予四煤城和龙煤集团3亿元就业资金支持。[1] 2016年8月颁布《黑龙江省钢铁煤炭行业化解过剩产能专项奖补资金管理实施细则》[2]强

---

[1]《黑龙江省2015年国民经济和社会发展计划执行情况与2016年国民经济和社会发展计划草案的报告》。

[2] 2016年工业企业结构调整专项奖补资金276.43亿元（全国）。

调，专项奖补资金主要用于承担黑龙江省化解钢铁煤炭行业过剩产能任务的企业职工分流安置工作，具体包括：（1）企业为退养职工按照规定需缴纳的职工养老和医疗保险费，以及发放的基本生活费和内部退养工伤职工的工伤保险费；（2）工伤保险待遇；（3）清偿拖欠职工的工资、社会保险等历史欠费；（4）弥补行业企业自行管理社会保险收不抵支形成的基金亏空，以及欠付职工的社会保险待遇。

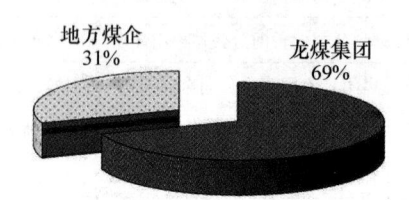

图 5-10　2016 年化解过剩煤炭产能专项奖补资金流向

资料来源：根据黑龙江省财政厅，《2016 年黑龙江省化解过剩产能专项奖补资金安排情况公示》整理。

表 5-7　　2016 年化解过剩煤炭产能专项奖补资金安排情况

企业名称	退出产能（万吨/年）	拟分流人员（人/年）	奖补资金（万年）	备注
龙煤集团	530	24198	80168	鸡西分公司荣华煤矿斜井、双鸭山分公司七星煤矿、七台河分公司桃山煤矿、七台河矿业精煤（集团）有限责任公司东风煤矿、鸡西矿业有限责任公司二道河子煤矿、鹤岗分公司兴山煤矿
沈焦鸡西盛隆公司	408	5866	35196	光大煤矿、新城煤矿、立新煤矿六井、三井、新一井、鸡东煤矿、青山煤矿

注：奖补资金的分配方式如下：（1）分配标准按照钢铁煤炭行业分流安置职工人数与化解过剩产能任务量计算确定；（2）钢铁、煤炭行业奖补资金按照两行业化解过剩产能安置职工人数等比例确定。对两个行业内的企业按化解过剩产能任务量和分流安置职工人数各占 50% 权重分配奖补资金。

资料来源：根据黑龙江省财政厅，《2016 年黑龙江省化解过剩产能专项奖补资金安排情况公示》整理。

2016 年 9 月黑龙江省财政厅发布《2016 年黑龙江省化解过剩产能专项奖补资金安排情况公示》。根据《黑龙江省钢铁煤炭行业化解过剩产能专项奖补资金管理办法实施细则》2016年中央安排黑龙江省安排化解过剩产能专项奖补资金14.7亿元，煤炭行业安排专项资金11.5亿元，[①] 占专项资金的78.4%。2016年化解煤炭产能过剩专项资金主要用于龙煤集团和沈焦鸡西盛隆公司。

在专项资金支持下，主要的一些举措包括：（1）省人社部门组织相关单位对有关企业进行摸底排查，建立了较为完善的数据库。（2）确定了采取组织化带资带地分流方式，向农垦、林业、森工三个单位和鸡西、鹤岗、双鸭山、七台河四个煤城"3+4"渠道分流职工。转岗到农垦、森工、市政等单位，每月工资1800元，也可以自主择业，每月发生活保障金800元，数据显示，2016年仅黑龙江农垦系统就分流煤炭职工4000人，还有大量职工由地方政府安置就业（王峰，2017）。[②] 其中鸡西市提供9837个，双鸭山市提供9900个，七台河市提供3154个，鹤岗市提供9018个。

黑龙江省2016年政府工作报告显示，2016年龙煤集团通过分离企业办社会职能、清理不规范劳动关系以及转岗分流、内部退养、自主创业、组织化分流安置等一系列举措，组织化分流富余人员4万余人，在册职工由2015年8月的22.4万人下降到2016年年底的15.4万人，职工人数下降了31.3%（《黑龙江日报》，2017）。[③]

有关化解煤企债务的举措。落实国务院《关于煤炭行业化解过剩产能实现脱困发展的意见》，运用市场化手段妥善处置煤炭企业债务和银行不良资产。

2013年以来，省政府先后出台54条帮助支持政策。2015年9月，省政府成立7个工作对接组，深入龙煤矿区对接工作推进改革。主要帮助企业非生产经营性资产变现，缓解资金紧张状况；提供短期财政借款补充现金流，协调金融机构发行超短融债券，解决企业燃眉之急，化解煤企资金

[①] 《黑龙江省钢铁煤炭行业化解过剩产能专项奖补资金管理办法实施细则》中对奖补资金分配方式、申请做了相关的规定，即资金划分→由相关市县及企业申报→经黑龙江省化解钢铁煤炭行业过剩产能工作联席会议相关单位审核认定→拨款。

[②] 王峰：《黑龙江"十三五"压减2522万吨煤炭产能 龙煤争取今年现金流平衡》，《21世纪经济报道》2017年2月21日。

[③] 《关于黑龙江省2016年国民经济和社会发展计划执行情况与2017年国民经济和社会发展计划草案的报告》，《黑龙江日报》2017年2月8日。

债务风险；将3宗矿权以注入资本金方式配置给企业；安排失业保险金和再就业资金，专项用于企业转岗分流人员费用。

2. 分离企业办社会职能

2013年以来，省政府先后出台54条帮助支持政策，2015年9月，省政府成立7个工作对接组，深入龙煤矿区对接工作推进改革，将企业负担的部分供水、供热职能移交地方管理，积极推进厂办大集体、医疗机构改革和社保退管机构、五项保险业务移交。2015年4家矿务局42所医疗机构才全部移交所在地政府。2016年6月龙煤集团矿区完成"三供一业"①职能交接签约。8月鸡西、双鸭山、七台河、鹤岗4家市政府与龙煤集团分别签订《移交协议书》，共计48家（含4家三甲医院）医院被决定整体移交。

2016年龙煤集团引入17.85亿元社会资本，实现了所属6所医院、34所分院的整体改制。

七 有关财政资金支持的政策措施及效果

2016年颁布《黑龙江省钢铁煤炭行业化解过剩产能专项奖补资金管理实施细则》。

1. 贷款限制

引导金融机构严格执行压缩煤炭行业贷款的有关政策要求，对新增授信进行限制。对不符合国家产业政策规定的落后产能企业，或环保、能耗、质量、安全生产、技术等不达标且整改无望的企业，或已停产、连年亏损、资不抵债、失去清偿能力的"僵尸企业"，以及有恶意逃废债行为的企业，压缩、退出相关贷款。

2. 拓宽融资渠道

对兼并重组企业实行综合授信。完善并购贷款业务，扩大并购贷款规模，合理确定贷款期限和利率，支持具有比较优势的企业整合行业产能。鼓励资产管理公司等银行业金融机构参与企业兼并重组，为企业提供多方位的融资服务。不断优化并购贷款投向，重点满足并购方与目标企业之间具有较高的产业相关度、整合行业资源的并购融资需求，支持民营企业通

---

① 供水、供电、供热（供气）及物业。

过并购做大做强，促进产业升级。

3. 推进市场化债转股

制定出台《黑龙江省市场化银行债权转股权试点方案》。在政策允许和企业自愿的前提下，指导和支持技术装备先进、市场前景好、暂时陷入困境、适时兼并重组的钢铁、煤炭、水泥等行业企业，在与相关金融机构及出资人平等协商的基础上实施债转股。

4. 税收减免

鼓励民营企业租赁收购停产、半停产企业和项目。对租赁停产、半停产企业和项目的，原企业停产、半停产期间或原项目未投产期间欠缴的城镇土地使用税和房产税，符合困难减免条件的，可按规定向主管地税机关申请办理困难减免。对收购停产、半停产企业和项目的，依据对地方财政新增贡献给予奖励，奖励期限不超过3年，奖励额度不超过收购兼并过程中政府征收税费总额。2014年12月实施《黑龙江省煤炭资源税实施办法》（黑财税〔2014〕32号），对衰竭期煤矿①开采的煤炭，资源税减征30%。对充填开采②置换出来的煤炭，资源税减征50%。

第三节 黑龙江煤炭去产能要注意的几个方面

由于煤炭企业历史遗留问题、社会包袱重、退出成本高，黑龙江省在化解煤炭过剩产能的同时，要格外重点关注劳动关系处置、职工下岗分流、历史债务、及退出产能回复问等风险。

一 煤炭供需形势改变下的新挑战

2016年全国煤炭去产能2.9亿吨，相比计划的2.5亿吨超额完成任务。随着煤炭去产能的推进，东北、西南、中南等地区煤炭供需形势发生

---

① 衰竭期煤矿，是指剩余可采储量下降到原设计可采储量的20%（含）以下，或者剩余服务年限不超过5年的煤矿。

② 充填开采是随着回采工作面的推进，向采空区或离层带等空间充填矸石、粉煤灰、建筑废料以及专用充填材料的煤炭开采技术，主要包括矸石等固体材料充填、膏体材料充填、高水材料充填、注浆充填以及采用充填方式实施的保水开采等。

较大变化,煤炭价格出现回升和煤矿盈利状况好转。①

2016年下半年开始,因冬储煤需求较大,供需关系发生了变化,煤价开始回升。8月31日,秦皇岛港5500大卡动力煤每吨495元,比年初上涨了125元,涨幅33.8%。8月底,原煤库存4.6亿吨,同比下降12.2%。

煤价的上涨,一方面有利于煤炭企业补还欠账,增加地方财政收入和筹措配套资金,为去产能创造积极的条件。但另一方面撼动了一些企业去产能的积极性有所下降,对去产能工作推进带来了更大难度。大中型煤矿会不可避免地产生增产超产冲动,且会越来越迫切,小煤矿也企图复产复工。一些煤矿可能会放松276个工作日制度执行或加以变通,甚至出现弄虚作假、逃避检查等现象。

从本轮煤炭价格上涨内因来看,原因是多方面的。一是经济回暖带动煤电、钢铁、化工等主要耗煤产品产量快速增长;二是2017年以来主要流域来水偏枯,水电出力持续较大幅度负增长,必然导致电煤消耗增加;三是一些煤炭调入省份产能退出力度确实比较大,超过了预期,这虽然有利于提高行业集中度,但也打破了多年来形成的资源和运力配置平衡,给稳定煤炭供应带来了新挑战;四是主要产煤地区加强安全环保执法检查,一些不符合要求的煤矿停产整改,客观上也对正常生产供应带来了一定的影响。

二 处理好煤炭去产能与保持经济稳定增长的关系

2016年,黑龙江GDP预计同比增长6.1%,略高于2015。黑龙江省的第二产业即陷入增长缓慢境地,当年该省占规模以上工业半数以上的能源工业出现了3.7%的负增长,导致整体增速降低。

去产能最终目的是实现经济效益和社会效益提升。但短期来看,在去产能过程中,低效产能的退出不可避免会对经济增长产生一定压力。特别是黑龙江省年产30万吨以下的小煤矿占了全省煤矿总数的95%(《中国电力报》)。从山西煤炭去产能效果来看,其作为中国最大的煤炭基地,经济受煤炭去产能影响比较大,煤炭行业"黄金十年"的结束,使得山

---

① 2015年煤炭市场低迷,2016年上半年情况也不乐观,直到下半年煤价才起来。

西省 GDP 增速已连续三年低位徘徊，2016 年 GDP 增速垫底。2017 年 GDP 增速目标由 6% 下调至 5.5%。

《关于黑龙江省 2016 年国民经济和社会发展计划执行情况与 2017 年国民经济和社会发展计划草案的报告》提出，2017 继续引导退出煤炭产能 442 万吨，其中龙煤集团再退出 2 个矿井 240 万吨产能。"十三五"期间，黑龙江省提出煤炭去产能 2522 万吨。这加大了黑龙江省 GDP 下行压力。

三　如何进一步剥离煤企社会职能的挑战

1. 未来职工安置问题更加严峻

统计情况表明，黑龙江省煤炭企业中，在岗员工服务人员与其他人员的比在 1∶5。原煤生产人员占煤炭产业员工的 66% 左右。以龙煤集团为例，目前，龙煤集团需直接供养的人员接近 60 万人（在册职工 21.9 万人，离退休职工 19.7 万人，集体职工 13.8 万人，工亡遗属 3.9 万人）。人工成本占总成本的 48%，高出行业平均水平 14 个百分点。

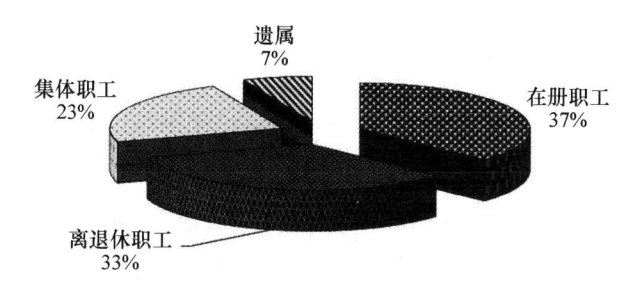

图 5-11　龙煤集团员工结构图

2014—2015 年，龙煤集团年均亏损 45 亿元左右，在册职工工资总额近 80 亿元，其中，在岗富余人员每年需支付工资福利高达 50 亿元（吕萍，2017）。[①]

《黑龙江省化解煤炭过剩产能实施方案》提出，"十三五"期间，黑龙江省拟分流安置人员 6.2 万人（建立劳动关系的职工 6.12 万人）。其

---

① 吕萍：《黑龙江省煤炭资源型城市脱困路径选择》，《知与行》2017 年第 4 期。

中，龙煤集团5万人（建立劳动关系的职工5万人），地方煤矿1.2万人。

表5-8　　　　　　　　黑龙江省职工分流安置实施方案

2016年	2017年	2018年	2019—2020年
全省分流安置职工3万人。其中，龙煤集团2.4万人，地方煤矿0.6万人	全省分流安置职工1.2万人。其中，龙煤集团1.1万人，地方煤矿0.1万人	全省分流安置职工1.6万人。其中，龙煤集团1.4万人，地方煤矿0.2万人	分流安置职工0.4万人。其中，龙煤集团0.08万人，地方煤矿0.32万人

2. 防范煤企债务风险

债务资产处置的复杂性要高度重视。现有金融债务处置政策需要进一步落地，市场化债转股等债务处置工作需要进一步落实。股份制煤矿退出数量增多，部分企业债权债务关系复杂，尤其是非金融债务比例较高，处置难度更大，一旦处置不当，可能引发局部性金融风险。

近几年来，由于煤炭市场疲软价格下跌，煤炭生产总量没能达到效益规模，使国有煤矿几乎全部处于亏损状态。在买方市场条件下，煤炭企业为扩大销售，多采取赊销的策略占有市场，致使应收账款急剧增长。

四　剥离煤炭企业办社会职能后的承接问题

企业办社会的负担也会影响兼并企业的发展，同时导致煤炭企业重组的目标效益很难完成，职工转移安置等问题也会使一些小型的煤炭企业难以退出。由于受到过去经济体制的影响，重组后的煤炭企业目标与当前规模经济的发展出现偏差，部分煤炭企业仍存在企业办社会职能，这种企业办社会职能应当让政府或市场来参与，黑龙江省内的煤炭企业还拥有供水、供电、供气、学校、医院等社会职能。在转制成为龙煤集团4家矿业公司前，4家矿务局办了130多所中小学、42所医疗机构。[①] 一旦企业社会责任剥离，要注意社会责任的承接问题。

---

① 龙煤鹤岗公司下辖8座煤矿，其中一座煤矿2015年8月以前有41个科级机构，159名科级干部，24名矿副总以上领导。

第四节　黑龙江省煤炭去产能的若干政策建议

一　合理把握去产能节奏，要兼顾接续资源的有效衔接

第一，指导煤矿有序退出。煤炭去产能要经历"前期快后期慢"的过程。在去产能较快的前期极易出现供不应求的局面，特别是煤炭需求受季节性影响比较大，这时要允许价格在一定范围内波动，这符合市场经济规律，但要着力防范价格超出合理区间的异常波动。这就要把握好煤炭去产能的力度和节奏，兼顾接续资源的有效衔接和煤炭稳定供应。

在煤炭市场供应短缺时，一部分煤矿处于停工停产状态，其中符合安全生产要求并经过验收的煤矿可以根据市场需求有序释放产能，同时第4季度可在276—330个工作日之间释放产能，保障煤炭稳定供应。

第二，建立跨省跨区调峰和备用资源共享机制。充分利用与内蒙古地缘优势，在煤炭资源消费量增大时增加外埠煤炭的调入。2013年黑龙江省煤炭外省（市、区）调入量为7984万吨，与当年煤炭生产量几乎持平，外埠调入量占当年煤炭消费总量的50%左右。

第三，鼓励发展煤电一体化，[①] 引导大型火电企业与煤炭企业之间相互持股。支持优势企业和主业企业通过资产重组、股权合作、资产置换、无偿划转等方式，整合煤电资源。积极引导煤炭及相关企业建立长期稳定、互惠互利的合作关系。火电企业参股的煤炭企业产能超过该火电企业电煤实际消耗量的一定比例时，在发电量计划上给予该火电企业奖励。要推动黑龙江省双鸭山市宝清煤电一体化项目。

第四，加快电力外送建设。以往黑龙江省富余电能只能通过500千伏电网输送到辽宁省消纳。未来重视黑龙江特高压输电通道的建设，实现"北电南送"同时，还可以利用黑龙江省沿边开放和区位优势，大力实施中俄能源合作战略，扩大对俄购电规模，通过特高压电网输送到全国电力市场。

---

① 目前由于条块分割，国外通行的煤矿与大电站联合在我国一直没有发展起来，煤电一体化的程度至今仍然很低。

二 完善市场退出机制

减少行政性干预，发挥企业家创新精神和企业主体作用，引导国有煤炭企业发展由依靠政府和政策支持向依靠创新和市场竞争转变，提高企业经营决策水平。

健全煤矿关闭退出机制。支持企业多渠道分流安置煤矿职工，做好再就业帮扶工作。以做好职工安置为重点，做好转岗分流工作，落实好各项就业和社会保障政策。积极申请国家层面的专项资金来解决员工安置的问题。例如，省政府组织企业积极申请《工业企业结构调整专项奖补资金管理办法》专项奖补资金，按规定统筹对地方化解煤炭过剩产能中的人员分流安置给予专项奖补资金，对地方实行梯级奖补，由地方政府统筹用于符合要求企业的职工安置。

解决资源枯竭的国有困难企业退出后的人员安置问题，允许退出煤矿职工提前5年、特殊工种提前10年退休，不符合条件的给予经济补偿，解除劳动关系。

部分地区支持去产能企业资产处置，为职工安置筹措更多资金。例如，湖南省返还直接关闭矿井的剩余资源采矿权价款和地质环境治理备用金，初步概算达到20亿元以上。重庆市支持地产集团收储能源集团关闭退出矿井闲置土地。

对龙煤集团因扭亏停产、减亏停产的企业职工给予失业保险金和再就业资金等政策支持，保障基本生活。四煤城政府要负责帮助龙煤集团安置分流富余人员，提供就业岗位。

处理好企业资产债务。一是引导煤企兼并重组、债务重组和破产清算等方式，实现市场出清。二是盘活龙煤集团非生产经营性资产，省财政一次性收购并拍卖变现。三是黑龙江省政府牵头向国家积极争取在龙煤集团试点建立资源枯竭煤矿退出补偿机制，由贷款转为拨款，核销无法清偿的银行债权，支持退出煤矿用好存量土地，促进矿区更新改造和土地再开发利用。支持地方利用资源性收入，做好关闭退出煤矿的生态环境恢复治理。四是由省政法委牵头，国资委配合，对龙煤集团应收账款清欠给予强力保障和支持，确保国有资产安全，切实维护企业和职工的合法利益。

设立产业转型杠杆导向基金。借鉴山西能源产业基金、内蒙古矿产资源产业投资基金发展模式，建立四煤城产业转型基金，可采取以国家、省和煤城4:3:3的筹资方式，专门用于对煤炭资源开发利用、接续替代产业发展等重大产业项目提供金融支持。加快推进煤化工产业、石墨加工产业、绿色食品产业、生态旅游产业建设的投资及贷款贴息，充分吸纳转岗人员就业，力争每年带动产业转型新增投资超千亿元。

三　深化国企改革，剥离企业办社会职能

由于历史与现实原因，国有煤炭企业承担的办社会职能比一般企业更重，分离工作更为困难，这不仅对黑龙江省国有煤炭企业自身，对其所处地方的经济社会发展也都产生了严重影响，必须采取切实措施加以解决。

积极落实国务院《中共中央、国务院关于深化国有企业改革的指导意见》《加快剥离国有企业办社会职能和解决历史遗留问题工作方案》《国务院关于煤炭行业化解过剩产能实现脱困发展的意见》等系列文件要求，采取分离移交、重组改制、关闭撤销、政府购买服务、专业化运营管理等方式。

以龙煤集团合作晋商联盟控股股份有限公司为契机，持续推进黑龙江去产能煤企剥离"三供一业"和医院、学校、社区等办社会职能，加快推进厂办大集体改革。切实落实龙煤集团与鸡西、双鸭山、七台河、鹤岗4家市政府签订的《移交协议书》，将48家（含4家三甲医院）医院整体移交。[①]

尽快移交煤炭企业承担的退休人员管理职能，纳入属地实行社会化管理。

各地政府要承担起接收主体责任，抓紧把这项工作组织起来，把任务责任分解落实下去，逐户、逐项、逐人核实接收，力争做到不留后遗症。

四　重点发展现代煤化工等精深加工产业

习近平总书记强调，要以"煤头电尾""煤头化尾"为抓手，推动煤

---

① 其中，鸡西矿业总医院医疗集团所属13所医疗机构整体移交鸡西市政府管理；双鸭山矿业集团所属16所医疗机构整体移交双鸭山市政府管理；七台河煤矿集团医疗中心所属7所医疗机构整体移交七台河市政府管理；鹤岗矿业集团所属11所医疗机构整体移交鹤岗市政府管理。

城发展转型。以龙江陆海丝绸之路经济带建设为契机，依托对俄口岸和同江大桥物流通道，开辟俄罗斯境外资源后备基地，重点发展现代煤化工等精深加工产业。争取国家重大煤化工项目在四煤城布局。

1. 鸡西

要充分利用石墨储量全亚洲最高这一优势，① 围绕超硬材料、蓄能材料、密封材料、传导材料、耐火材料、防腐防辐射材料、净化筛分材料七大产业链，着重开展石墨烯及其下游应用产品研究，开发锂电池、人造金刚石、纳米石墨片等产品，提高产品附加值，形成石墨精深加工产业集群，逐步实现石墨产品的替代升级，争取到2020年，鸡西市石墨新材料产业实现产值600亿元，国内市场占有率能超过60%。

同时培育发展以石墨为重点的新材料、以风电为重点的新能源等战略性新兴产业。

具体落实中韩石墨烯产业园项目，推进唯大（鸡西）石墨烯产业园工程、普莱德锂离子电池负极材料及石墨深加工项目、贝特瑞石墨深加工项目等10亿以上项目。

2. 双鸭山

大力发展清洁燃烧发电技术，加快大型坑口电站项目建设，优先建设褐煤煤电化一体化工程。鼓励大型煤化工项目配套建设自备电站，鼓励发展低热值煤发电和热电联产项目，重点建设神华2×60万千瓦电厂、龙煤2×35万千瓦低热值煤发电、宝清辰能2×35万千瓦热电联产等煤电转化项目。争取将双鸭山市纳入国家煤化工产业基地。

3. 七台河市

落实"稳煤、控焦、兴化"的发展思路，突出围绕以煤气为原料的合成化工体系，按照"焦炉煤气—甲醇—烯烃—燃料油"谋划实施项目；围绕以煤焦油为原料的精细化工体系，按照焦油—分离若干化工原料—医药中间体途径谋划实施项目；围绕以焦炭及焦油沥青为原料的材料化工体系，按照焦炭—沥青—固路材料、炭纤维及炭纤维合成材料途径谋划实施项目，着力打造"合成化工、精细化工、材料化工"三大化工产业体系，推进全省东部煤电化基地建设。加快落实煤—焦—化、煤—电—建材产业

---

① 世界石墨的76%在中国，中国石墨的64%在龙江，而龙江石墨的60%在鸡西。

链，推进宝泰隆公司30万吨/年稳定轻烃和隆鹏公司2.5亿标准立方米/年焦炉气制天然气等项目建设，全力促进隆鹏煤气多联产、润臻粉煤灰综合利用等项目跟踪和服务，谋划储备一批精细化工和清洁燃料等项目。

4. 鹤岗

打造"煤头化尾"示范基地建设。坚决走煤炭精深加工的路子，积极推进煤制气、煤制乙二醇、煤制芳烃等项目建设，最大限度地提高煤化工产品附加值，实现煤炭清洁高效利用。推进与旭阳煤化工集团、中国海洋石油总公司、神华集团等大型企业对接，围绕"5080"煤制化肥、50万吨BB肥、100万吨乙二醇等一批重点项目，合作建设煤化工产业项目、共同打造产业园区。持续推进中海石油华鹤煤化有限公司3052大颗粒尿素项目、征楠煤化工的焦炉气制液化天然气（LNG）项目、鹤翔新能源公司焦炭气化制液化天然气二期等项目全力推进煤转电、煤制焦、煤制气、煤制肥、煤基多联产5大产业链发展。

五 充分利用资源禀赋条件，发展接续产业

第一，发展特色林下经济。黑龙江省是全国重点林区之一，森林资源丰富，林地面积居全国首位。因此要积极培育林下养殖业、特色养殖业。根据黑龙江省地域特点，布局林菌、林果、林药、林业养殖、林业蔬菜、种苗花卉6个支柱产业，大力发展甜菜、亚麻、烟叶、蓝莓、北药、花卉等特色产业，扩大蚕、蜂、鹿、珍禽等养殖规模，建设一批生产规模大、市场相对稳定的标准化生产基地。不断提升林下经济对区域经济的拉动功能、对生态建设的支撑功能、对职工和农民增收的促进功能。到2020年，打造林下经济总产值实现1500亿元。大力发展乳制品。畜产品精深加工。

第二，夯实绿色农产品生产市场，发展有机食品深加工基地。黑龙江省的黑土地是世界仅有的三大黑土带之一，耕地平坦，耕层深厚，具备开发有机和绿色食品得天独厚的条件。截至目前，黑龙江省是全国绿色食品生产最早和规模最大的省份。全省绿色有机食品认证面积已达7400万亩，占全省耕地面积的1/3，占全国的1/5，绿色有机食品认证数量、种植规模、生产总量连续多年位居全国首位，本着"调绿、调优、调精"的绿色效益农业思路，依托垦区，① 延长水稻（精制米、米糠油深加工）、非转基因大豆（休闲豆制品、大豆磷脂）、玉米（玉米肽）和林产品（黑蜂、蓝靛果）等加工产业链一是延伸生态种养殖业链条。

第三，发展特色旅游业。煤炭城市应深度挖掘森林、湿地、口岸、历史文化等旅游资源潜力，科学规划旅游线路和旅游景点，做大做强湿地生态游、边境游、界江游、森林休闲和民族民俗风情游。做大坐实龙江东部旅游产业联盟，② 打造黑龙江东部区域一体化大旅游格局。

双鸭山→黑土湿地之都。双鸭山市素有"黑土湿地之都、绿色生态之城"的美誉，现有的国家级自然保护区2个，省级自然保护区3个，积极打造"中国黑土湿地之都湿地旅游带"和乌苏里江饶河段128公里的"乌苏里江界江风情旅游带"。依托安邦河、七星河、雁窝岛、千鸟湖、挠力河、珍宝岛等湿地，全面开发黑土湿地生态旅游精品线路，打造并叫响"中国·黑土湿地之都"旅游品牌。

鸡西：鸡西拥有国家A级以上景区22个，推进一湖（兴凯湖）、一江（乌苏里江）、一岛（珍宝岛）、四山（蜂蜜山、凤凰山、麒麟山、金刚山）的旅游整体发展框架，开展俄罗斯文化、新开流文化、兴凯湖文化、知青文化、矿山文化主题旅游。

鹤岗：一是完善界江风情游、湿地观光游、森林生态游、近郊农业观光游等精品线路；二是在抓好对俄游上。推进鹤岗市与俄罗斯犹太州建立联合旅游深度合作利用鹤岗市异地办照业务、俄方入境"落地签"和口岸固冰浮桥开通的优势，推动与俄犹太自治州旅游合作，争取在开发对俄中医药文化健康游和吸引俄罗斯游客赴鹤岗旅游、创业等边境游上有所突破。

七台河：注重差异化发展，使发展旅游文化产业与电商小镇建设、服务性生产外包相结合，实现组合式发展。要加速推进生态文化、体育文化、冰雪文化、历史文化、乡村文化、矿山文化、演艺文化、工艺文化、康养文化及电子商务文化十项文化旅游产业发展。

---

① 黑龙江垦区耕地占全省的1/5，是国内耕地规模最大、机械化水平最高、综合生产能力最强的国有农场群，农业机械化、标准化、规模化和产业化走在全国前列，粮食生产达到世界先进水平。

② 包括牡丹江、佳木斯、鸡西、双鸭山、七台河、鹤岗、抚远7个城市。

第六章

湖北省盐业产能过剩问题[①]

第一节 湖北省盐业发展现状与产能过剩问题

一 湖北盐业产销总体情况

（一）生产及资源

按照资源禀赋的不同可将盐业生产划分为湖盐、海盐和井矿盐三大类型，湖北省盐业就是井矿盐这一类型的典型代表。湖北省是中国富盐省之一，现已探明盐资源储量2890亿吨，远景储量7900亿吨，预测盐矿资源总量居全国第二，仅次于青海省。湖北盐类矿产资源主要分布在云应盆地、小板凹陷、潜江凹陷、玉成盆地和松滋盆地，具有埋藏浅、矿区结构简单、矿床稳定的特点，有利于开采。盐矿属于井盐，开采全部使用钻井水溶法分层技术，使用最多的是双井压裂连通对流方式。目前湖北省每年制盐产能约为900万吨（含两碱工业自产自销卤水盐），原盐产能可达700万吨左右，名列全国第三，仅次于山东省和江苏省；井矿盐产能全国第一。自1957年开井采盐以来，湖北省凭借禀赋优异的盐矿资源，以云梦、应城境内的"云应盐矿"为主体，逐步发展成全国主要的产盐基地之一。

[①] 在调研过程中，湖北盐务管理局、湖北盐业集团有限公司、湖北广盐蓝天盐化有限公司、久大应城公司制盐有限责任公司给予了我们大力的帮助和支持，使得调研工作圆满顺利的完成，在此表示感谢。

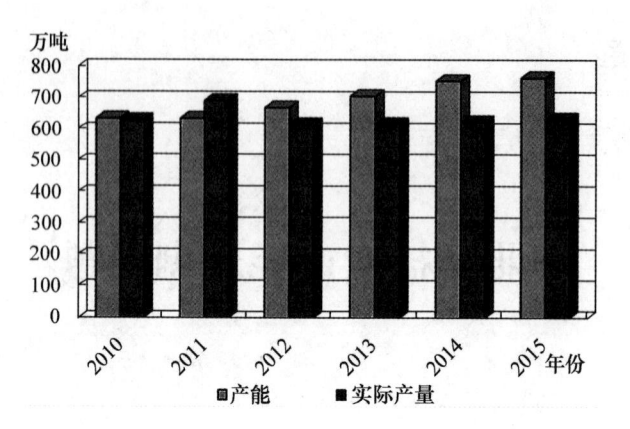

图 6-1　2010—2015 湖北盐产能与实际产量对比

根据湖北省盐务管理局提供的数据了解到，近几年来湖北省盐业实际产量较为稳定，除了 2011 年有大幅度的增长之外，2012 年及其以后略有下降，但基本处于稳定状态，2014 年以后略有增长。相比较而言，产能自 2010 年以来则呈现不断扩张的态势，增长幅度较大，增长速度较快。短短五年时间，产能与实际产量的缺口不断拉大，从 2010 年的 46769 吨，到 2015 年的 1309337 吨，缺口增大 28 倍。在"十二五"开局之年的 2011 年，湖北省盐业产量突增，可能是盐企对盐业发展有较好的预期，盐业产能呈扩张势头，尤其是 2012 年、2013 年和 2014 年 3 年以平均 6% 的势头不断扩张产能。然而市场需求基本平稳，在产能不断扩张的情况下，使得部分企业的生产设备存在明显利用不足情况，产能过剩的情况逐渐显现。

（二）盐业企业

湖北省规模较大的盐业企业除了湖北盐业集团有限公司以外，还有中盐旗下 3 家、久大集团旗下 3 家、湖北广盐蓝天盐化有限公司和中国石化江汉油田分公司盐化工总厂等。湖北省共有 10 家拥有食盐定点生产资格的企业（含 1 家多品种盐生产企业），占全国食盐定点生产企业总数的 1/10，主要集中分布在应城、云梦、枣阳、潜江和天门等地；湖北有 105 家企业具备食盐批发资格（全国 2900 家）。湖北盐企的所有制形式各有不同，有的是国有独资企业，有的是民营企业，还有的是混合所有制企业。下面介绍几家有代表性的湖北盐企。

湖北盐业集团有限公司，是经湖北省人民政府批准的在原湖北省盐业总公司的基础上改制设立的国有独资公司。集团公司在全省县级以上行政区域内设有 93 家分公司、两个 10 万吨的现代化食盐分装基地及 8 家全资、控股子公司，实行人、财、物垂直管理，形成了比较完备的生产、经营和遍布全省城乡的营销网络体系，其销售渠道在省内优势明显，但产品品种少，绝大多数是普通食用盐，精深加工不够，产品附加值低。

湖北广盐蓝天盐化有限公司，原为解放军 9510 工厂（空军一一一四厂），始建于 1971 年 5 月，1998 年年底从军队移交地方，2000 年移交湖北盐业集团有限公司（原湖北省盐业总公司）。2015 年 8 月改为混合所有制企业，改制后，湖北盐业集团有限公司持股 43%，广东省盐业集团有限公司持股 43%，新都化工股份有限公司持股 8%，湖北广盐蓝天盐化有限公司管理和技术骨干持股 6%，形成了国有控股、战略投资者持股、公司技术骨干和管理层参股的混合所有制企业。公司拥有出让土地 118495.5 平方米，划拨土地 19795.9 平方米，拥有年产 55 万吨、35 万吨两套真空制盐系统，两台 6000 千瓦发电机组及 20 万吨全自动小包装生产线，一条自备铁路专用线，拥有 3.2 平方千米范围内矿产资源（可开采工业储量 8000 余万吨）开采权。

久大应城公司制盐有限责任公司下辖久大应城盐矿有限责任公司、久大（应城）制盐有限责任公司、湖北久大品种盐有限责任公司，属于民营企业。久大应城公司制盐有限责任公司地处应城市，生产厂区南临汉宜公路，西有内河与长江通航，厂内有铁路专用线与汉丹线和长荆铁路接轨，距武汉市 98 千米，水陆交通便利具有明显的区位优势。公司主要从事食用盐、工业盐、特种用盐、多品种盐、芒硝等产品的研发、生产、销售，以及制盐设备的加工制造。公司拥有采矿、发电、制盐、铁路专用线等设备、设施；拥有 120 万吨/年原盐、5 万吨/年多品种盐、1 万吨/芒硝盐产品的生产能力。公司依托自贡市轻工业设计研究院有限责任公司（全国井矿盐企业唯一的国家级企业技术中心、全国井矿盐唯一的甲级研究院）技术支撑，具有显著技术优势。公司主要产品有加碘盐、精制盐、工业盐、多品种盐、金属钠盐、肠衣盐、味精盐、芒硝等系列。

中国盐业总公司（原名中国盐业公司）创立于 1950 年，现为国务院国资委监管的国有大型企业。中国盐业总公司在湖北省有中盐宏博（集团）有限公司、中盐长江盐化有限公司、中盐枣阳盐化有限公司三家制盐企业，其中，中盐枣阳盐化有限公司是中盐长江盐化有限公司的子公司。依托总公司强大的科研技术、物流平台、对外贸易优势，3家公司进行盐的精加工与下游产品的开发，产品已经远销海内外，其产盐量约为湖北省总产量的1/3。湖北中盐旗下中盐宏博（集团）有限公司于2000年经国家经济贸易委员会批准，由原湖北宏博实业（集团）有限公司整体上划给中国盐业总公司管理的国有独资企业，其前身为国家定点生产精制盐的湖北省云梦盐硝厂，企业始建于1987年7月，占地面积555亩，经过10多年来的创业和发展，公司现已形成以盐业为主，医药、机械、建筑、运输、科研设计、食品、国内外贸易等多种经营配套发展的格局；中盐长江盐化有限公司位于湖北省应城市长江埠，企业创建于1970年，2002年6月通过资产重组，企业改制为由中国盐业总公司控股，湖北南方集团有限公司、湖北盐业集团有限公司参股的国有控股企业，公司以盐硝联产的模式生产，可年产60万吨盐产品和5万吨芒硝；中盐枣阳盐化有限公司的前身为枣阳市盐硝厂，该厂于1988年12月建成投产，曾属枣阳市地方国有企业，现为中盐长江盐化有限公司的控股子公司，2004年8月通过资产重组进行改制，由中国盐业总公司、湖北省盐业总公司、枣阳市人民政府共同出资组建，其中中国盐业总公司占64%的股份，湖北省盐业公司占30%的股份，枣阳市人民政府占6%的股份，2008年3月中国盐业总公司、湖北省盐业总公司将其全部股份转让给中盐长江盐化有限公司，枣阳市人民政府持股比例不变，至此公司的股东由3个减至两个。

中国石化江汉油田分公司盐化工总厂是江汉油田综合开发利用地下盐卤资源而兴建的一家国有盐企。盐化工总厂通过引进消化国外先进技术和关键设备，形成了以漂粉精为主的核心生产技术和产品，主要产品有漂粉精、离子膜烧碱、液氯、精制盐等4个系列10多个品种，初步形成了"卤水—精制盐—氯碱—精细化工"的盐卤化工产业链。盐硝装置引进瑞士苏尔寿爱雪维斯公司的盐硝联产、热法提硝工艺和部分关键设备，年产60万吨精制盐，5万吨无水芒硝。盐化工总厂的主要生产设备多数从国外引进，氯碱装置引进英国帝国化学和日本旭化成公司的离子膜电解技术，年产20万吨烧碱、15万吨液氯、5万吨盐酸，是中南地区最具竞争力的离子膜烧碱企业，离子膜烧碱被湖北省政府评为"湖北名牌产品"。漂粉精生产装置和主要技术、工艺起初从加拿大凯密迪公司引进，经过几次技术调整，设备国产化率达100%，年生产能力8万吨，位居世界第一，全球市场占有率达30%以上。该企业的产品出口美国、加拿大、澳大利亚、俄罗斯、越南、泰国、南非和中南美洲、欧洲等90多个国家和地区，为全球最具竞争力的钠法漂粉精生产商。中国石化江汉油田分公司盐化工总厂利用采油废井开采盐卤，开采成本较低。江汉油田拥有原油、天然气，解决了原盐的生产原动力；生产的原盐就地深加工，在小范围内实现了产业集群。

总体上来说，湖北省作为原盐资源储量丰富的盐业大省，本地盐企具有相对的区位便利性与资源禀赋优势。但是，湖北省虽然盐企众多、开采与生产也达到了一定的规模，但具有国际竞争力和区域影响力的明星企业几乎没有。大部分企业还处在原盐开发、提炼、加工制造初级工业品或者半成品的阶段，对原盐的深加工不够、产品附加值低。像中国石化江汉油田分公司盐化工总厂这样可以形成产业集群，且工艺较为成熟、技术设备先进、产品竞争力强、产品市场开拓广泛的具有规模经济和范围经济的企业并不多。不少企业的市场竞争力较低，生产可替代性较大，品牌意识依然薄弱，产品品种单一，技术和生产设备也相对落后，有待进一步提升。

二　产品销售情况

湖北盐类产品的品种主要是食用盐和工业用盐，此外还生产销售芒硝，高档次功能性盐产品如维生素盐、枸杞盐、造粒盐等。销往全国20多个省市区并出口到东南亚多个国家和地区，如日本、蒙古、马来西亚、越南、中国台湾地区、文莱等。整体来说湖北所生产销售的盐类产品中深加工产品占总销量的比例不大，多数产品附加值较低，具有竞争优势和品牌优势的企业不多；国外市场大部分集中在东南亚地区，在其他地区市场开拓的广度与深度还都有进一步发展的空间。

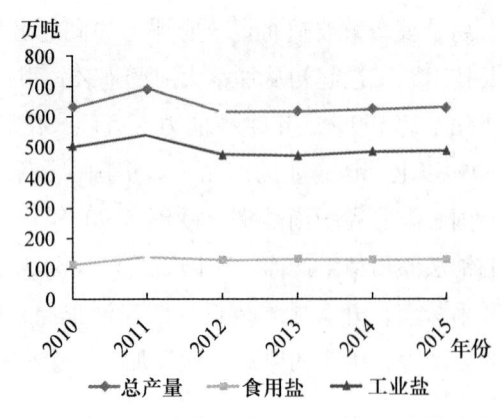

图 6-2　湖北省食用盐、工业盐与总产量对比

近几年湖北盐业产量整体保持平稳，略有下降，其中工业盐产量约占总产量的八成。由于江苏等临省的产量扩张，尤其是井矿盐产量的增长，一度对湖北盐产量造成冲击，湖北省盐产量在2012年下降约12%，2013年下降约0.3%，2014年产量虽然略有增长，但增幅不大。随着经济下行压力增大，受两碱行业低迷、产能过剩影响，使得最近几年来井矿盐价格一直在低位上运行。

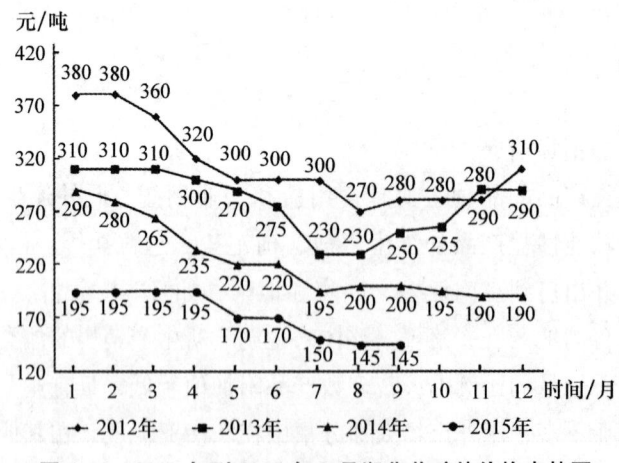

图 6-3　2012年到2015年9月湖北井矿盐价格走势图

原盐的价格一直处于低位，对湖北盐业造成了严重的影响。价格的大幅度下降，已经降到了盐企的平均生产成本以下，盐企仍不断持续的生产

很大程度上是出于无奈，为了避免亏损更多、摊薄折旧等固定成本。这样一来，看似产量相近，但企业的盈亏状态却大不相同。

表 6-1　　2015 年 1—8 月主要省（区、市）进出口工业盐数量

省（区、市）	进口工业盐数量/吨	出口工业盐数量/吨
辽宁	1116744	1164
江苏	691226	137636
河北	622423	0
上海	604267	0
浙江	523436	200
山东	287433	193356
福建	180915	0
天津	77774	223
吉林	73192	168
海南	43999	0
广东	22211	0
广西	8841	0
湖北	0	29043
江西	0	28396

湖北省的工业盐在本省内部是自给自足的，不存在进口现象；工业盐出口数量不大，虽然处于第三位，但是出口量仅为 29043 吨，相比较于出口数量第一的山东省的 193356 吨，其规模相当于山东省工业盐出口量的 15%，这说明湖北省工业盐出口有进一步发展的潜力，也许对海外市场的投入和挖掘可以缓减产能过剩的影响。

表6-2　　　　2015年1—8月主要省市进出口食用盐数量

省市	进口数量/kg	进口单价/($·t^{-1})	出口数量/kg	出口单价/($·t^{-1})
广东	2065431	255.08	20798	2475.09
山东	1935252	755.43	6655310	266.17
上海	736746	850.64	2500	1500.00
北京	88895	1077.21	1141	3892.20
四川	40304	614.11	0	0
天津	38120	1572.51	1952955	274.62
湖北	23518	2440.60	88713735	58.31
浙江	23052	1349.12	75745	1427.21
江苏	18994	625.78	79443642	71.95
海南	12500	3722.64	0	0
福建	11674	1145.36	1218798	371.67
重庆	2902	8452.79	677100	352.04
辽宁	1060	902.83	552850	170.59
吉林	137	3715.33	32500	588.46
湖南	137	3817.52	0	0
河南	6	3000.00	0	0
江西	0	0	31753467	58.30
安徽	0	0	4168000	64.15

　　湖北省食用盐的进口数量和进口价格都处于中等偏上水平，出口量最高，但出口价格又几乎最低。湖北做为产盐大省，食盐进口数量却仍处于全国中等偏上水平，说明本省所销售的食用盐的品质或种类不能完全的满足本地区消费者的需求，所以需要一部分进口产品来满足市场的需求。出口量最高，但出口价格又几乎最低这说明湖北食用盐在海外市场上竞争力差、产品附加值低。

三　湖北盐业产能过剩情况

　　2015年中国原盐产能为11345万吨，原盐累计产量为5975万吨，较2014年的6433.8万吨降低了1.7%左右，生产开机率52.7%。截至2016

年8月，原盐产量累计3847.6万吨，较2015年同期下降了2.2%。虽然从产量上看中国原盐产量略有下降，但总体上来说，中国盐行业依然产能严重过剩，产能的过剩又导致了盐价的走低，2016年下半年，中国每吨工业盐的售价仅为150—200元。湖北省在全国盐产能过剩和产量略有下降的背景下，2015年盐产能为764万吨（不含两碱工业自产自销用盐，下同），2015年产量为633.07万吨，较2014年623.57万吨上涨1.5%，开机率高达82.86%。2015年湖北省不含两碱工业自产自销用盐的产量占全国原盐的总产量就已经达到10.2%，因此，较全国而言湖北是盐业产能过剩的地区。湖北省作为产盐大省，其盐产能远远大于省内需求量，只能依靠低价销售到省外。虽然低价销售工业盐的售价接近成本甚至低于成本，但是可以用销售食用盐所获得的利润和国家补贴弥补亏损。另外，井矿盐的生产设备在高盐度环境下不能长时间停机，否则会腐蚀生产设备造成更巨大的损失，因而只要低价销售工业盐的损失低于停机带来的损失湖北的盐企就会"硬着头皮"继续生产。这样一来，当工业盐市场紧俏时湖北省的盐企扩大产能以获得更多利润，而当工业盐市场低迷时又难以做到相应减产，进一步加剧了产能过剩。

第二节 湖北省盐业产能过剩的成因

一 当前面临的主要矛盾和问题

（一）资源开发分散、混乱、不集约

首先，湖北的盐业企业规模普遍较小且厂址分布较分散。虽然食盐生产定点企业有10家，但年产能能够达到100万吨以上的企业只有两家。湖北盐企之间的位置分布分散，散落在湖北的各个地区，就算在同一地区，企业间的距离也较远，没有形成相对较为集中的成片盐业产业聚集区。这种非大规模化生产和厂址的分散分布的格局，导致湖北盐业企业虽多却难以形成产业集群，行业集中度低，不利于产生规模效应和进行资源配置。其次，湖北盐业缺乏统一规范的行业标准。行业标准的不统一使得各个企业的生产技术指标存在差异；行业集中度较低、盐企之间缺乏相应的协商沟通机制，难以形成行业内部的合作，不利于增强区域经济凝聚力与活力。盐企之间没有协商和沟通机制，厂址分布又分散，使得难以推行集中制卤，盐企成本进一步降低的空间较小。最后，相邻盐企的井矿深度也各不相同，无法进行熔腔储油或储气的开发利用，难以发展溶腔经济。由于以上情况，湖北盐业存在着资源开发分散、混乱、不集约等问题。

（二）部分盐企在市场上进行恶性、无序的竞争

"盐改"放开了食用盐的市场，不再限制销售区域；放开食盐出厂、批发和零售价格，由企业根据生产经营成本、食盐品质、市场供求状况等因素自主确定售价。"盐改"给湖北盐企带来机遇的同时也带来了一些棘手的困难和挑战。"盐改"之前原来专营体制下，制盐公司只需要按照计划供应生产即可，无需考虑如何销售的问题。而现在直接面对终端零售市场，对于如何实现产销一体化、如何建立完善可靠的销售体系、如何面对市场竞争保障生产出来的食用盐能够都销售出去，大部分盐企显得没有经验，一时间还不能快速适应"盐改"带来的变化。长期脱离市场竞争，突然转型融入市场竞争环境中，一方面由于缺乏市场操作与指导经验同时又面临产能过剩的压力，另一方面食盐类产品的利润大于工业用盐，使得盐企都希望能够尽可能多生产食盐类产品，尽可能多的抢占外地市场，从而获得更多的利润。这样一来，大多数盐企在"盐改"后都倾向于生产更多的食盐类产品，使得食盐市场的竞争突然激烈起来。供过于求的市场结构会导致企业之间竞相压价，打价格战抢占市场。有的外省盐企为了尽快抢占湖北食用盐市场份额，不惜用远远低于成本的价格进行低价倾销，如云南的某品牌食盐仅售1元1包。而这种低价倾销的行为可能会带动整个湖北食用盐市场进行恶性、无序的竞争，对湖北盐业的健康发展造成巨大的伤害。不得不提的是，恶性与无序的竞争还会导致产品质量不过关的可能性增大，食盐的质量关系到广大人民群众健康，是重大的食品安全问题，不容忽视。

（三）企业技术投入不足，能耗偏高

湖北盐业产品大多处于初加工阶段，精、深加工不足、产业链条短，虽然近几年有的企业开发了十几种高附加值的产品，但绝大多数属于食盐中的保健盐、调味盐系列，且年产量不高；公路化雪、畜牧、水处理、洗浴用盐、高纯度工业盐等高附加值产品供应量更少。湖北整体的制盐工艺技术及装备水平相对落后，能源主要是依赖煤炭且占总成本的比例较大，企业在降低耗能、减少资源浪费方面没有明显进步，在盐的结晶理论和应

用研究、关键生产技术和设备制造、自动控制等方面处于明显劣势。尽管湖北的个别盐企已经意识到技术不足、能耗高等问题,并已经在加强了资本的投入,但从整体来看,湖北多数盐企的技术水平依然不高,生产工艺和设备不算先进,整体能耗水平也较高。一方面,技术的提高和能耗的降低不是一件容易的事情,需要一段时间的持续积累和投入才能见到效果;另一方面,湖北省有多家盐企由于长期微利甚至亏损销售工业盐而导致资金紧张,无力对提高技术和降低能耗进行过多的资本投入。

(四)人员成本过高

企业进行改制(如进行混合所有制改革)后,大多数企业会采取精简人员和机构、优化人力结构、将效率低下的辅助生产环节外包等措施,目的是提高企业生产效率、降低成本。但是,这些措施实施后"精简下来"的员工的安置问题成为企业遇到的一个新的难题。按照现有政策的规定,企业有义务对以上员工重新安置工作岗位,无法安置新岗位的也须继续支付工资,尤其是国有背景的企业,既不能买断工龄也不能将其解雇,这些不能为企业继续创作价值的员工造成了企业改制后,人员成本依然较高的局面,并且还增加了管理难度。再如,企业投入新设备,使用更先进的生产工艺本来是为了提高生产效率,然而因生产效率的提高所淘汰的员工也存在类似的安置难题,使有些企业感到进退两难,明知需要技术升级却常常犹豫不决、难下决定。最后,从宏观经济来讲,我国的劳动力成本在逐渐提高,与盐业相比,烟草业在体制上与"盐改"前的盐业十分相似,但工资水平明显高于盐业从业者,盐业薪资缺乏外部竞争性;再加上盐业一线工人处在高盐环境下有一定的职业伤害和危险,薪资太低势必难以招聘或留住员工,因此盐业行业平均工资呈现出逐渐上涨的趋势。可以说,人员成本对于湖北盐企来说已经成为一个敏感的问题。

(五)相关配套改革政策不到位

在盐业产能过剩和国家提倡去产能、优化产业结构的背景下,不少盐企很可能会逐步关停低效率高能耗的老旧生产线;随着"盐改"对食用盐市场的放开,市场竞争将会更加激烈,一些亏损盐企也会自动退出或者被市场所淘汰。这些生产线的关停和企业的退出一定会伴随着有一批工人的失业。然而,对于给予去产能背景下的关停、破产等企业相应财政补贴这一问题,还没有完善、配套的政策出台实施。有的地方政府一方面要求企业要去产能、优结构、提技术、创收益；一方面又要求企业尽到维护社会稳定的责任，妥善安置所有员工，迫使微利或亏损企业仍然要背着沉重的包袱谋求生存。"僵尸企业"的退出障碍大；有发展前景的企业本想主动去产能、优化结构、加强技术研发，但由于"包袱太沉"也显得力不从心。有的地方政府虽然有意对当地包括盐企在内的企业进行帮扶和给予资金补贴，但由于政策不到位，目标企业与地方政府、省级政府、中央政府各自所须分担的责任不明确，对于应给予离职员工补贴的资金量的大小和列入帮扶对象还是"僵尸企业"没有一个统一的判别标准，导致在实践中存在的问题和困难诸多。

二 产能过剩的原因

（一）两碱工业基础薄弱，抗风险能力低

"两碱"是指纯碱（碳酸钠）和烧碱（氢氧化钠）。"两碱"是基本的化学工业原料，以盐为主要生产原料，全球用于生产两碱进而生产钠碱、氯和氯的衍生物等80多种基本化工产品所用的盐占全世界总盐耗量的60%以上。中国盐业市场受纯碱和氯碱行业需求量的影响巨大，两碱用盐量已超过全国盐产品总消费量的八成以上。湖北省内两碱工业不仅规模小，而且由于湖北蕴藏着丰富的盐矿资源，两碱企业的生产用盐几乎都是自行生产、自给自足的，不需要外购工业盐。因此，湖北盐企生产出来的大量工业盐只能销售到省外。此外，湖北周边500千米以内的地区都有盐业生产企业，相邻的四川、安徽、湖南、河南、江西都是产盐大省，外销工业盐只能"冲出包围圈"销售到更远且工业盐需求量旺盛地区。这样就使得湖北盐企对省外销售的依赖性增大，同时由于目标市场距离湖北地区较远，运输成本会明显高于行业平均水平，面临的市场环境不易把控，由于信息不完全导致对目标市场的认识不深刻、不全面，很多潜在的风险不好把握与处理，使得湖北盐企面临的市场风险也相应增加。虽然湖北是一个产盐大省，但面对大量产品都需要销售到外省且运输成本高的现实问题，一直以来只能以压低成本、大量生产和降价促销的方式寻求发展，进行粗放式生产，从而使得湖北盐产品精加工不够，产品类型较单一无法更好的满足市场多样化以及高品质需求。与此同时，随着周边产盐大省产能的扩张与产品的转型升级，市场竞争更加激烈，导致湖北盐企在市

场上的竞争可替代性变大，客户的选择越来越多，对湖北盐企的需求弹性越来越大。另一方面，井矿盐盐企的固定成本较大，虽然市场在萎缩，但是生产可调整弹性比较低，再加上生产销售食盐可获得利润，满足一定条件还能获得政府政策性补贴，为了降低损失，企业宁可选择多生产。综上所述，需求弹性大而供给弹性又相对较小，导致了湖北盐企应对市场风险的能力低下。

（二）产能增长过快

盐业产品主要分为工业盐和食盐两种，其中，中国对工业盐早已实行完全市场化的方式进行运作；但对食盐一直实行专营，直到2017年才正式实施改革，放开政策。2013年之前的十年间中国经济高速发展，包括建筑业在内的众多行业对烧碱和纯碱产品需求量巨大，中国两碱工业在这一时期内伴随着经济的增长迅速发展，两碱产能年均增长保持在13%以上，尤其是在2006—2010年"十一五"期间受到经济增长的拉动和相关利好政策的支持我国两碱工业得到了迅猛发展。2008年次贷危机后，中国投入4万亿元用于稳定经济，其中对基础建设的资金投入巨大，极大的拉动了建筑业的发展，进一步促进了两碱产品市场的繁荣。两碱工业的繁荣又直接拉动了对工业用盐的需求量，工业盐售价上升、制盐企业利润可观，再加上湖北省井矿盐资源丰富，新建盐厂比建设两碱工业的投资小、周期短、回报快，于是湖北省在这一时期新建了多家盐厂，与此同时老盐厂也都相应扩大了产能。2003—2007年湖北省原盐产量分别为316.58万吨、444.54万吨、406.21万吨、436.58万吨、444.54万吨，仅在这4年间产能就扩大了40%。2013年以后随着各行业对两碱产品需求量下降，工业盐的需求量随之骤减，工业盐供给明显大于需求，产能大幅过剩，价格下降。近几年来经济增速的逐渐放缓，中国进入经济发展的"新常态"，中央政府更加重视经济和产业结构的优化与合理，并出台了一系列相关的政策进行调节。在政策和经济环境变化的同时影响下"三酸两碱"开始降温，2013年两碱产能增长率回落到5.21%，2014年继续放缓至2.04%。工业用盐做为两碱工业的基础原材料其需求量受到明显影响，湖北盐业产能增长过快所导致产能过剩的问题也逐渐暴露了出来。

（三）加碘食用盐贴补工业盐亏损

产能过剩导致工业盐的市场价格低于大多数企业的生产成本，这些企业销售工业盐是亏本的。但是由于井矿盐生产所处的高盐度环境对生产设备的腐蚀性极强，井矿盐生产企业的设备不能长时间停机，否则会使设备被腐蚀而造成更为巨大的损失。湖北盐企只能"两害相权取其轻"。另一方面，供过于求环境下的工业盐市场竞争激烈，只要亏损在企业的承受范围内，企业就愿意继续亏本销售来维系与老客户、大客户之间的长期合作关系，以保证在激烈的竞争中可以一直拿到订单。最后，一袋2元左右的食用盐，成本价大约为1元左右，销售食用盐有一定的利润；销售加碘盐符合一定条件的，还可以得到政府相应的经济补贴，这样一来盐企可以用销售食用盐所获取的利润和政府对加碘盐的补贴来反哺低价销售工业盐所带来的亏损。

综上，湖北盐企的固定成本高，生产环境腐蚀性强，停产的损失巨大；亏损销售工业盐可以维系与老客户、大客户的关系，保证稳定的订单；销售食用盐获取的利润和政府对加碘盐的补贴，使得湖北盐企抵御风险的能力增强，因此，只要维持总体的边际贡献率为正，盐企继续生产带来的损失就会小于停产的带来的损失。因此，就算销售工业盐的价格低于成本，湖北的盐企也不会轻易停产。

第三节　湖北省盐业产能过剩的治理措施

一　主动淘汰落后产能

主动淘汰落后产能主要是指淘汰产量小而能耗大的老旧生产线。不少制盐企业有2条以上生产线，有的生产线甚至已经是拥有20年以上投产时间的老旧生产线了。虽然盐企可以对老旧生产线进行过技术改造和升级，但老旧生产线受到自身先天条件的制约，改造升级后其技术水平往往仍然不够先进、生产效率仍然相对低下、环保处理费用和单位能耗也较高。淘汰老旧生产线对整个湖北制盐行业来说，可以在一定程度上缓解产能过剩的现状；对企业自身来说也可以减少制盐的单位成本从而提高企业竞争力；淘汰掉落后产能转移出的劳动力大多都是技术熟练的工人，无需消耗过多的培训成本就能胜任其他的生产工作；剔除冗杂低效生产能力的企业在管理运营方面更加高效便捷，产品质量更有保证。以湖北广盐蓝天盐化有限公司为例，该企业将一条年产30万吨的高能耗老旧生产线淘汰，降低了制盐的单位能耗、减少了制盐的单位成本，并可以将淘汰下来的生产线变卖为现金。

二 调整产品结构

长时间以来，湖北盐企所销售的产品一直以传统盐产品为主，如普通食用盐、工业用盐。盐类产品同质化程度高、差异小，消费者对价格反应十分敏感，造成了产量大而利润率低甚至亏损的状况。随着人民群众生活质量的提高，广大民众对盐产品的品质要求越来越高，对功能性高档盐产品的需求量也逐步增加。面对"盐改"的政策调整和产能过剩的挑战，湖北的一些盐企开始加大投入来发展高档盐产品、提高产品附加值、增加产品利润率，个别湖北盐企在市场上已经推出了低钠盐、枸杞盐、维生素盐、竹烤盐、洗浴用盐、果蔬盐等产品并取得了不错的效果。多元化的产品种类可以满足不同消费者的不同需求，同时产品的精加工有利于充分开发利用盐业资源。高附加值的盐产品的高利润刺激盐产品生产企业面对市场需求主动革新改造，进一步优化湖北省盐业的产业结构。

三 补短板，降能耗

出于生产工艺的原因，能源成本占井矿盐企业总生产成本的比重较大，尤其是对于湖北来说，生产所需的煤炭需要从陕西、山西、内蒙古等省外购入，能源成本高昂，再加上受到2016年下半年以来中国煤炭市场价格回升的影响，湖北盐企生产的能源成本进一步提高。可以说，技术升级、降低能耗对于湖北盐企提高竞争力具有重大意义，也是湖北盐企当前急需解决的问题之一。另外，环保问题也是湖北盐企所需重视的一个重要问题。2016年湖北有多家盐企因环保问题被有关部门勒令停业整顿，这对于处在行业不景气大环境下的微利或亏损企业来说更是雪上加霜，环保问题不解决不仅会污染环境，盐企本身也会因自己的违法行为而付出沉重的代价、承受巨大的经济损失。因此，目前湖北已有多家盐企计划或已经着手补短板例如进行技术改造和升级，以降低能源消耗、减少污染排放、提高生产效率。

四 积极推进混合所有制改革

进行混合所有制改革可以从体制层面上使企业的决策更加灵活、还可以提高决策效率，从而在激烈的市场竞争中能够快速应对各种变化和问题；管理层和技术骨干持股，极大的激发了高管和骨干员工的工作热情和积极性；战略投资者的引入，可以为企业带来先进的技术和管理，增强了企业的竞争力和活力。通过混合所有制改革，企业可以实现主辅分离、精简机构、分流人员，优化了资产质量，盘活了人力资源，提升了劳动效率。以湖北广盐蓝天盐化有限公司为例，该公司由湖北省盐业集团有限公司、广东盐业集团有限公司、新都化工股份有限公司和公司管理层共同增资，改变公司原有股东结构，形成了一家混合所有制的盐业企业。传统的制盐企业与盐业公司联合起来，形成产销一体格局，蓝天盐化借此"重生"，成为中国盐业改革过程中的首批产销一体化改革的企业之一，而广盐蓝天盐化还成为湖北省真正意义上的首例混合所有制改革案例。湖北广盐蓝天盐化有限公司通过整体改制、体制创新、机制转换和加强管理，建立了规范的法人治理结构，人员机构逐步精简、奖罚更加合理，企业活力不断增强，企业生产成本从改制前的 190 元/吨下降到 170 元/吨，月产量由不足 7 万吨提升到 7.5 万吨，改制后 4 个月实现了利润目标 626 万元。

五 创品牌、提高市场占有率，强化企业营销能力

传统的盐业生产，由于产品同质化严重，消费者对价格的敏感程度远远高于对品牌的在意，消费者对品牌几乎没有忠诚度，以至于大多数盐企长期以来也都不重视品牌建设，一直没有在品牌建设中投入太多。随着"盐改"的推行，食用盐的销售不再受到地域的限制，这对于盐业企业来说既是机遇也是挑战。国内不少盐企都加强了对食盐的投入，并积极推出高端化差异化的盐类产品以满足不同人群的需要，品牌的重要性开始突出。为了打造自家产品的品牌认知度、提高市场占有率，湖北一些有能力的盐企加大了人力、财力和精力的投入用于打磨自有品牌美誉度和知名度、强化市场营销能力，用品牌和营销推动市场占有率的提高。在品牌建设中具有代表性的湖北盐企和品牌有广盐蓝天盐化有限公司推出的"三晶"牌，该公司投资专门建立了"三晶牌食盐溯源体系"，通过每袋食盐

包装上的唯一识别码,可以查询真伪、生产地、生产时间等详细信息;另外,久大应城公司制盐有限责任公司在品牌和营销上与母公司四川久大盐业(集团)公司逐步统一步调,增强了竞争力。

第四节 湖北盐业治理产能过剩的对策和建议

一 逐步提高行业门槛

面对当前产能过剩的局面,在未来相当一段时期内,可以从制度上进行约束,使现有的制盐企业只减不增,把减少产能作为必须要坚定不动摇底线,支持盐企兼并重组,支持社会资本和金融业的投入,帮助盐企做大做强;但在提高产业集中度的同时也要注意防止造成垄断,可以参考美国、欧洲等发达经济体由几家或十几家大型食盐产销一体化企业的有限市场竞争格局,培育一批具有国际竞争力的综合性盐业生产销售企业。建议政府有关部门根据具体情况制定法律法规,逐步拔高盐业行业门槛。一方面,可以将环保、卫生、职业健康、节能、安全生产等指标量化、具体化和标准化,并且与生产许可证、安全验收、环保评级等资质的评审、发放紧密结合起来,对于环保、能耗、安全生产等考核项目不达标的产能要依法关停,凡采用国家禁止的方法、工艺且无法改造升级或安全性不达标的产能要坚决淘汰。另一方面,在生产设备、产能规模、技术水平、环保能耗等方面对拟新进入湖北盐业的企业做出严格限定,从制度层面上避免规模小的企业进入盐业领域。

限制规模较小的企业进入制盐领域,一是因为小规模盐企技术落后、产能低而能耗高,在市场竞争中处于劣势,很容易被淘汰;二是小规模盐企生产方式往往比较粗放,生产不集约,有的小规模盐企为了节省生产成本,甚至不注重对工人的保护和环保等问题;三是如果不做限制,有投资者可能会在盐业市场回暖时投资新建盐企,当盐业市场下滑时又难以转型、退出,造成盐业产能过剩现象的反复出现。

二 强化自然资源的规范、集约开发利用

湖北盐业目前仍以单一的制盐业为主,资源利用率很低,卤水化工、水产养殖、盐田生物等产业发展的广度和深度不够,盐以外产品的产值

低。井矿盐的芒硝提取不足10%，溴、钾、镁等元素流失严重。按照"减量化、再使用、资源化"原则，以原盐生产为源头，以盐、碱的深度递延加工为主要方式、以精细化工产品作为最终产品，构建"原料—中间体—产品"体系，实行盐碱联产、盐硝联产、盐化与石化结合、盐化与水泥生产结合等。同时提高盐化工与精细化工产业集群，将化工企业聚集在工业区中，使产业链条中的原料、产品、副产品以及废料、废渣、废气得到综合利用，做到物质、能量、水、信息、技术集成，逐步探索出一条循环经济规模化、集约化、产业化的道路，达到零垃圾、零排放为特征的生产模式。湖北省有关部门应当对盐资源的开发利用做一个全盘的、长期的、科学的、合理的规划，细化规范资源的开发利用；与上下游产业对接，向产业的研发设计和营销运营两端延伸，抢占产业价值链的高端领域；创造性的利用现有产能，开发新兴产业项目；与盐企一同研究、制定统一的行业准则和信息沟通机制，进行集中化开发管理。通过对资源的高效利用和集中化开发管理，建设产业集群，发展循环经济以实现绿色化工园区，形成湖北省盐业的完整的产业链。

如果工业园区内的盐企可以实现的信息即时沟通和集中化管理，在井深等技术指标相同等情况下，还可以在采矿后形成有利用价值的盐穴溶腔，发展溶腔经济。盐穴地下石油储备（溶腔储油）是利用水溶开采方式在地下盐丘或者盐层内形成较大的地下空间，用以储存石油、天然气甚至核废料，该方法优点是安全、环保、经济。盐穴地下石油储备库建造在地下400—500米以下的盐岩地层中，盐穴地下储油库要先水溶造腔，在地下盐穴溶腔形成后，向溶腔中注入原油（或天然气等），将溶腔中的卤水顶替出来，储存原油。岩盐与各种油品接触时不发生化学变化，不溶解，不影响油品的质量，因此盐穴作为地下储油库是一种理想的储油方法。地下盐穴石油储备以其安全性高、投资少等优势，受到了世界各国的青睐。具体优势如下：一是密闭性好，盐岩属于晶体结构，渗透性几乎为零，密封性较好，地下盐穴中的石油不会渗漏到地层中去，更不会在地面扩散而造成污染。二是安全性高，盐穴储备库一般位于地下几百米甚至两千米的深度，加之可安装地面和地下两套安全装置，可将石油溢出、爆炸或火灾风险降至最低，不易受到地表人为破坏和自然灾害的影响（如地震、水灾及风暴等、冰雪、高温自然灾害的影响），抗自然灾害能力强，具有防火、防爆等特点，战争对它的破坏力很小，而且恢复起来方便快捷，被称为是"具有高度战备安全性的储备库"。三是环保，地面主要为井口设施和管线系统，设施占用地表面积小；盐穴存储石油不会在地表产生泄漏事故，也不会由于自然灾害等突发性事件引起石油大规模泄漏造成局部的环境灾害，所以非常环保。四是存取方便快捷，要取出储存在盐穴中的原油，只要往洞穴底部注入饱和盐水，驱替原油上升即可抽出，十分方便。五是存储量大，盐穴石油储备库储存量较大，单个盐腔的储备能力在 10 万至 100 多万方，一般存储 1000 万方的石油仅需 30 个左右的地下盐腔就可满足要求。盐穴石油储备可以根据实际储备量的需要建设多个盐腔，也可建造多个备用盐腔，而备用盐腔在不运行期间几乎不会发生维护费用。六是经济效益好，与其他形式的储备库相比，盐穴储备库占地面积小，基建投资少，库容量大，建设周期短，单位储油成本低，地面维护费用低，据统计，盐穴储油的单位成本是地下坑道的 1/3，陆上储罐的 1/7，虽然其运行成本相对高一些，但优势依然十分明显。美国石油战略储备 90% 是利用地下盐穴储存方式，美国在得克萨斯和路易斯安那州墨西哥湾沿岸建设了 5 个大型盐穴石油战略储备基地；德国在威廉港附近盐层中建立了总存储量为 1300 万方的石油战略储备；加拿大、墨西哥、摩洛哥等国家都建有盐穴石油储备库。

三 积极推进产业要素优化整合

国家出台的相关政策，应当鼓励盐企创新机制体制，转变经济增长方式，加大科技投入和技术改造力度，加快产业和产品结构调整步伐，通过投资、兼并、重组等资本运作方式向上、下游产业链延伸。大力发展盐及盐化工产品，加快发展非盐经济，提高产品附加值，加快食盐流通现代化建设步伐，不断提高公共服务水平和市场保障能力。政府应当根据行业特征制定并实施盐企退出补贴的相关政策，中央与地方政府须在这一过程中同时发力，确保政策的顺利推行和落实。这就要求湖北各地方政府要积极与相关部门协调，摸清需要安置的职工人数，规范关闭退出程序、严格关闭标准，落实中央政府的有关政策，加强政策宣传，妥善处置债务，化解系统风险，并主动承担一定的财政负担，做好职工安置工作，维护社会稳定。在淘汰"僵尸企业"时，要慎重精准地确认"僵尸企业"处置范围并列出名录清单，因企制宜，有针对性地拿出处置措施。

产业优化整合以及去产能工作涉及人员安置、资产处置、债权债务、兼并重组、产业转型以及产业布局，是一项复杂的工作，政府需要做好"顶层设计"并在政策实施时进行引导、辅导。一是加大财政支持，除了中央设立的专项资金，省级政府也要设立配套专项资金，用于去产能企业的人员安置，并对去产能完成得较好的先行县市进行奖励；退出的划拨用地收回国有土地使用权，退出的工业用地取得的补偿金或出让金主要用于帮助职工和债务处置。二是加强金融手段的调控，出台完善债务处置、不良资产核销等政策，对主动退出产能企业给予支持，停止对"僵尸企业"的财政补贴、续贷，建立银行债权处置机制。三是妥善安置职工，兜牢民生底线，通过转岗就业、扶持创业、内部退养、社会保障等方式安排分流职工。第四，政府要进一步转变职能，集中力量履行好宏观调控、市场监管、公共服务、社会管理、环境保护等基本职能，为市场运行创造良好环境，调整各种扭曲资源的政策和制度安排，理顺价格等市场信号，鼓励上市公司参与，引导社会资本参与战略性重组，规范破产、兼并、重组等市场行为，努力维护市场体系的开放性、灵活性和活力。

四 加快盐业企业转制步伐

盐企在计划进行转制时应当关注转制的可操作性和转制对企业的影响，不能盲目跟风为了转制而转制，应当综合考虑自身情况和外部环境，选择最适合自身发展的体制。"盐改"的实施应当将政策细化，有关部门可以建立一个关于"盐改"的信息反馈机制，盐企可以将在"盐改"中遇到的问题和建议通过此机制向上反馈，有关部门可以将这些反馈信息归类、整理，以具有代表性的反馈信息作为依据，逐步完并细化政策或进行调整，确保盐业健康发展。另外，盐业体制改革应当是包括生产流通、行业自律、政府监管等环节在内的多层次、立体式的改革。根据中国40年来的改革经验，我们发现在市场化迅速推进的过程中，容易出现市场失灵而同时政府缺位的问题，行业协会作为介于政府与企业之间的第三方组织，对市场反应更敏感，这就要求行业协会作为第三方组织及时进行补位。根据各国经济发展经验发现，在市场化程度越高的国家和地区，行业协会的作用愈加重要。例如美国早在1914年就成立了盐生产者协会，代表国内盐行业与政府保持经常性联系,为美国盐业健康发展提供了十分有益的支持。因而,健全行业协会的运作机制有利于"盐改"的推行。行业协会充分发挥协调与自律监管工作,确保企业能认真履行其社会责任;行业协会的宣传工作,可以帮助企业和民众形成良好的法治意识;行业协会还能成为各家盐企向有关部门反应"盐改"中遇到的问题、困难的最理想的沟通桥梁。湖北省应积极健全盐业自律协会建设,积极顺应市场化趋势,强化自身地位,一方面努力推进行业内部的协调、自律与监管,另一方面建立起企业与政府顺畅沟通的渠道,在适当范围内由国家授权承担必要的监督管理职能,完善盐业市场运行机制。

五 鼓励企业"苦练内功"提高自身竞争力

企业应在满足广大群众对加碘食盐基本需求的基础上,注重高端市场的发展,进一步推动盐业市场的细分和盐行业的转型升级。为了积极应对未来市场竞争的冲击和挑战,湖北省各地盐业企业还须不断创新食盐经营的新商业模式。外省盐企的市场渗透、大型连锁超市定制品牌生产规模的扩大、电子商务销售网络的日益普及,都将使竞争变得更激烈、更残酷。开拓和创新属于自己的细分品牌市场,不断努力实现企业经营绩效和产品品牌价值的优化提升,可能会成为一些盐企发展的突破口。根据发达国家经验,食盐经营一般都是大型食品、化工跨国集团综合性业务中的子业务,没有单一盐业公司。国家应当鼓励、支持有能力的盐业企业进行业务转型升级,发展多元化经营,实现产销一体化经营。

随着"盐改"的深入推进,盐企之间的竞争将会更加激烈。提高自身竞争力是盐业企业想在激烈的市场竞争中生存并得到良好发展的最可靠保障。政府也应该鼓励盐企"苦练内功",在提高技术、优化管理、节能降耗、绿色环保、科技创新、市场营销、品牌建设等方面真抓实干,提高企业自主创新能力,同时大胆引进关键技术、先进设备和优质人才,加快产业升级,提高行业装备水平,打造具有市场竞争力的一流企业。引导企业强化全球视野和战略思维,突出结构调整、转型升级、创新驱动和深化改革,推进制盐业创新发展、绿色发展、科学发展,在做好本土市场的同时,进一步拓展以"一带一路"沿线国家和地区为主的海外市场。

第 七 章

青海省盐业转型升级的探索

第一节　青海省盐业发展总体情况[①]

青海省湖盐资源丰富，自然禀赋优越，为盐业的发展提供了良好的资源条件。目前，青海省只有两家企业具备生产食盐的资质，分别是青海省盐业股份有限公司和格尔木盐化（集团）有限责任公司。青海共有包括上述两家企业在内的32家工业盐生产企业。另外，盐湖综合开发利用示范企业——青海盐湖工业股份有限公司虽然不以直接生产盐类产品为主，但其循环经济发展模式也与盐类产品高度相关。2017年是盐业改革正式推行实施的第一年，新的食盐管理体制为盐业发展创造了有利条件。

一　盐业资源及产销

青海省是中国盐矿资源储量最多的省份，其盐矿资源基本上都蕴藏在了盐湖之中且占中国湖盐总储量的85%，同时也是全球盐湖最集中的地区之一。据统计，青海省内共有27个大中型盐湖，60多个矿产、矿点，其中超过100亿吨的特大型盐湖有两个，10亿—100亿吨的大型盐湖有6个，储量在几千万吨的小盐湖到处都是。盐湖的形成必须满足以下三个条件：第一，首先要形成一个封闭或半封闭的汇水湖盆地；第二，在这个汇水湖盆地中必须要有丰富的盐类物质来源；第三，持续干旱总趋势下的波

[①] 在调研过程中青海省盐务管理局、青海省盐业股份有限公司、格尔木盐化（集团）有限责任公司以及察尔汗盐湖博物馆给予了我们大力的帮助和支持，使得调研工作圆满顺利的完成，在此表示感谢。

动气候条件使那些有丰富盐分来源的湖泊地区的盐分浓度不断升高，最终形成盐湖。青海在亿万年前是海洋的一部分，由于地壳运动，陆地隆起，部分海水聚集于柴达木盆地，经过长年累月的持续蒸发，最终形成了大大小小的盐湖。盐湖含盐量高、地处干旱地区易结晶等特点决定了湖盐相比井矿盐和海盐来说开采易、生产成本低、能耗小，并且由于盐湖处于青藏高原人烟稀少之地，相对来说几乎没有受到过现代工业的污染，生产出来的食盐可以说是天然的绿色食品。此外，古代中原地区将青海的盐称为"羌盐""戎盐"或"青盐"，在《本草纲目》《日华子本草》《本草图经》等古代医学典籍对其均有记载，是具有药用性质的盐类矿物质。青海盐湖以盐而闻名中外，但盐湖带给我们的宝藏远不仅仅是盐，除了可以生产盐类产品外，镁、钠、锂、钾等都是盐湖中的珍宝，而且随着生产工艺和技术的进步，利用率还会进一步提高，将会创造更高的经济价值。中国最大的可溶性钾镁盐矿床察尔汗盐湖就位于青海，该盐湖总面积为5856平方千米，湖中蕴藏着极为丰富的钾、钠、镁、硼、锂、溴等自然资源，氯化钾表内储量为5.4亿吨占全国已探明储量的97%，钠盐储量555亿吨，镁盐储量40亿吨，锂盐1200万吨，均占全国首位，整个盐湖潜在的开发价值超过12万亿元，是发展中国盐化工业的战略宝地。

2016年青海生产的食盐和非食用盐产品共计717.3万吨，其中，生产食盐17.3万吨，销售16.9万吨，较2015年的销售量增长了30%；生产了以工业盐为主的非食用盐700万吨，销售640万吨。盐业改革于2017年1月1日正式施行，青海盐企针对市场环境变化迅速做出反应，将研发的多种新产品投入市场当中、加紧拓宽了食盐在全国范围内的销售渠道或合作网点，并开始尝试"触网销售"即在电商平台上销售食盐产品。面对"盐改"带来的机遇和盐业产能过剩带来的压力，青海盐业施行"以销定产"的策略，2017年预计全省食盐总产量可增至21万吨，且产销量依然能够达到基本平衡；全省工业盐计划产量不超过2016年的700万吨。

二　盐业企业及其品牌

习近平总书记在2016年青海考察时对青海的湖盐资源综合开发利用示范企业——青海盐湖工业股份有限公司予以了肯定，该公司是生产包括盐产品在内的多产品种类的企业，虽然核心产品是钾肥、镁金属等，并不以工业盐为主，但是其盐湖开发的循环经济发展模式值得湖盐企业借鉴。青海省获得批准具备食盐生产资质的企业并不多，食盐定点生产企业只有2家，分别是青海省盐业股份有限公司和格尔木盐化（集团）有限责任公司；青海省现有食盐批发企业38家，包括国有企业、集体经营企业、民营企业和混合所有制企业；青海目前有工业盐生产加工企业32家（包含上述2家食盐定点生产企业），其中拥有钠盐、钾盐、湖盐、硼锂采矿证的企业11家，其余21家为利用上述企业生产所产生的尾矿进行综合开发加工的制盐企业，全省工业盐产品总产能目前可达到1000万吨，2016年实际生产工业盐700万吨，实际销售工业盐640万吨（其中省内销售410万吨，省外销售230万吨，主要销往宁夏、甘肃、内蒙古和山西）。下面具体介绍这3家有代表性的盐湖开发企业：

青海省盐业股份有限公司（以下简称"青盐股份公司"），组建于2000年4月，其前身是成立于1950年的青海省盐业公司，2003年经国家外经贸部批准为外商参股投资的股份有限公司，2006年国有股份全部划归西部矿业集团有限公司持有（占股比例为67.04%，拥有控制权），是青海省较早进行混合所有制改革的股份制企业，除了西部矿业集团有限公司以外青盐股份公司的其他股东分别是爱波登资产管理有限公司、中国食品工业（集团）公司、中国盐业总公司和漠河盐厂。青盐股份公司的生产厂区分别位于茶卡、柯柯两个天然盐湖生产基地，都地处海拔高、人迹罕至之地，几乎从未接触过工业污染。柯柯盐湖面积119平方千米，氯化钠储量9.8亿吨。茶卡盐湖面积105平方千米，氯化钠储量4.5亿吨，是全国首批绿色食品（食用盐）生产基地，因湖水中含有微量黑色物质结晶后会呈暗白色，所以古人称之为"青盐"，明代弘治年间的由刘文泰等撰辑的《本草品汇精要》中记载到李时珍称"今青盐从西羌来者，形块方棱，明莹而青黑色，最奇"，《西凉纪》记载道"青盐池出青盐，正方半寸，其形如石，甚甜美，煮食鲜、咸"，《大明经》更是指出"西蕃所食者，故号羌盐、青盐，主耳聋目痛"，近代出版的一些医书中将青盐又称作"大青盐"。公司目前年产能为300万吨（2016年实际生产并销售工业盐200万吨，食盐10万吨），拥有"茶卡""绿洁""海神""柯柯"4个注册商标，其中"茶卡"牌盐产品都产于有着"天空之镜"之称的茶卡盐湖，该品牌是中国盐行业首个获得国家地理标志保护的产品，也是青海省盐业股份有限公司食用盐产品的主打品牌,"茶卡"牌食盐中的"大青盐""藏青盐"等系列也是公司最受消费者欢迎的畅销产品。

格尔木盐化(集团)有限责任公司(以下简称"格尔木盐化公司"),坐落于地处柴达木盆地中有着"中国盐湖城"之称的格尔木市,目前公司股东分别是格尔木投资控股有限公司(当地国有企业)、格尔木盐化(集团)有限责任公司职工持股会、内蒙古三联化工股份有限公司和青海黄河实业集团建安有限公司。格尔木盐化公司在著名的察尔汗盐湖中拥有一个36平方千米的生产基地,氯化钠储量约4.3亿吨,"察尔汗"是蒙古语中就是"盐的世界"的意思。公司主要生产的产品种类有食用盐、工业盐、沐浴液、热敷盐袋、钾肥、灰砂砖等,产品销往全国30多个省、市、自治区,并且出口美国、日本等国。格尔木盐化公司拥有"昆仑(食盐)""察尔汗"两个注册商标,所产的食用盐产品已经通过绿色食品认证,其中"察尔汗"牌还被国家工商总局认定为"中国驰名商标"。目前公司的年产能为工业盐100万吨、食用盐20万吨、钾肥1.5万吨、灰砂砖4000万块。2017年1—8月,公司实际销售工业盐和食用盐共4.8万吨、保健热敷盐袋4800个、钾肥0.6吨、灰砂砖1000万块,销售收入3590.55万元,实现利润506万元。

青海盐湖工业股份有限公司(以下简称"盐湖工业股份公司"),与上面介绍的两家主要从事盐产品生产的企业不同,该企业是主要从事化学原料及化学制品制造(包括工业盐)的盐湖综合开发利用企业。盐湖工业股份公司是青海省国有资产监督管理委员会管理的省属大型国有企业,生产基也地位于青海省格尔木市察尔汗盐湖,是中国目前最大的钾肥工业生产基地,也是国家级柴达木循环经济试验区内的龙头骨干企业、国家第三批创新型企业。公司注册资本18.5739亿元,资产总额810亿元,有6个控股公司,6个分公司,8个全资子公司,3个参股子公司,1个国家级盐湖资源综合利用工程研究中心,1个省级企业循环经济研究开发中心,1个省级企业孵化器,1个省级盐湖资源综合利用重点实验室,拥有500万吨/年钾肥生产能力。盐湖工业股份公司始建于1958年,前身为"青海钾肥厂"。1996年作为青海省首批现代企业制度试点单位,进行公司制改造后更名为"青海盐湖工业集团有限公司"(以下简称"盐湖集团")。1997年将氯化钾生产经营主业重组为"青海盐湖钾肥股份有限公司"后,

"盐湖钾肥"股票在深圳证券交易所上市。2010年12月22日经中国证监会上市公司并购重组审核委员会核准青海盐湖钾肥股份有限公司(以下简称"盐湖钾肥")吸收合并青海盐湖工业集团股份有限公司(以下简称"盐湖集团")的批复,2011年3月21日,"盐湖集团"在深圳证券交易所退市并予以注销,"两湖"合并后注册更名为现在的青海盐湖工业股份有限公司。盐湖开发和综合利用具有广阔的前景,在国民经济中占有十分重要的地位。盐湖工业股份公司贯彻"以钾为主、综合利用、循环经济"的发展思想,实行"走出钾、抓住镁、发展锂、整合碱、优化氯"的发展战略,坚定不移的发展科学的循环经济,努力在保护生态环境的前提下搞好开发利用。

三 盐业监管

中国从2017年1月1日起正式推行实施盐业改革,为了在放开食盐市场后能给企业创造一个公平的竞争环境,"政企分离"是改革的主要工作之一。由于原来在食盐计划生产制度下的行政队伍人员较多,某些省份在人员安置问题上所面临的阻力较大,短时间内还难以很好的落实这一改革目标。相对于其他省份来说,青海省其实已经是落实"政企分离"改革工作较好的省份之一,截至2017年9月,青海盐业管理在体制上基本实现了政企分开,并出台了《青海省盐业体制改革方案》。改革后,青海省盐务局只负责对食盐生产、批发企业的资质审批和盐业市场的行政执法工作,隶属青海省经济和信息化委员会,人员编制仅剩下20人。市县两级盐业监管主体为市县级经信部门,食盐的质量监督和市场管理的具体工作则划归由各级食药部门负责。

"盐改"放开了多年来对食盐销售的地域管制和产销量的计划分配,允许并鼓励盐企跨省销售食盐产品、鼓励正当合法的各种市场竞争行为,不过由于食盐是特殊商品关系着国计民生,食盐生产厂家的资质仍由定点生产制度进行把关和控制,以保证市场稳定和产品质量。目前,青海省盐务局对食盐定点生产企业行使审批权,报国家工信部门备案,统一编号发证。工业盐方面,青海省实行批准制度,即对有钠盐采矿证和对盐资源综合利用的企业给与生产资质的批复;工业盐的销售实行合同备案制并要求企业建立和完善进销台账管理工作,主要重点强化事中事后监管,坚决杜绝工业盐等非食用盐冲击食盐市场。

第二节　青海盐业规避产能过剩的做法

就当前全国的情况来看，盐业产能过剩带来的的问题和影响主要还是集中在工业盐领域当中。由于青海湖盐生产成本低，停工、减产损失小，可以做到自由调整产量和生产时间，因此抵御工业盐产能过剩影响的能力强。食盐生产企业为了抓住"盐改"机遇，加强了在食盐领域的投入，适当减产工业盐，一定程度上也缓减了省内工业盐产能过剩的压力。对于综合开发利用盐湖发展循环经济的企业来说，工业盐产品不是其主要产品，所以几乎不会受到工业盐产能过剩的负面影响。因此相对于全国的总体情形来看，青海盐业产能过剩情况并不严重。具体来看，可以归纳为以下几个方面。

一　产量安排灵活、生产成本低，具有竞争优势

生产工艺决定了井矿盐生产企业的固定资产投入大，设备停工后维护成本高（主要是因为高盐度环境下对设备的腐蚀），海盐生产需要大量的土地，沿海地区地价昂贵导致摊销费用高，而湖盐由于在资源禀赋上具有优势，生产工艺与井矿盐和海盐生产企业明显不同，青海盐企可以灵活安排生产时间和产量，停工损失小，生产成本低，尤其是能源消耗小（井矿盐的生产需要消耗大量煤炭），具有一定的竞争优势。青海省地处西部，在省外销售产品时运输费用占产品总价格的比重较大，同样的，外省盐产品进入青海省也需要付出较大的运输成本，因此青海本省盐产品在省内销售时还具有价格或成本方面的优势，尤其是在工业盐领域，由于工业盐售价偏低，运费成为工业盐产品成本中最重要的敏感性因素，青海本省工业盐产品在省内销售的价格优势就会更加明显了。在食用盐方面，由于本地消费者常年食用湖盐产品，无论出于口味习惯还是情感因素的原因都更偏向选择购买本省的湖盐产品和食盐品牌，总之，无论是食用盐还是工业盐产品，青海本省盐类产品在本地销售时都具有一定的竞争优势，抵御外来产品冲击的能力强。

二　盐企主动减少工业盐产量，转而将重点转向食盐

如前所述，盐业产能过剩问题主要集中在工业盐市场上，在工业盐市场供过于求的背景下，工业盐产品生产的越多，市场上的售价自然就会越低。由于井矿盐和海盐生产企业固定投入多或折旧与摊销大，所以，湖盐企业在产量安排上要比井矿盐和海盐生产企业灵活很多。青海大多数盐企都实行"以销定产"的策略，不盲目多产。2017年是"盐改"正式实施的第一年，国家放开食用盐市场，这对于拥有食盐生产资质的企业来说是挑战但更是实现跨越发展的机会，青海省的两家食盐生产定点企业自然不会放弃这一历史性机遇，更是主动进一步削减了工业盐的产量，从而将更多的精力集中在食盐领域中来。例如，2017年1—8月格尔木盐化（集团）有限责任公司只销售了3万吨左右的工业盐产品，公司除了大力在全国建设销售网络以外，还专门停产对生产设备尤其是对生产食用盐产品的厂房和设备进行了升级和改造。

三　发展循环经济和综合利用

青海在对盐湖资源进行开采时重视发展循环经济和综合开发再利用模式，其中最具有代表性的就是青海盐湖工业股份有限公司。2016年8月，习近平总书记莅临青海盐湖工业股份有限公司进行考察时对该公司的循环经济予以肯定说"青海省的循环经济要为全国提供示范作用"，习总书记还强调"'走出钾、抓住镁、发展锂、整合碱、优化氯'的战略，要有精心谋划、有序推进"。通过循环经济和综合开发利用，企业的将曾经要废弃的尾矿变废为宝，大幅度提升了资源利用率、降低了成本和对环境的污染，而生产出来的产品如镁、锂等产品其经济价值都远远大于传统的钾肥及其他盐类产品。因此，对于能够进行综合利用的企业来说，盐产品并不是公司主要的盈利产品，不是企业的工作重心，不会在工业盐市场上投入精力，也不会受到工业盐市场产能过剩的影响。

四　开源节流，降低生产成本

对于青海省盐业股份有限公司来说，一方面，企业在降低产量和收缩亏损业务后，一部分工人的劳动力将会处于闲置或半闲置的状态下，涉及

人员分流与安置以及人力资源成本的问题；另一方面，随着盐湖旅游业的不断发展，景区接待游客人次的会持续增加，景区的服务、管理和维护又需要投入更多的劳动力。青盐股份公司巧妙地结合了两个不同产业的特点，将看似分别属于工业与服务业的问题整合在一起解决，让大量原本从事盐产品生产的工人们在每年的6—9月（盐湖旅游旺季）都转移到与旅游相关的岗位上来，而其他月份再回到原岗位从事盐业生产工作。这一巧妙安排充分利用了企业现有的人力资源、节约了大量的人力成本，同时还提高了工人们的人均年收入，调动了员工的工作积极性。此外，"盐改"后食盐的生产销售被企业所重点关注，相应的在工业盐生产上"做了减法"，青盐股份公司在工业盐与精制食盐的生产安排上，实行"以销定产"的策略并且运用了与上述工作时间安排相类似的"错峰"安排，先行保障食盐的生产，同时还减少了机械设备的投入、降低了运行维护成本和人工成本。

第三节 青海盐业转型发展的探索

青海盐企重视转型发展，在地方政府的引导和企业自身的努力下，近年来已经取得了一定的成绩。2017年是"盐改"的开局之年，政策上的变化，为食盐的发展创造了良好的机遇，青海盐企目标明确，着力深挖食盐的发展潜力，最大程度的发挥出了自然禀赋优势。盐湖旅游与盐业生产的融合发展是实践证明了的好的转型发展方向，目前有着"天空之镜"的茶卡盐湖已经在全国范围内有了一定的知名度，初步形成了地区的特色旅游品牌。青海盐湖综合开发利用的循环经济发展模式，本来就是优化产业结构的好办法，另外，拉长产业链、清理不良资产、优化企业治理结构等做法也是青海盐业在转型发展道路上具有借鉴意义的探索。

一 发挥自然禀赋优势，深挖食盐发展潜力

青海湖盐生产的主要环节是剥离覆盖物、采盐、洗涤、脱水、研磨成粉，相对来说，开采难度不大、生产成本低。青海省两家食盐生产定点企业共有三个盐湖生产基地，都是地处青藏高原人迹罕至之地，几乎没有接触过工业污染；盐湖产品的纯度高，初产品盐含量就可达到95%左右；

青海天然湖盐还是记载于古代医术中的具有药用性质的盐类矿物质，总之，青海的盐矿自然禀赋好，是理想的加工食用盐的原材料。利用自然禀赋优势，发展高品质的中高端食盐产品是青海两家食盐生产定点企业都选择了的发展战略。两家企业都希望能够通过产品介绍会、展销会、媒体广告等方式加大产品宣传力度，提高品牌影响力和知名度，争取在"盐改"初期能够占据有利先机，例如青海省盐业股份有限公司于2017年年初在央视投放了"茶卡盐"的广告。

二 抓住"盐改"机遇，建立覆盖全国的销售网络

青海省盐业股份有限公司以拓展新的市场空间、增强公司市场竞争力为出发点，在12个省区（安徽、甘肃、浙江、湖北、广东、黑龙江、吉林、辽宁、内蒙古、河南、新疆、江苏）设立了分公司，建立了集仓储、配送、服务为一体的销售网络；通过委托第三方物流企业进行配送，辐射云南、四川、重庆、广西、上海、山东6个省区；另外，在陕西、山西、北京通过与当地企业合作进行销售，公司食用盐产品销售范围将覆盖全国（不含港澳台地区）。格尔木盐化（集团）有限责任公司的做法也类似，截至2017年9月初，该公司已在各省设立了15个分公司，还与一些城市的大型连锁超市达成合作意向或正在接触洽谈合作事宜，并计划将销售网络继续逐步扩大，最终覆盖全国市场。

三 加大产品开发力度，有效把握消费升级的市场机遇

随着人民生活水平的提高，消费者对盐产品的需求不再仅仅是原始的调味品，民众的需求随着时代不断变化，可以说已经日趋"多元化"了。比如说爱吃的泡菜和腌制品的消费者会专门选购泡菜盐；中老年人和心脑血管疾病患者更适合食用低钠盐；有些地区并不缺碘，当地消费者会选购精制盐、维生素盐等产品……总之，传统的单一的加碘盐已经不能满足广大群众的需求。在食用盐市场开放后，企业必须要迎合消费者的需求，否则将会在竞争中处于被动状态，食用盐生产企业不仅要丰富产品线，而且还要把产品的品质做好、做精。青海省盐业股份有限公司在丰富产品种类提高产品品质的基础上还加大宣传力度，重点打造"茶卡"品牌，并在该品牌下衍生出"大青盐""低钠盐""藏青盐"等不同系列的产品，以

满足消费者多元化的需求。格尔木盐化（集团）有限责任公司也开发了不同种类的产品，并且还在包装上"做文章"，除了传统的包装以外，还有适合旅行携带的小包装食盐、带小盖子易倾倒的直筒袋食盐等。

四 着力推动工业与旅游融合发展

近年来"西部风情"旅游概念持续升温，吸引着越来越多的内地游客来西部旅游，一方面是因为西部独特的自然环境给旅客们带来了明显区别于内地山水环境和名胜古迹的旅游体验，另一方是由于西部诸省的基础建设近年来得到明显的提升和完善，餐饮、交通、住宿等方面的巨大进步为西部旅游的发展创造了客观有利条件。青海省盐企利用手里所掌握的盐湖资源，发展"原生态盐湖工业活景"旅游，是已经经过实践证明了的盐企转型发展的正确道路。以青海省盐业股份有限公司打造的"天空之镜"茶卡盐湖景区为例，2011年茶卡盐湖景区接待游客2.62万人次；2012年接待游客5.42万人次；2013年接待游客16.02万人次；2014年接待游客48.15万人次；2015年接待游客130万人次；2016年接待游客190万人次；截至2017年8月底，接待游客已突破200万人次。2011—2017年，青海茶卡盐湖景区游客量增加近100倍，2015年茶卡盐湖旅游收入5036万元，利润3237万元；2016年茶卡盐湖收入9600万元，利润6900万元；预计2017年全年茶卡盐湖旅游收入可达2.3亿元，可获利润1.4亿元。青海省盐湖旅游业目前仍然呈现增长趋势并且还有进一步挖掘的潜力，盐湖旅游业的利润率也明显高于销售盐产品尤其是工业盐，因此，发展盐湖旅游业是青海盐企的一个很好的转型发展方向。据了解，青海省盐业股份有限公司与当地政府已经合资成立了青海茶卡盐湖文化旅游发展股份有限公司以公司为单位集中精力专门发展盐湖旅游，旅游公司今后会继续加大对盐湖景区建设的投入，目标是力争2020年建成国家5A级景区（目前为4A级景区）。盐湖旅游业和盐业生产的融合发展，达到了1+1>2的效果。

五 清理不良资产，优化企业资产结构

青海省盐业股份有限公司除了上面提到的放弃青海天泰制钠有限公司以外，目前还正在注销旗下青海省金源盐化工开发有限公司、转让青海祁连山包装科技有限公司 10% 股权，并完善了青海京柯盐化有限公司、青海友明盐化有限公司的法人治理结构。青盐股份公司以上做法的目的旨在甩包袱、清理不良资产，提高资产优良率，优化企业治理结构，提升企业效率，促进企业的可持续发展。格尔木盐化（集团）有限责任公司专门停产进行了对厂房和设备的升级、改造，并将不适合继续使用的老旧设备替换。青海盐湖工业股份有限公司已经进入第三期建设阶段，淘汰老旧设备并引进最新的先进的生产设备和环保辅助设施，还在个别项目中（如锂产品）引进了拥有技术或资金的战略合作伙伴入股参与。

六 拉长产业链，向综合开发要效益

青海省处于西部地区，地理上造成了工业发展一度比较落后，随着国家西部大开发等政策支持和青海人民的努力，青海近十年来在基础工业方面上进步明显，两碱工业也的得到了一定的发展，客观上拉长了盐业的产业链。青海盐湖除了含盐量丰富以外，镁、锂、钾、硼等矿物质含量也是十分丰富，开采难度也不算大，有着很好的发展前景，如果在盐湖开采过程中充分利用资源，进行综合开发利用，除了生产盐产品外还生产镁等产品，经济效益会和资源利用率将会极大的提高，这一的循环经济发展模式也是政府所鼓励、倡导的。青海盐湖工业股份有限公司就是青海最典型的综合开发利用示范企业，盐湖工业股份公司始建于 1958 年，曾经作为中国最大的钾肥生产基地为中国社会主义建设做出了杰出的贡献，然而钾肥的副产品（主要成分是盐）在一段时期内一度被公司当做废品堆积在盐湖旁，形成一座座小山。事实上，盐湖中的宝藏不仅仅是盐和钾，青海盐湖工业股份有限公司经过二期和三期（仍在建设中）的建设，实现了从单一的钾肥向化肥产业、无机到有机、化工到精细化工、石油化工、天然气化工、煤炭化工等多重跨越，公司产品由单一氯化钾发展到氢氧化钾、碳酸钾、硝酸钾、氢氧化钠、碳酸钠、金属镁、氧化镁、氢氧化镁、碳酸锂、PVC、甲醇、尿素、聚丙烯、焦炭、水泥、编织袋等多种产品，涉及工业、农业、航天航空、建材、医药等领域。盐湖股份公司未来发展主要依托柴达木盆地丰富的矿产资源，持续推进盐湖资源综合开发利用的产业化进程，以"深化改革，提升管理，做精做专，持续发展"为指导思想，聚焦"镁、锂、钾"，以"一降二去三强"实施供给侧改革，力争镁产业成为行业主导，打造世界镁工业基地；锂产业成为有影响力的新兴力量，打造中国锂原料基地；钾产业在全球具有重要影响力，打造世界钾工业基地；打造新能源＋新材料融合发展的光镁循环经济园区，使生态"镁锂钾园"建设成为国家级柴达木循环经济实验区升级版。

第四节　青海盐业转型发展面临的问题与对策

一　青海盐业转型发展面临的问题与挑战

在转型发展中，青海盐企面临的问题主要是营销能力弱、品牌价值不高、技术装备落后、经营人才匮乏，企业经营理念有待转变。其中，最核心的问题就是企业经营理念难以有效适应市场竞争。

（一）企业的市场竞争意识有待提高

在实践中，因企业决策层观念的问题而对企业造成损失或导致企业错失发展良机的例子很多，观念落后、欠缺全局观的问题也是西部企业与东部发达地区企业相比之下的主要短板之一。西部地区有不少企业的高管是从专业技术强、生产管理经验丰富的技术骨干中提拔上来的，没有接受过系统的、专门的企业管理培训，习惯性地用车间生产管理的经验看待企业管理中遇到的所有事情，缺乏全局观念。此外，价值观的局限性还会体现在经营管理方面的创新性不足等方面。同全国一样，青海盐业企业由于常年处于食盐计划生产模式下，市场竞争经验不足；工业盐市场虽然早已市场化，但由于产品的差异化不大且主要靠价格进行竞争，因此盐企在商业模式上也鲜有创新。青海盐企在这方面的差距似乎更为突出。

（二）营销能力与品牌价值不高

在盐类产品之间差异性不算太大的客观情况下，企业的营销能力和品牌价值是企业提升产品竞争力的可靠保障。整体上来说，我国西北地区的企业尤其是新疆、西藏和青海的企业在营销能力和品牌建设上，跟东部特别是沿海省份的企业相比还是有差距的。以营销为例，价格、产品、分销和促销是一个有机的整体，需要结合不同地区、不同消费人群分类以及竞争对手的策略等因素进行综合考量、统一布局、适时发力，青海盐企虽然有加强相关能力的意识，但一时之间不知该选择从哪个方面进行入手，有的企业管理者甚至将降低价格和进行媒体推广等同理解为全部的营销或品牌建设工作。此外，食盐行业常年处于专营体制下，绝大多数盐业企业在品牌建设上都很薄弱，"盐改"后，企业在品牌建设、市场营销等核心能力方面虽然有心提升，但难以在短短的几个月内速成，还要有一段很长的路要走。

（三）人才与技术薄弱

上文提到的企业的营销能力不高，从一定程度上也反映了西部企业缺乏优秀的专业营销人才。与东部企业相比，西部企业在技术层面上也处于劣势，以青海省盐业股份有限公司放弃青海天泰制钠有限公司为例，除了行业产能过剩和安全环保隐患大以外，技术不过关是导致企业亏损的最主要的原因。天泰制钠有限公司液氯平衡问题和核心电解技术直至实施放弃战略之前都没有得到彻底解决，公司曾向第三方机构购买了技术服务，但由于专利原因技术服务中途被迫中断，前期已获得的技术又由于本公司的技术人员水平有限没能够将相关技术彻底的消化和掌握，以至于最终沦为背靠上游企业（盐企）的制钠公司中为数不多的亏损企业之一。客观上讲，传统的湖盐制盐企业生产技术含量不高，员工素质和技能水平也普遍不高，当青海盐企准备向多产品种类、综合开发利用和循环经济的方向转型时，技术力量和人才匮乏的问题将会是是企业面临的最大的阻碍之一。

（四）产业融合发展仍在探索当中

产业融合发展催生的新业态是获取经济增长新动能的重要来源。以茶卡盐湖为主要代表的盐湖生产与盐湖旅游的融合发展已经取得了不错的成绩，这是值得肯定的。但是，在这一发展模式探索的过程中，也自然会面临一些问题或挑战。例如，在景区的宣传与推广上，如何吸引进藏路过的游客顺道来盐湖景区光；如何通过旅游业的发展带动盐产品销售量提高和品牌知名度的提升；旅客人数的增加可能会带来环保问题；怎样开发最有利于企业和盐湖资源的可持续发展；以及与旅游业相配套的服务还不够完善等。青海的盐湖众多，大多数盐湖并没有被开发用于旅游业，省级有关部门也没有对这些盐湖资源的旅游开发工作做过系统性的规划，察尔汗盐湖虽然也开发了盐湖工业区旅游项目并且还建立了盐湖博物馆，但发展潜力还远远没有完全被发掘出来。

（五）食盐跨省销售面临较大的阻力

由于目前"盐改"尚处于初期，一些地方政府过去曾出台的盐业法规与政策还没有依照《盐业体制改革方案》进行重新修订，有的地方性旧规章和指导文件甚至与《盐业体制改革方案》的精神相悖，加上"盐改"政策只有大致发展方向，目前还没有出台细化到具体工作层面的解释文件，导致不同的地方监管部门对"盐改"的精神理解也有所不同。再者，由于省盐务局与盐务公司多年来都是"政企不分家"，虽然近期在形式上已经完成了体制改革，但是由于多年来养成的"思维惯性"，地方盐务管理部门尤其是县级执法部门工作人员的地方保护主义思想根深蒂固，人为的在执法尺度上对外省食盐产品的销售设置了不少障碍。最后，不同的省份对"盐改"的推行力度也不同，还造成了很多省份之间的食盐市场的开放程度有所不同，就目前的情况来看，很多地方仍或多或少地对外省食盐品牌设置了障碍，食盐市场达到真正的完全放开可能还需再经过一段时间的过渡。

（六）资源低水平、浪费性开发仍较为严重

前面提到，青海盐湖工业股份有限公司在公司建立初期的时候将主要成分为盐的副产品丢弃在盐湖边，形成一座座小山。虽然盐湖工业股份有限公司后来进行转型升级，经过循环经济建设和二次开发再利用已经不会像从前一样丢弃副产品了，但当年的"废料小山"还在原处。另外还有一些小的钾肥厂也会排放出一定量的副产品。由于这些"废料"丢弃在湖边等地，企业无法做到一直对这些废料进行有效的看管，有的不法分子则"乘虚而入"将这些"废料"偷偷运走并加工成劣质的工业盐，以极低的价格兜售到工业盐市场当中，给正规的工业盐生产企业造成了很大的冲击，尤其在全国工业盐产能总体过剩的背景下，这一冲击无疑是雪上加霜的；更有极少数的不法分子，竟将这些劣质废料经简单的加工处理后变成了假冒的食用盐产品，给人民群众的生命健康安全造成了极大的安全隐患。还有的企业，直接将不再使用的老卤排放进矿体之内，使得矿床内的一些物质与老卤中的一些成分产生化学反应，对矿体造成了一定的破坏，这种破坏也许对盐的生产影响不大，但会影响到对其他矿物质的综合开发利用，不利于整个盐湖内的可持续发展。

二　加快青海盐业转型发展的对策和建议

（一）稳定工业盐产能，着力开拓高端食盐市场

目前，青海省工业盐市场上呈现成出"有市无价"的尴尬状况，工

业盐产品市场上有愿意购买产品的买家，但产品的平均成交价格却很低，且各家工业盐销售企业的应收账款周转率都呈增大趋势，总体上讲，工业盐市场受产能过剩影响严重，生产、销售工业盐的利润率低甚至还很有可能会亏本。在低迷的市场状态彻底改变前，青海工业盐的产能和实际产量都不宜再增加，至少要保持稳定，拥有食盐生产资质的企业应当将更多的精力转移到食用盐产品的发展上；没有食盐生产资质的企业应当考虑转型升级等应对措施，如发展循环经济、综合开发再利用、与其他企业进行兼并重组或者直接退出工业盐市场。

青海湖盐资源拥有极佳的自然禀赋优势，青海盐业发展一定要抓住和利用好这一优势，走发展中高端精品食盐产品的道路。选择这走发展中高端精品食盐产品道路的原因是：青海的天然湖盐几乎从未接触过现代工业污染，盐分含量高、质地好，是理想的生产各类食用盐产品的原材料；食盐利润远远大于工业盐，发展中高端食盐产品可以摊薄销往省外的每单位产品的运输成本，做到扬长避短；走发展中高端精品食盐产品的道路，有利于企业在"盐改"后在日趋激烈的市场竞争中实现产品的差异化，树立"高端大气上档次"的品牌形象，有利于产品形成竞争优势、有利于企业的长期可持续发展。事实上，青海的两家食盐定点生产企业都不约而同地选择了这条道路。

（二）进一步发掘盐湖旅游潜力，挖掘产业增长的新动能

盐湖是青海盐产品的原产地，美丽的盐湖风景也是青海盐产品的地缘标志，当美景与品牌联系在一起时，能够对品牌起到很好的宣传作用。盐湖旅游业不仅让游客欣赏到了青海独特的自然风光，还能够让来过的游客更好的了解青海盐产品的独特之处，让游客回到家乡后愿意购买青海的湖盐产品。反过来，青海湖盐产品的包装上印有盐湖的美丽风景，又很可能会让没有来过青海旅游的消费者对青海盐湖拥有"哎呦，不错哦"的第一印象，对青海独特的自然风景有所期待，成为未来潜在的游客。总之，盐湖旅游与食盐销售及品牌建设之间是可以相互促进的，关键在于青海盐企如何设计相应策略了。其实在这件事情上，青海的盐业企业之间可以进行合作，在"行业协会"的统一组织和政府有关部门的牵线下，一起宣传"大美青海"的自然风光，一起在消费者心目中打造湖盐产品"绿色""健康"的形象，获得 $1+1>2$ 的收效。

经过实践探索，青海省在盐湖旅游经济的发展中已初见成效。但初步判断，青海旅游业发展的潜力还很大，可以进一步发掘。例如，西宁市、格尔木市是进藏的交通枢纽和中转地，每年都有大量进藏游客在青海省中转、休整，有不少游客为了缓解进藏的高原反应通常会在青海滞留 3 日左右，这些游客都是青海旅游业的潜在消费者；察尔汗、茶卡等盐湖距离格尔木市或西宁市的距离很近，去附近的一个盐湖观光往返仅需 1 天的时间，只要相关工作做得到位，就极可能会大幅度增加盐湖景区的旅游人次。东部和中部计划去西部旅游的人数，预计也还会增长，例如，最近一些内地的年轻人在拍摄婚纱照时，特意选择沙漠、海岛、西藏、敦煌等风光独特的地方进行"旅拍"，而青海就是一个进行"旅拍"的好选择。挖掘盐湖旅游潜力，一方面要做好面向其他省份旅客的宣传、引导工作；另一方面还要完善旅游配套设施建设和提升旅游服务质量，不断努力提升游客的旅游体验。盐湖工业与盐湖旅游融合发展的目标就是努力将青海的盐湖旅游打造成为"有特色、有口碑、有价值"的经典旅游路线。

（三）积极借助外力，补齐产业发展在人才、技术、营销和品牌等方面的短板

当前企业之间的竞争往往反映在技术、营销、品牌等方面的竞争，这些方面的竞争归根到底最核心的是人才的竞争，企业应当形成重视人才、尊重人才并形成培养人才的意识，必要的时候还可以考虑直接高薪引进高端人才。诚然，无论是人才的培养、发掘，技术的积累，还是营销能力的提升以及品牌影响力的增强，都不是一朝一夕就可以实现的事情，需要时间和成本的付出并逐渐沉淀。西部企业由于地理等因素的影响在相应方面处于劣势，企业在人才、技术等方面"苦练内功"的同时，或许还可以选择与知名的高校、科研机构、以及咨询公司进行合作，尽快补齐短板，在越来越激烈的市场竞争中先站稳脚跟。总而言之，企业要同时做好短期和长期的综合规划，在人才、技术、营销和品牌建设等方面多下功夫，不断提升自身竞争力。

（四）鼓励企业领导者不断学习、转变传统观念

企业的整体观念主要体现在价值观上，而价值观又主要集中在决策层对事物"值不值"的认识与判断上。例如，有些企业领导者认为花钱请外部机构做投资方案可行性分析等咨询服务是"多此一举"和浪费资金

的行为；有的企业高层认为支付专利费太过于昂贵，先"偷偷用"着，等被发现了再说；有的企业领导认为环保投入应当能少则少，环保工作仅仅就是为了应付政府的监管，对于企业是负担，这些对"值与不值"的认识都是企业观念在实际情况中的具体映现。事实上，观念陈旧是企业领导者做出重大失误决策的主要原因之一。而相对来说，由于受地域和环境的局限性所影响，西部企业的领导者往往在观念上表现得较为陈旧。因此，必须鼓励西部企业家和高管们通过主动学习的方式来加强自身的综合能力，尽可能多接触最新的商业信息和管理经验，多与行业内或相类似行业内的龙头企业沟通交流、学习和比较，不断的拓宽眼界和全局观，当遇到重大的难以决策的问题时可以考虑向外部专业机构咨询。企业领导者作为企业发展方向掌舵人，其观念直接决定企业的未来，不容忽视。

（五）在保护好生态环境的前提下，推进资源的精细化开发

习近平总书记在青海考察时强调"尊重自然、顺应自然、保护自然，坚决牢固国家生态安全屏障"，"盐湖是青海最重要的资源，要制定正确的资源战略，加强顶层设计"，"要在保护生态环境的前提下搞好开发利用"。他还特别指出"循环利用是转变经济发展模式的要求，发展循环经济是提高资源利用效率的必由之路"，青海省的循环经济要为全国的企业提供示范作用。青海发展盐业、盐湖旅游及盐化工，必须高度重视的生态保护问题，做好应尽的社会责任。在发展循环经济进行深度综合开发利用时，企业不能盲目地搞"大跃进"，应当先细化资源的开发，根据企业自身所能调动的人力、财力、技术等要素制定合理可行的实施方案，"精心谋划、有序推进"。此外，随着青海旅游业的不断发展，游客数量的增加也会对生态环境保护工作造成一定的困难，为此也应未雨绸缪做好规划和应对措施，使企业发展与生态环境保护相协调、相促进，走可持续发展之路。

（六）深化盐业体制改革，完善配套政策

这里既包括国家层面的法律法规需要逐步细化，也包括省级条例、办法等须尽快完善。只有国家层面的法律法规以及相关司法解释完善合理、细化可行，"盐改"政策在全国实行才会有一个相对统一的尺度，届时执法部门有法可依，同时也有利于企业运用法律武器保护自己的合法权益，市场竞争环境才会越来越公平。省级条例、办法作为对国家法律法规的补

充，要结合地方的实际情况，做到合情合理，不能通过地方立法搞地方性保护，也不能给企业增加额外的负担；在制定相关文件的草案时有关部门应当向社会公众征求建议不能"闭门造车"，也不要完全照搬其他省份的现成文件，当地方立法出现明显不合理之处或与全国性法律法规相悖时，地方立法机构应当及时进行补偿、修订、更正；各级执法部门在执法过程中要依法执行，不要随意下发大量的"红头文件"更不能"朝令夕改"。

第八章

山东省盐业企业与政府
应对产能过剩的对策

第一节 山东盐业企业转型升级的主要做法

山东是中国产盐第一大省,山东盐业发展历史悠久,规模庞大,更是我国海盐的主产区。早在五千多年前,人们就开始就开始刮取海滨咸土,淋卤煎盐,在有天然卤水的地区,人们曾采用"先烧炭,以盐井水泼之,刮取盐"的生产方法。在公元前7世纪,齐相管仲对食盐的生产、贩运和买卖加以管理,开创了中国盐业管理的历史。其后的大部分时间里,中国历朝历代都采用食盐政府专卖制度以增加税收。

近年来,随着中国经济发展迅速,原盐产量不断增加,原盐产量从1992年的2838万吨增加到2015年的8876万吨,年复合增长率为5.08%。2004年之后,原盐产量快速增加,2009年之后增速才逐步放缓。与此同时,山东盐业产量也出现同步变化,原盐产量从1997年的753万吨,增长到2015年的2801万吨,年复合增长率为5.88%;2007年山东原盐产量达到2360万吨,此后产量逐步稳定。2015年山东全省累计产盐2801万吨,同比增长2.05%,但只销售了1716万吨,同比减少19.8%,产量略有增加而销量大幅减少的结果是期末库存达到1348万吨,同比增长26.1%。由此反映出,山东原盐销量大幅下滑,导致库存激增,山东地区盐业经历了前些年供不应求的状况之后近年略有过剩。2015年,山东海盐产量为2345万吨,占总产量的83.72%,销售海盐1342万吨,占总销量的78.22%;井矿盐产量456万吨,占总产量的16.8%,销售373.77万吨,占总销量的21.78%。山东海盐的产量占比大于销量占比,反映出海盐销售较井矿盐困难,库存增长较快。

在产量和库存快速增长的同时,原盐价格迅速下跌。自2014年以来,全国盐价大幅下跌,制盐行业原本微薄的利润迅速消失,整个制盐行业陷入全行业亏损中。以华东地区的原盐含税出厂价来看,2011年5月,原盐出厂价格还处于每吨530元,随后下跌到2016年4月的150元每吨,截至2017年1月,原盐出厂价也仅恢复到了220元每吨的水平,尚不足2011年价格的一半。如果以裸盐价格(不含税的出厂价格)来看盐价低的时候近60元每吨,而山东省境内制盐企业即便是卤水制盐的平均成本都在130元每吨,绩效稍微差些的企业则约为180元每吨,即便是效率最高的企业成本也在100元每吨左右,按照当前价格来看,山东原盐企业成本严重倒挂,企业亏损严重,多数中小盐场资金链难以维持已经到了破产的边缘。

一 加快技术改造,采用新型工艺和技术路线

随着中国经济的持续发展,土地供求矛盾日益突出。在国家划定耕地保护红线的情况下,作为本身就是工矿用地的盐田成为各类建设项目用地的首选目标。近年来,随着滨海开发建设的不断深入,山东海盐生产企业拥有的盐田不断被占用拆迁,海盐生产面积不断减少,海洋传统产业和传统的生产方式难以持续,下游产业面临着结构调整和转型升级。同时,近年来原盐市场低迷,海盐面临井矿盐市场竞争,为适应市场变化,提高产品竞争力,盐业公司从生产经营入手,提质增效。各制盐企业严格采取"新、深、长"和"薄赶深储"工艺,加大塑膜苫盖面积,提高原盐产量、质量,同时采用卤水监测、远程控制系统等先进技术,改进传统制盐工艺,提高了制卤保卤能力。同时企业强化管理工作,向管理要效率,推进管理由粗放式向精细化转变。盐业企业进一步加强滩田管理,规范工艺操作,严格工艺流程,把好质量关,对每一道生产工序,每个生产环节都做到一丝不苟、规范、科学操作,标准化生产,同时节流降耗,减员增效,最大限度降低生产成本。

为应对市场竞争、企业转型,山东海王化工股份有限公司经过研究论证,确定了公司调整转型的总体思路和发展战略。公司确定总体发展思路是:以创新为动力,向科技要效益,强化措施,加快步伐,努力由资源型

企业向科技型企业转型升级；发展战略是：依托公司现有产业，进一步向横、纵两个方向发展。横向是：开辟境外资源，扩大市场份额，巩固行业地位；纵向是：沿产业链对现有产品进行深加工，提升产品附加值，提高经济效益；战略重点是：以溴素产业链为主攻方向，通过发展溴素下游产品，带动整个溴素行业的壮大和提升，依托潍坊滨海溴素产业集中的优势和公司目前在溴素行业的地位优势，建设中国溴谷，打造中国溴王。经过多年努力，海王化工已经形成年产溴素2万吨，溴化物产能6万吨，溴素溴化物的产能、产量及市场占有率均居全国第一，世界第三，并且公司的"世纪海王"牌工业盐于2006年12月被评为山东省名牌产品，2011年12月"风筝都"牌溴素被评为山东省名牌产品，进一步提高了公司在全国溴素行业中的主导地位，2016年4月，海王化工在新三板挂牌上市。

寿光卫东化工有限公司面对工业盐价格一路下滑，全行业陷入亏损的局面，公司选择从四个方面进行突破。一是提高产品质量，努力压缩生产成本。公司以提高质量和降低成本为重点，在现有条件下，以质量求生存，不断降低成本，不断完善生产工艺标准，使产品质量再上一个台阶。在满足正常生产的情况下，压缩人员编制，提高机械化程度，严格控制耗能，搞好成本核算，全员全方位节约生产成本。二是紧抓安全，大力推进环保建设。公司重视安全工作，大力开展"查身边隐患、保职工安全、促企业发展"的安全活动，以事故隐患排查治理为重点，有针对性地开展消防和应急救援演练，认真学习安全生产法律法规，全面落实安全生产责任制度，强化各单位安全生产的主体责任，强化检查力度，保障安全生产。同时卫东化工推行清洁生产，提高资源利用效率，采用先进的工艺设备和污染治理技术，治理生产过程排放的污染物，全面完成减排计划。坚持环保先行，严控末端治理，提高效率，降低损耗，变废为宝，进一步实施循环经济，以低消耗、低排放、高效率实现可持续发展。三是紧抓技改，尽力突破科研瓶颈。卫东化工有限公司加大研发、技改投入，强化创新意识，以完善现有生产工艺为基础，以新产品的研发为助力，与对口人才输入为拓展，以与科研单位的合作为完善，加大技术信息储备，提高调研考察能力，增强技术创新能力，着力解决制约公司发展的科研瓶颈。卫东化工在加强对现有的产品工艺优化改造的基础上，积极探索市场中前景较好的产品，实施新项目带动战略，多方协调落实相关土地、环保、资金等配套政策，推动项目顺利实施，以增量投资推动产业转型升级，促进经济发展方式转变。四是紧抓落实，全力改进企业工作作风。卫东化工有限公司各级领导干部，上至高层下至班组长，全部深入学习，大力加强和改进作风建设，提升企业管理效率。

基于以上四方面改革，卫东化工重新规划生产工区，8个生产工序压缩为5个，同时大幅裁员管理人员，压缩管理成本；将盐机组配员降低40%，调减班组盐工配员，从而使人员降低1/4，进一步降低人力成本。同时，卫东化工定期组织人员到全国盐业机械化程度较高的同行业单位进行学习，结合自身滩田条件，进行盐业机械化改造，将部分老盐田改造为全封闭机械化盐田，使原有班组1000公亩陪员10人变为2000公亩陪员8人，机械化程度整体提高减少了劳动强度，降低了人员成本，同时提高了劳动效率。最后围绕提升原盐质量水平，卫东化工有限公司将全面质量管理贯穿于整个生产的全过程，结合新、深、长制盐工艺，针对人、机、料、法、环五大控制要素，重点做到了严把五道关。严把技术员队伍关，严把盐田设备维修质量关，严把工艺标准关，严把捞盐成坨关，严把生产现场管理关。在卫东化工有限公司推行体制改革，推广机械化生产以及加强质量管控等措施后，公司原盐产量稳中有进，产品质量逐步提升，生产成本各项费用大大降低，在配员大幅减少，各项费用压缩的情况下，卫东化工通过优化劳动组合，合理调动员工积极性，充分挖掘生产潜力，把提高原盐质量和降低生产成本作为突破口，公司经营取得了显著的效果。

寒亭第一盐场也加大了食盐生产机械化自动化项目改造，先后投资800万，加大对粉精盐车间的改造力度，新上袋式包装机系统两套，机器人码垛系统一套，升级改造八套小包装生产线，投资650万元新建雪花盐包装库一座，先上一组钛材锅自动收捞生产系统、自动包装设备十套。通过机械化改造，目前企业基本实现了各品种食盐生产全过程的自动化机械化，提高了质量和工作效率。粉精盐车间日产量由240吨提高到510吨，颗粒盐日捡能力由200吨提高到300吨，同时节约用工人员36人，节约用工成本200多万元，实现了减员增效的目的，切实增强了企业竞争力。同时，山东寒亭第一盐场，对企业进行了全面改革，狠抓基础管理，提升管控水平。一是对管理体制进行了改革，积极调整优化组织结构，完善企业运行机制，分步骤对管理科室、生产单位进行整合，精简人员，降低成本。进一步转变管理职能,引入竞争机制,开展岗位达标,激发了干部职工奋发向上的积极性,提高了管理效率。二是对分配机制进行了改革,打破大锅饭分配格局,建立收入能增能减、有效激励的分配制度。体现奖勤罚懒,奖优罚劣,实现责、权、利的统一,使干部职工工作有标准,检查有尺度,考核有目标,奖惩有依据,激励干部职工努力进取。三是认真实施预算管理,促使企业节支增收。不断健全完善实施全面预算管理的各项制度,重点做好科室、车间、工区成本费用的控制,实现了节支增收,企业效益得到极大改善。

同时企业调整产品产业结构。一是积极研发适销对路产品,调整产品结构,实现了食盐产品由低端向高端发展,有低附加值向高附加值发展。多年来,寒亭第一盐场面向市场,准确把握消费需求,从产品风味、形态、包装等特色入手,努力在突出海盐特色方面做文章,不断加快开发、上市品质独特、绿色健康、天然低钠等优势的新产品,成功研发出以海精盐、海花盐、海蓬子食盐等为代表的高端入口食盐产品,提高产品附加值,形成了自有的核心技术和竞争力品牌,全面提高了产品的盈利能力,逐步改变了依靠以精制盐、水洗盐为代表的单一低端产品,以扩大产量来实现经营收入增长的落后方式。二是加强原盐生产,做到了原盐生产思路由产量向质量的转变。近年来,寒亭第一盐场把提质降耗作为原盐生产方针,将工作重点由原来的量产、低价竞争转移到以优取胜上来,全面推行科学制盐,科学管理,技术创新,去产降耗,严格执行新、深、长工艺,突出质量红线。同时根据研发适应新产品的需要,研发新型多效晒盐滩田,有效推动了生产工艺优化,实现原盐产品多样化,满足食盐结构调整的需要。2014 年来,寒亭第一盐场根据生产低钠食盐产品的需要,对 5000 公亩滩田从捞盐方式上对制盐工艺进行了优化,将该部分摊点生产的原盐专门用于低钠食盐产品的生产,实现了原盐产量降低了一倍,收入翻了一番,提质降耗,去产增效效果良好。

在此基础上,寒亭第一盐场持续优化工艺,抓好环节控制,不断提高产品质量。一是根据生产需要加大投资,持续加大设备上新、更换、工艺的优化的力度,提高设备装备水平和机械化、自动化程度,淘汰落后的生产设备,加强品质管理,积极节能降耗,使食盐质量得到了不断提高,实现了企业增收增效。二是抓好环节控制,认真做好产、销、存全过程的质量跟踪检查，使生产始终处于受控状态。重点做到转变车间定产观念，做到以销定产，以质定费，按销售出每吨合格产品给车间下拨加工费用。完善质量奖惩制度，责任到人，并严格做好质量奖惩，有效提升了干部职工的质量意识，提高产品质量的同时，遏制了产能快速增长。在紧抓产品质量的同时，寒亭第一盐场以文化理念提升管理水平，促进企业全面发展。寒亭第一盐场认为企业文化建设本身就是管理，而且是更高层次和更高境界的企业管理。多年来，企业高度重视企业文化建设，一是通过总结企业多年来积淀形成的工作精神，形成了具有企业特色的文化理念，丰富职工的精神文化内涵，激发起职工源自内心的激情和动力，进一步增强了职工的归属感和使命感，树立和维护了企业形象。二是把企业文化教育作为干部教育、新工人教育的重要内容，使之入耳、入脑、入心，将各种文化理念融入到经营管理的全过程，形成企业共同的价值观和共同的信念，进而形成强大的发展合力，促进企业的全速发展。企业经过多年深化改革，截至2015年，寒亭第一盐场你从2001年的负资产400万元，濒临破产的小企业发展到现在净资产2.29亿元、利润总额1950万元，生产盐种有5种，发展到现在25种的现代化中型制盐企业，企业综合实力极大增强，企业扭亏脱困，提质增效成果显著。

广饶盐化集团大力推广一水多用技术，走初级卤水养殖卤虫，中级卤水提溴，高级卤水制盐，苦卤综合利用的路子，不断提高综合效益，同时注重保护卤水资源，利用淡季停井的办法，涵养地下卤水资源，取得了很好的经济效益和社会效益。同时为每一个制盐单元建设了卤库，并加强卤库的塑苫管理，做好高级卤保卤工作，减少了雨化损失。同时，广饶盐化集团实施了地下卤水循环利用项目，利用覆膜打沙工艺对1.5万亩制卤区进行防渗改造，年可减少卤水损失700万方。针对溴素厂无序建设导致卤水资源浪费的情况，广饶盐化集团探索溴盐联产体系，根据以盐定溴，盐溴平衡的原则，广饶盐化集团收集附近几个溴素厂提溴后的卤水，直接用这些卤水进行制盐。这样盐田可以免费获得卤水，减少了电费、打井费、设备费等相关费用，大大降低了原盐的生产成本。同时广饶地区加强溴素生产监管，采取在原盐生产淡季实行溴素限产和冬季停产，对卤水进行深加工开发的措施，使卤水集约式开发，遏制了地下卤水过度无序开采的现象。

鲁北盐化研制出卤水检测远程控制系统并成功应用，打造智能化生产及经营管理信息系统，实现了信息数据的高度整合及生产的全过程自动化管理、控制。滨化海源盐化有限公司创新化工生产节能降耗思路，使氯气、硫磺、原煤消耗均有不同程度下降，与滨州市水产研究所共同承担了罗非鱼海水驯化养殖课题，实现亩产400余斤，填补了山东省内海水养殖罗非鱼的空白，并成功申报了滨州市第十一批农业产业化重点龙头企业和省级现代渔业园区单体规划项目，获得省级奖励资金30万元。无棣海丰集团与清华大学等全国一流院校积极开展产学研战略合作项目，着手建立清华大学工艺美院教学基地，并取得了实质性进展。金盛海洋资源公司企业技术中心取得了山东省经济和信息化委员会的认定，并与高等院校嫁接联姻，分别与河北工业大学合作上马海水提钾项目，与天津科技大学合作中级卤虫养殖项目。无棣精盐厂自主研发的家居车载两用热敷盐袋和中草药盐包关节舒缓带顺利通过了国家知识产权局的审核，取得了实用新型专利证书，使无棣精盐厂拥有了更多的自主知识产权，增加了产品种类，提高了消费者认知度。

二 转换企业经营机制，打造一体化运营体系

为适应新形势，新发展，山东食盐产销经营以山东盐业集团为主体，以电子商务公司为依托，以市公司为区域代理，按照扁平化管理的要求，实现订单、物流、结算为一体的省内食盐产销平台，通过生产经营组织架构调整和产权结合，形成具有区域影响力的食盐产销一体化的企业集团。

（一）整合集团生产资源

目前盐业企业数量较多，规模普遍较小，行业集中度较低，盐业企业发展需要行业合作，特别是与那些具备全国性与全行业影响力的大企业集团进行合作，以解决目前企业整体竞争力弱，行业效益低等问题。自2009年来，山东盐业集团重新调整经营理念，统一发展思路，确定了由专营主体向市场主体转变的转型目标，食盐专营向服务经营转变，产品结构相适应消费需求转变，向市场化转变。将分散在全省各产区的制盐生产企业统一整合到生产板块，统一规划产品、产业结构，统一品牌管理和运作，壮大集团产业规模，做实做强生产板块，以紧密型、集团化生产应对盐改带来的市场化竞争。目前，整合山东盐业以集团"鲁晶"为母品牌，以权属企业各自品牌为子品牌的工作基本完成，统一产品企业标准，统一产品形象设计的工作形成常态化，为盐业集团发挥产销一体优势，实施跨区域大营销战略奠定了坚实基础。威海、菏泽、日照、莱芜、枣庄盐业公司公司制改造工作已经完成挂牌。济南、烟台、济宁、泰安、德州盐业公司改造工作以及理顺淄博产权关系等工作正在稳步推进。目前，山东盐业正在积极筹备三项具体工作，一是将临沂千源、烟台海晶两个包装厂改制下放地级公司；二是寒亭第一盐场资产关系上划盐业集团；三是昌邑盐业公司下属销售公司进行混合所有制改造。

（二）整合市场营销资源

一是整合矿盐企业现有市场资源，加快在华北、华东等传统优势市场的销售网络布局，建立一批稳定的合作客户，扩大市场份额，在新一轮的市场竞争中确保处于不败之地。二是推进海盐实验生产企业产权资本的整合或重组，以产权为纽带，形成生产经营管控一体化的海盐食盐生产企业。以山东优质海盐资源为依托，突出海盐食盐产品特色，在国内形成产品竞争的优势。

（三）打造电子商务发展平台

建立以生产和批发企业为主体的网上交易系统，集信息、储存、物流、结算为一体，实现盐业经营信息化。山东盐业集团电子商务公司已于2016年4月注册完成，10月8日正式上线运营，在第三方平台的网上店铺以及微商城正式营业，此后，食盐批发业务也将上线运行，逐步搭建覆盖全国的盐产品市场交易平台。

无棣海丰集团也开设了无棣盐业、无棣盐铺、无棣宏源特产、海丰集团四大淘宝店铺，并充分利用新兴的微信三级分销模式，将洗化盐、热敷盐等盐产品，盐雕、木雕等工艺品以及无棣农家系列、无棣贝瓷等无棣特产分类上线，并在滨州市、无棣开设了三家实体店，取得了显著成果。

三 创新发展思路，培植新的经济增长点

山东盐业集团确立了"立足盐，延伸盐，发展盐"的发展战略，探索"以盐为本，多元发展"的经营路子。

（一）坚持立足盐，推进重点项目建设

尽管盐业市场竞争激烈，但是原盐仍然是盐企生存发展的基础，为进

一步做好原盐生产工作，各企业不断加强对原盐生产的投资力度。在肥城120万吨热泵制盐项目建成投产基础上，山东盐业集团决定建设在岱岳120万吨无效真空制盐项目，形成年产240万吨井矿盐生产规模，放大井矿盐优势，增强市场竞争力。目前，山东盐业集团正成立"重点项目推进领导小组"，部分辅助设施建设已经到位，主要设备蒸发罐招标工作已经完成，项目建设进展顺利，整个项目预计2017年下半年正式投产。寒亭第一盐场已投入资金4000万元，改造盐田16000公亩，将其建设成为高标准盐田，可年产30万吨优质原盐，以满足食盐结构调整需要。同时公司的高档雪花盐一经推出大受市场好评，但原有厂房设备不能满足生产要求，为保证雪花盐生产，投资650万元对雪花盐生产车间进行扩能改造，目前该项目已经完成投产，年产雪花盐5000吨，增值销售收入6000万元，年增加利润600万元。由于多品种食盐需求旺盛，寒亭第一盐场现有的多品种食盐生产设备已经不能满足生产需要，严重制约了企业发展，为此企业拟投资1500万元，新建多品种食盐标准车间7279平方米，新上多品种食盐生产设备多套。多品种食盐标准车间建成投产后，年可增产8万吨，增加销售收入4200万元，增加利润375万元。同时，针对寒亭第一盐场第二制盐工区地下卤水资源不断匮乏，卤水浓度不断降低的现象，寒亭第一盐场经过考察论证，决定实施"北水南调"工程。公司先后投资2000万元，进行了第一次北水南调工程、第二次北水南调工程，从第三制盐工区调取120万立方米卤水输往第二工区，解决了卤水资源不足，卤水浓度低等制约原盐生产的一系列问题，确保了原盐产量质量的提升，为使因为食盐生产保证了丰足质优的原料盐，企业在原盐行业的精耕细作成为企业新的经济增长点。

（二）坚持延伸盐、发展盐

山东盐业集团采取多种措施进一步延伸盐产业链。一是以鲁盐经贸公司为依托，开展跨省食盐批发经营业务。目前已与部分省公司签订协议，开展业务合作。二是成立鲁晶制盐科技有限公司，集中研发、生产和销售高端多种营养盐，加快推进新产品的研发上市，在提升产品内在品质的同时提高产品附加值。目前产品设计标准备案已经完结，首批产品已经投放市场。2016年1—9月，山东盐业集团非盐产品累计实现营业收入15377万元，同比增长29.6%，占总营业收入比重7.84%。

通过制盐提溴，海王化工利用自身在溴素生产和盐溴化工方面的优势建成了年产 6 万吨的全国最大溴化物生产基地，正计划依托现有产业，重点发展新材料产业和新医药产业。在新材料产业方面，在现有溴化物生产的基础上，发展高分子材料、金属材料、新型建筑材料。通过加大投入，将海王工业园打造成为新材料产品生产基地和产学研配套的科技创新基地，目前海王工业园已初具规模，各个项目已经建成投产，溴系阻燃剂、无卤阻燃剂、阻燃母粒、改性塑料等产品已经形成系列，市场不断扩大，效益良好。在新医药产业方面，海王化工与周边的国邦药业、新和成药业以及江浙地区医药企业建立了长期的合作关系，已经开发了部分产品投入生产，并准备建立新医药产业园。

滨州市大力发展绿色海洋循环经济，做到一水多用、一滩多能，以金盛海洋、鲁北盐化、滨化海源等大型盐业企业为龙头，巩固原盐生产和盐化工的同时，大力发展海水养殖业，做精做优做大海水养殖，建立集育苗、养殖、冷藏、加工为一体的工厂化生产线，拉长产业链，增加产品附加值，提高综合经营效益。力争到 2020 年，建成集育苗精细化养殖和放养相结合的海产养殖基地，养殖品种涵盖虾类、贝类、藻类、鱼类、虫类和蟹类等，并对养殖产品进行初加工或深加工，走中高端路线，打响滨盐海产品牌，力争养殖收入达到 5.8 亿元。同时推进盐、电、溴联产。山东华能沾化电厂 2×1000 兆瓦超临界发电项目已经立项待开工，项目建成后由深海取水用作海水淡化及循环冷却，年排放浓盐水达 2865 万方，浓盐水中富含溴、盐。为此，滨州市盐业企业积极与华能电厂洽谈对接，充分利用与盐田毗邻的优势，接纳其排放的浓盐水，既可保证电厂正常生产，排除环境污染，又可提取浓盐水中的盐与溴素。对接建设年产 3000 吨溴素厂，溴素尾水直接进入盐业企业制卤区，年增产原盐 70 万吨，年增加销售收入 1.8 亿元。同时大力发展风电、光伏发电项目，提高土地再利用率，实现立体发展。"十三五"末期，力争风电装机容量达五百兆瓦，光伏发电 800 兆瓦，土地租赁面积达到 5 万亩，实现空中有光、风电，地下有养殖，尾水可晒盐、提溴，极大的扩展了制盐行业的产业链。

四 跳出盐业，实现多元化发展

山东盐业集团注册成立小额贷款公司，2016 年 10 月 8 日完成工商注册，公司正式启动运营。除此之外，山东盐业集团还成立鲁晶实业公司，依托食盐经营渠道，开展粮油生产、经营、配送业务，实现渠道增值，集团增收，为盐业集团拓展非盐产业探索新道路。三是发展新兴产业，发挥海盐企业的资源优势，在浓盐水综合利用研发项目基础上，利用浓水含镁高优势，山东盐业集团与山东大学合作开发了水滑石功能材料研究，已取得初步成果，正在开展新型材料应用的研究。2016年前三季度，在山东盐业集团各业务板块中，工业盐继续处于下降趋势，其他业务板块销售收入较上年同期增长明显，尤其是非盐产业中的化工业务收入增幅较大，主要是溴素收入增幅达到50.24%。

在现有盐业生产面积不断减少的情况下，山东海王化工集团也采取了跳出盐业发展盐业的思路，广泛寻找资源，开辟新的发展空间。2011年10月，海王化工与老挝政府签订钾矿勘探合同，获得了174平方千米的独家探矿权。随后公司在老挝注册成立了老挝海王矿业有限公司，开始对矿区进行全面勘探。经过两年的详细勘探，海王化工确认在其勘探区内存在丰富的钾盐资源，初步估算钾镁盐矿石可达22亿吨，氯化钾资源量超过3亿吨，属超大型钾镁盐矿床，具有很好的开发前景，目前已经着手办理采矿证。同时2015年5月海王化工与老挝中农钾盐矿签署合作协议，利用其钾盐生产过程中产生的废液提取溴素，实现资源的综合利用。目前已经注册了公司，取得了环评证明，办理了征地手续，着手实施土地平整项目所采用的工艺，全部由海王化工公司自主开发，开辟了溴素提取的一种全新模式。除了在中国周边地区布局，海王化工也进入非洲市场。吉布提境内的阿萨勒盐湖面积近100平方千米，初步勘探原盐储量30亿吨，溴素储量200万吨，海王化工与中交建设集团共同成立了吉布提化学股份有限公司，海王化工持股60%，对阿萨勒盐湖资源进行开发利用。目前已经开展合资公司的注册工作，项目建设方案制定完成，已报吉布提政府审批，2017年11月24日已与吉布提盐业公司举行了吉布提阿萨勒盐湖澳化钠项目合作协议签字仪式。除此之外，海王化工还对埃塞俄比亚、俄罗斯、阿塞拜疆等地进行了深入的实地调研，与当地政府和企业探讨合作的可能性，努力在全球范围内寻找合作伙伴，除此之外，海王化工也已涉足房地产业和金融业等其他产业。

滨州盐业发展，提出了发展文化旅游产业的规划。以无棣海丰集团为主导，一是建设"华夏海盐文化产业园"。一楼建成海洋博物馆，内设主展厅、参与体验区、场景还原区、、贵宾室和纪念品销售区等，可容纳游客五百余人。游客既能观赏、体验制盐过程中的各种工具机械，又可享受死海漂浮、盐浴等独具特色的娱乐项目。二楼、三楼建设及餐饮和住宿一体的大型酒店，形成无棣盐业宾馆的连锁店，面积将达7000平方米，拥有100个餐饮、住宿房间。华夏海盐文化产业园的建成和投入使用，将会解决无棣海丰集团近百人的就业问题，每年为企业带来至少1000万元的经济收入。二是发展海盐文化产业，成立海盐文化产业研发中心，研发盐雕、木雕、生活用盐、热敷盐、洗浴盐和卫生用盐等，投资558万元，建设标准化生产车间。到"十三五"末，无棣海丰集团力争盐雕、木雕及其他盐文化产品营业收入达5000万元，使其成为企业新的经济增长点。为了打造企业名片，无棣海丰集团还主办了"无棣县饮食文化展"，协办了"无棣古城文化旅游休闲汇"，两次活动的成功举办，进一步树立了无棣盐业形象。2015年，中国（无棣）文化产业基地被山东省旅游局批准为山东省工业旅游示范点，盐雕成功入选"到山东最想买的100种特色旅游产品"。目前无棣盐雕、木雕研发生产技术已基本成熟，市场效果越来越好。汇泰集团成功举办了"千年古桑旅游文化节"、"碣石山文化旅游休闲汇"、首届"中国碣石山登山比赛"和"饮马湖钓鱼比赛"等重要活动，极大提升了企业社会影响力。汇泰集团还与国电集团龙源电力集团股份有限公司合作开发风电项目，项目总装机容量98.7兆瓦，总投资8.75亿元。一期工程装机21台，容量44.1兆瓦，并网发电后年均发电量可达9000万度。

五 创新营销模式，拓展巩固销售市场

山东寒亭第一盐场近年来致力于从传统的计划销售模式向现代营销模式转变。一是加强销售队伍建设，引入科学的考核奖励机制，实行经营业绩、回收货款率与收入挂钩的分配模式，充分调动了业务人员的工作积极性和主动性。二是充分利用网络、媒体、产品包装、广告、展会等多种渠道宣传推广产品，不断培育稳固的消费群体。2016年寒亭第一盐场在山东电视台综艺频道对其产品进行广告宣传，收到了良好的效果。三是拓宽销售渠道，建立电商渠道，建立微博和微信等网络客户端，定时或不定时发布市场动态,让消费者了解企业产品信息,进行产品和品牌宣传,培育客户群体。同时企业开设并鼓励员工开设网店,利用网络共享产品,进一步提升品牌影响力。多年来,寒亭第一盐场始终走在盐产品研发的前端,面对以精制盐、粉洗盐为代表的传统水洗盐,产品附加值低,企业经营困难,2007年,寒亭第一盐场发现颗粒盐市场空白,具有巨大的市场潜力,便推出以海精盐、自然精盐和味精盐为代表的颗粒盐,并取得了巨大成功。2013年面对饱和的颗粒盐市场,寒亭第一盐场又通过市场调研,研发了以海花盐,海蓬子食盐为代表的多品种食盐。其中海花盐占有全国60%的市场,成为企业新的增长点。

六　水盐结合,打造海水淡化和浓盐水综合利用基地

海水淡化是国家发展战略,由于淡化水利用和浓盐水排放两个出口问题,发展受到了严重制约。一方面是淡化水没有出口,我国水资源的管理方式使淡化水的调剂利用受到限制。水资源实行属地管理,并且淡化水受成本、质量等影响,绝大多数淡化水没有纳入当地的自来水供应体系,仅以满足自身生产需要为目的,大量产能闲置,不能解决区域性淡水缺乏的问题。另一方面,浓盐水排放没有出口,环保问题成为海水淡化产业的瓶颈。海水淡化过程中,每生产1吨淡水,要副产1.5吨浓盐水。由于我国适合进行海水淡化的近海,都属于长循环周期的海湾,浓盐水排入后很难与海水混合,长期大量排放浓盐水就会形成死区,破坏生态平衡,因此中国明确禁止浓盐水近海排放。浓盐水排放没有出口,成为发展海水淡化的瓶颈。同时,海盐生产因为土地开发挤占滩田和卤水资源枯竭,可持续发展面临严峻挑战。海水淡化因为浓盐水不能排放而制约了发展,海盐生产却因为资源枯竭面临危机,各自的瓶颈恰恰是对方的出口。因此实施海水淡化综合开发是山东开发海洋经济的重点方向,利用海水淡化和盐业的互补优势,山东探索打造国家海水淡化的战略基地,并同时改变制盐企业多小散乱的局面,实现集约化生产经营,并彻底解决资源枯竭的后顾之忧。山东盐业集团采用膜技术对淡化后浓盐水进行离子分离或高倍浓缩,是目前海盐生产滩田日晒传统工艺的改革方向,不仅能大幅提高生产效率,还可以节约近一半的盐田用地。以日产淡水100万吨的规模测算,山东除可满足本省淡水缺口外(根据预测,山东省到2030年淡水缺口是20亿吨/

年),还可承担起对京津冀淡水的部分增量补给(40万吨/日),成为名副其实的国家淡水资源战略基地。而且输水工程有现有的引黄济津、南水北调等管网设施,不需要新建工程和大投入。同时海水淡化副产的150万立方米每天在浓盐水,可以形成年产1500万吨原盐(传统制盐工艺需要盐田1500平方千米,浓盐水综合利用技术仅用900平方千米的盐田就能达到相同的制盐规模)、350万吨氯化镁、38万吨氯化钾、3万吨溴素的链条式产业群。年产值过100亿元,经济效益15亿元,同时可以退出至少500平方千米的盐田用于其他工业经济开发,经济社会效益十分显著。山东省于2013年把"省级浓盐水综合利用示范基地项目"列入重大科技攻关计划,山东省国资委拨款1000万元给予扶持,由山东省盐业集团组织的国际化跨行业科技联盟组织研究。该项课题的核心技术是利用高科技手段实现海水或浓盐水的高效浓缩,以较低的能耗,高效的处理能力,替代现行海盐生产采用的自然蒸发工艺,富集浓盐水进行综合开发利用,最终达到零排放的目的。目前关键技术已经取得重大突破,具备申报建设国家级示范基地的技术条件。除此之外,鲁北盐化在"十三五"期间也计划利用集团优势,配套建设2万吨/日海水淡化装置,并利用电厂海水冷却等工业余热整合卤水系统,做好浓缩水回收利用与开发制盐新工艺相结合,提高原盐和溴素产量。

第二节 山东盐业面临的问题与政府采取的措施

一 影响盐业发展的政策性问题

(一)缺少基本盐田的政策性保护管理办法

近年来,山东沿海地区各类开发区、工业园区、旅游区加快建设,违规大面积占用盐田,致使盐田布局遭到严重破坏,原盐产量持续下降,大量制盐企业被迫停产,企业利益受到较大损害,职工安置得不到保障,严重影响了山东盐业的健康持续发展。

(二)行业管理面临诸多困难

一是受盐业体制改革影响,各制盐企业、两碱用盐企业遵守盐业法规和规章的意识淡薄,给行业管理工作带来困难,无序开发违规开发现象比较突出,存在大量不报批建设的现象。二是受部门职能限制,查处盐资源违规开发难度较大,盐田开发前期的土地规划和建设等,盐业部门均无权管理,盐田建成后很难取缔。

(三)盐业企业税负过重。

受经济下行压力影响,原盐价格持续下滑,生产成本不断上升,多年来一直从量计征的资源税与盐价严重倒挂,盐业企业出现大面积亏损。目前,井矿盐和湖盐资源税征收税率在1%—6%,海盐资源税征收税率1%—5%,只有卤水制盐资源税征收税率3%—15%,税负明显过高,显失公平,严重阻碍了以卤水制盐工艺的发展。卤水制盐企业举步维艰,难以维持正常的生产经营,绝大多数制盐企业处于瘫痪、半瘫痪状态,不少企业面临破产倒闭风险。

(四)卤水资源无序开发,缺乏合理统筹规划

由于溴素厂的无序建设,造成卤水资源无序开发,卤水资源浪费严重。其中有大型的化工企业,也有不少技术落后的小企业,他们过度开采地下的卤水资源,未与制盐企业联合生产,实行溴盐联产,并且将提溴后的卤水排放到河里,造成近海水体污染。以广饶县为例,由于多年的卤水资源无序开发,导致广饶地区卤水品质下降,储量减少,地下卤水水位下降。企业卤水井深度由原来的60—80米,增加到现在的150—200米,并且上水量明显减少,卤水浓度明显下降,与几年前相比平均下降了46波美度,同时卤水品质下降明显,原来十四波美度左右的卤水含溴量240—300克/立方米,现在下降到150克/立方米左右。

(五)盐政执法难度加大,盐政执法经费匮乏

以烟台市为例,目前烟台共有在岗盐政执法人员76人,辖区13745平方公里,负责烟台市700万人口的食盐安全以及11处制盐企业、1623处用盐企业、855处食品加工企业,11000个零售网点的监管,相比其他行政执法部门压力较大。特别是近些年来,一些不法盐贩伺改而动,烟台市境内涉嫌违法活动呈现上升势头。2016年1—10月,烟台市共查获各类涉盐违法案件473起,比2015年同期增加了近7倍,查获盐产品159.9吨,同比增加74吨。值得重视的是,从烟台市稽查情况来看,私盐贩以假盐、劣质盐和工业盐冒充食用盐的居多,并不是很多人想的正规外省盐跨区销售过来,市场形势不容乐观。同时盐政执法面临经费匮乏的问题。目前盐政执法经费大部分来自于盐业公司经营利润,随着改革的深入推

进，盐业经营权的逐步减少，盐业经营切实的利益已经越来越少，解决经费开支困难越来越大，不可避免地会影响到原有的盐业执法的内在动力和主动性。

二 政府采取的措施与具体办法

（一）切实加大供给侧改革措施，落实去产能目标

（1）淘汰落后产能，关闭一批

一是通过制盐许可证年检工作对不符合产业政策、工艺落后、质量低下，特别是违法违规冲击食盐市场的企业，要责令整改，整改后仍不达标的，吊销制盐许可证。二是对僵尸企业的依法处置，抓住供给侧改革的有利时机，结合山东省国资委对僵尸企业处置工作要求，按照"一企一策、重点突破，分类推进"既定思路，扎实推进亏损企业治理工作。针对亏损企业生产经营特点不同和导致亏损原因不同，山东省盐业集团采取不同的治亏策略，分类进行推进。截至2016年上半年，山东省盐业集团亏损企业共13户，较上年末减少8户，其中，扭亏为盈5户，减亏企业5户，新增亏损企业4户，处置僵尸企业7户，合计亏损额1059万元，比上年同期减亏1500万元。三是推进广饶盐化工业集团总公司划转。2016年3月底，山东省盐业集团与广饶县人民政府签署协议，就广饶县盐化工业集团总公司和广饶明华盐业有限责任公司的整体转让达成一致意见，2016年5月17日，山东省国资委对该事项进行了批复。这次两户企业的退出工作顺利完成，预计年度减亏1000万元以上。

（2）调整组织结构，整合一批

自2005年国家出台《制盐业结构调整指导意见》以来，山东省盐业局结合本地实际，积极探索企业整合，着力推进集约规模经营，鼓励现有的优势企业兼并重组中小盐场，买断、控股、兼并制盐户，解决小盐场经营权、所有权分离的问题，实现由多小散乱向大而强和质优高转变，山东制盐企业多、小、三、乱的局面得到极大转变。截至2015年，山东省核发制盐许可证企业共90家，市场秩序更加规范。同时引导各制盐企业积极调整生产布局，不断优化产业产品结构，实施科技创新和项目带动战略，培育形成了一大批大型骨干企业，发挥了示范带头作用，增强了在全国同行业的龙头地位。目前山东盐业形成了以盐为主，盐化工和海产养殖

相结合的多元化发展局面。

（3）转变发展方式，退出一批

结合当前形势，鼓励盐业企业搞好盐田土地流转，因地制宜退盐还农、退盐还养、退盐建园。利用盐业企业临海优势发展盐化工和海产养殖。部分盐企在溴素及溴素深加工、盐田池塘养殖、浅海滩涂养殖和深海海洋牧场方面已经探索了成功的经验。

（二）充分发挥监管职能，优化盐业秩序

按照国务院行政审批权下放的要求，山东省盐务局及时向山东省政府上报承接意见，做好承接工作，确保了平稳过渡，并且山东省盐业局主动与省人大法工委、省法制办协调，修订《山东省盐业管理条例》，保证执法、行政的法律依据，避免了因监管不到位造成的市场混乱，有效维护了山东盐业市场的稳定。

山东各级盐务局认真落实专营政策、加强监管，2200多人的盐政执法队伍长年累月奋战在市场监管第一线，同时与公安机关密切配合，层层成立打击违法经营实验犯罪工作联合办公室，实现了刑事司法与行政执法经济结合，打击了涉盐违法犯罪。食盐专营20多年来，山东没有发生一起食盐安全事故，确保了食盐市场秩序的稳定和广大人民群众舌尖上的安全。2015年全年山东省累计查处各类涉盐违法案件21886起，占全国案件总数68374起中的32%。打掉制假售假窝点258处，查获各类违法盐产品6251.2吨、各类假冒小包装袋11.6万个。移交司法机关涉嫌犯罪案件228起，刑拘218人次，判刑58人。2016年1—9月，累计查处各类涉盐违法案件20447起，同比增长26%。查获各类违法盐产品3909.4吨，各类假冒小包装39.5万个，假冒防伪碘盐标志14165个，打掉制假窝点174处。移交司法机关涉嫌犯罪案件311起，刑拘227人，判刑38人，移送、刑拘和判刑的数量，同比分别增长了166%、105%和192%。

除了发挥监管职能之外，各地盐业局（公司）还要承担当地的食盐调拨，保障市场食盐供应的工作。山东盐业定期组织食盐供应应急演练，并且各下属企业均组织了食盐供应应急演练，确保发生食盐供应应急事件时能够及时正确处置。以烟台市为例，2015年，烟台市累计调拨各类盐产品9.5万吨，完成年度计划的136.2%，超出年度计划36.2%。其中累计调拨食盐5.96万吨，完成年度计划的135.2%超出计划进度35.2%，累计销售各类小包装食盐23032吨，完成年度计划的100%。同时为了保障市场供应，丰富盐类品种，引导市民健康用盐，烟台市盐业局在去年引进菇盐、澳洲湖盐等品种的基础上，又精进了海藻盐等多个系列和品种优质的食用盐产品，目前市场食盐品种已达29个，较好地满足了市民的餐桌调味品选择。针对市民对无碘盐需求增长的趋势，烟台市盐业局加到了无碘盐调拨力度，在烟台市设立了29个直供点，并在确保普通无碘盐供应的同时，增加投放了无碘低钠盐、无碘海藻盐等多个品种，以满足特殊群体的需求。为配合卫生部门做好减盐防控高血压项目宣传，倡导市民低盐饮食，烟台市盐业局通过各种平台进行宣传，专门制定了30万份控盐瓶，免费向市民发放。

第三节　加快山东盐业转型发展的对策和建议

一　尽快出台新的盐业资源管理办法

《盐业体制改革方案》出台后，新的监管体系尚未建立，特别是盐业资源等方面的配套管理制度亟待出台，要从国家层面加强对盐及盐资源、盐化工的管理，防止盐资源的乱开滥采，过度开发和无序开发。建议出台地下卤水资源开发利用及基本盐田保护管理办法，规范地下卤水资源开发秩序，避免资源浪费、环境污染，合理开发利用研制盐资源，划定基本盐田保护区，避免随意侵占盐田，保护区域性盐碱供需平衡。

二　加强行业管理和行业指导

目前整个制盐行业大小企业、单位不一，棋盘散乱，数量多，产量大，且质量参差不齐，彼此之间争先竞价，价格低于成本倾销现象普遍，已经严重影响制约盐业可持续发展。《盐业体制改革方案》明确要加强食盐监管。为了确保食盐供求稳定和质量安全，必须强化盐政执法监督和行业管理，要把盐政执法提高到与食品和药品同等重要的程度。建议盐业主管部门以及盐业行业协会牵头，对散乱小盐田进行规范、整合，加大制盐许可证审查力度，细化颁发制盐许可条例，深化部门合作，以国家盐政执法为准绳，以行业自律调节为辅助，以企业改革深化为依托，严厉打击涉盐违法犯罪行为，努力探索形成符合盐业实际的盐政监督执法管理制度。

三 加大盐政执法经费投入

多年来，盐政执法经费由各级盐业公司自收自支，不仅加大了盐业公司的负担，也模糊了执法过程的主体性。盐改启动后，加快建立一支以财政资金为支撑的盐政执法队伍和市场监管机制迫在眉睫。建议各级政府按照《盐业体制改革方案》的相关规定，针对现行体制实际状况，核定各级盐业管理机构政务院行、市场监管、保障条件所需费用，由各级财政列入预算，保障执法经费来源，提高盐政执法经费拨付额度，彻底解决盐业管理行政经费问题。同时，增加执法人员、车辆，配备执法记录仪，坚持标本兼治，突出重点，加大整治力度，不间断地对私盐源头进行综合整治，进一步加大对私盐的打击力度，保证食盐市场健康发展，杜绝危害人民身体健康的伪劣食盐冲击市场。

四 提高食盐产品标准，促进盐企产品升级

目前中国盐产品主要分为食用盐和工业用盐两类。但是食用盐标准（GB5461－2000，其中规定氯化钠含量为精制盐优级≥99.1%，日晒盐1级≥93.2%）与工业用盐的标准（GB/T5462－2003，其中规定氯化钠含量为精制盐≥99.1%，日晒盐≥94.5%）并没有明显差别。这也是市场放开后，工业用盐可能流入食盐市场，导致流通混乱和社会恐慌的主要原因。根据发达国家的经验，建议提高使用食用盐产品质量标准，建立更高规格的食盐产品标准，不仅有利于防止工业用盐的流入，保障食盐市场健康运行，还有利于将那些不具备萃取技术和投入能力不足的中小盐场屏蔽在行业之外，保障市场健康运行。

五 适当降低卤水制盐资源税税率

井矿盐和湖盐资源税征收税率在1%—6%，海盐资源税征收税率1%—5%，而卤水制盐资源税征收税率3%—15%，税负明显超过前两者，有失公平。建议对卤水制盐资源税征收税率进行调整，确保各种制盐方式资源税税率大体一致。

六 加强食盐追溯体系建设

食盐体制改革后,严格加强对食盐的管理,食盐生产企业要实行备案、注册等措施,精确定位销售区域,严格追溯来源,方便寻找问题源头。同时确保进入市场的食盐加碘浓度合适,由于各地区使用不同的加碘标准,增加或降低碘的含量对居民体质有影响,不能因为体制改革影响国民身体素质。从地方病防治工作来说,要加强地方病情监测和碘盐监测,尤其是孕妇和儿童等特殊人群的监测。如果食盐市场完全开放,追求利益最大化的企业是不可能将合格碘盐配送到这些交通不便经济相对落后的地区的。建议有关部门的食盐加碘财政补贴和配送服务这项长期工作给予特别重视和关心。

七 加快建立政府食盐储备机制

自2003年以来,全国平均每两年发生一次食盐抢购现象,其中对山东省影响较大的有三次:非典期间、山东省小包装换发和受日本大地震影响导致的全国性食盐抢购。食盐是人民群众日常生活的必需品,食盐安全与保障民生,维护社会稳定息息相关。由于很多地区并不产食盐,是食盐的纯销区,对食盐的生产、运输、储备依赖程度较高,为及时应对突发事件、自然灾害和食盐市场的异常波动,建议增强政府对食盐市场的宏观调控,遵循"企业储备,银行贷款,政府贴息,费用包干,自负盈亏"的原则,由市、县盐业公司利用现有仓库实施储备,确保特殊时期食盐的持续安全供应。

八 整合相关资源,实施水盐结合开发战略

实施水盐结合开发战略,需要能源、水利、盐业三个行业协同进行。水利,需要区域内淡化水入网、管理、经营等方面的统一。能源,利用沿海滩涂集中发展太阳能、风力电能,并协调行业政策、平衡地方利益,调剂热电资源,以保障与其规模相适应的能源需求。盐业,利用当前盐价成本倒挂,制盐企业纷纷退出的有利时机,对区域内不同性质企业的摊田进行整合,规划好水、盐、化、养、游链条产业的综合布局。因此,需要针对项目需要,制定专项政策,确保条件落实。当然还需要省政府协调跨行

政区域的产业、税收等方面的相关政策，并且建立由企业、行业、政府共同组成的投资机制是保障水盐结合项目资金落实的有效途径。由于该项技术及相关行业协同，又需要相关地方管理职能、产业规划、经济利益的协调，可以考虑成立专门机构筹备，组织项目实施，是最有利的方式。

英文参考文献

[1] Acemoglu D., García-Jimeno C., and Robinson J. A., "State Capacity and Economic Development: A Network Approach", *American Economic Review*, 2015, 105 (8): 2364 – 2409.

[2] Agrawal David R., "Local Fiscal Competition: An Application to Sales Taxation with Multiple Federations", *Journal of Urban Economics*, 2016, 91: 122 – 138.

[3] Albornoz Facundo, Corcos Gregory, and Kendall Toby, "Subsidy Competition and the Mode of FDI", *Regional Science and Urban Economics*, 2009, 39 (4): 489 – 501.

[4] Bai C. E., Li D., Tao Z., and Wang Y., "A Multitask Theory of State Enterprise Reform", *Journal of Comparative Economics*, 2000, 28 (4): 716 – 738.

[5] Bain, J. S., *Barriers to New Competition*, Cambridge: Harvard University Press, 1962.

[6] Barros, P. P., and L. Cabral, "Competing for Foreign Direct Investment", *Review of International Economics*, 2000, 8 (2): 360 – 371.

[7] Benoit J. and Krishna V., "Dynamic Duopoly: Prices and Quantities", *Review of Economic Studies*, 1987, 54 (1): 23 – 35.

[8] Benoit, J. P. & V. Krishna (1985), "Finitely Repeated Games", *Econometrica*, 53 (4): 905 – 922.

[9] Berger, A. N., R. S. Demsetz and P. E. Strahan, "The Consolidation of the Financial Services Industry: Causes, Consequences, and Implications for the Future", *Journal of Banking & Finance*, 1999, 23 (2 – 4):

135-194.

[10] Berndt, E. R. & C. J. Morrison, "Capacity Utilization Measures: Underlying Economic Theory and an Alternative Approach", *The American Economic Review*, 1981, 71 (2): 48-52.

[11] Berndt, E. R. and Morrison, C. J., "Capacity Utilization Measures: Underlying Economic Theory and an Alternative Approach", *American Economic Review*, 1981, 71 (2): 48-52.

[12] Berndt, E. R. and Hesse, D. M., "Measuring and Assessing Capacity Utilization in the Manufacturing Sectors of Nine OECD Countries", *European Economic Review*, 1986, 30 (5): 961-989.

[13] Bond, E. W., and L. Samuelsn, "Tax Holidays as Signals", *The American Economic Review*, 1986, 76 (4): 820-826.

[14] Bulow, J., J. Geanakoplos & P. Klemperer, "Holding Idle Capacity to Deter Entry", *The Economic Journal*, 1985, 95 (377): 178-182.

[15] Caballero, Ricardo J., Takeo Hoshi, and Anil K. Kashyap, "Zombie Lending and Depressed Restructuring in Japan", *The American Economic Review*, 2008, 98 (5): 1943-1977.

[16] Cassels, J. M., "Excess Capacity and Monopolistic Competition", *The Quarterly Journal of Economics*, 1937, 51 (3): 426-443.

[17] Cecchetti, S. G. (1995), "Inflation Indicators and Inflation Policy", http://www.nber.org/chapters/c11019.

[18] Chamberlin E. H., *The Theory of Monopolistic Competition*, Cambridge, MA: Harvard University Press, 1933.

[19] Chamberlin E. H., *Theory of Monopolistic Competition*, Harvard University Press, 1962.

[20] Clark, J. M., "Toward A Concept of Workable Competition", *American Economic Review*, 1940, 30 (2): 241-256.

[21] Corrado, C. & J. Mattey, "Capacity utilization", *Journal of Economic Perspectives*, 1997, 11 (1): 151-167.

[22] Corrado, C., C. Gilbert, R. Raddock & C. Kudon, "Industrial Production and Capacity Utilization: Historical Revision and Recent Develop-

ment", Federal Reserve Bulletin, 1997, February: 65 – 92.

[23] Cowling, K., "Excess Capacity and the Degree of Collusion: Oligopoly Behavior in the Slump", *The Manchester School*, 1983, 51 (4): 341 – 359.

[24] Crotty, J., "Why There is Chronic Excess Capacity", *Challenge*, 2002, 45 (6): 21 – 44.

[25] Davidson C. & R. Deneckere, "Excess Capacity and Collusion", *International Economic Review*, 1990, 31 (3): 521 – 541.

[26] Demsetz, H., "The Nature of Equilibrium in Monopolistic Competition", *Journal of Political Economy*, 1959, 67 (1): 21 – 30.

[27] Dixit, A., "The Role of Investment in Entry-deterrence", *The Economic Journal*, 1980, 90 (357): 95 – 106.

[28] Eggertsson, Tráinn, *Economic Behavior and Institutions: Principles of Neoinstitutional Economics*, Cambridge University Press, 1990.

[29] Esposito, F. F. & L. Esposito, "Excess Capacity and Market Structure", *The Review of Economics and Statistics*, 1974, 56 (2): 188 – 194.

[30] Fare, R., S. Grosskopf & E. C. Kokkelenberg, "Measuring Plant Capacity, Utilization and Technical Change: A Nonparametric Approach", *International Economic Review*, 1989, 30 (3): 655 – 666.

[31] Färe, Rolf, Shawna Grosskopf and Edward C. Kokkelenberg, "Measuring Plant Capacity, Utilization and Technical Change: A Nonparametric Approach", *International Economic Review*, 1989, 30 (3): 655 – 666.

[32] Fowlie, M.; Reguant, M.; Ryan, S. P., "Market-based Emissions Regulation and Industry Dynamics", *Journal of Political Economy*, 2016, 124 (1): 249 – 302.

[33] Garofalo and Malhotra, "Regional Measures of Capacity Utilization in the 1980s Regional Measures of Capacity Utilization in the 1980s", *Review of Economics and Statistics*, 1997, 79 (3): 415 – 421.

[34] Gokcekus, "Trade Liberalization and Capacity Utilization: New Evidence from the Turkish Rubber Industry", *Empirical Economics*, 1998, 23 (4): 561 – 571.

[35] Gorodnichenko, Y. & M. D. Shapiro (2011), "Using the Survey

of Plant Capacity to Measure Capital Utilization", *Studies Paper*, No. CES – WP – 11 – 19.

[36] Guan, Z. et al. , "Measuring Excess Capital Capacity in Agricultural Production", *American Journal of Agricultural Economics*, 2009, 91 (3): 765 – 776.

[37] Hall, R. E. , "Chronic Excess Capacity in U. S. Industry", NBER Working Paper, No. 1973, 1986.

[38] Han Li, Kung James Kai-Sing, "Fiscal Incentives and Policy Choices of Local Governments: Evidence from China", *Journal of Development Economics*, 2015, 116: 89 – 104.

[39] Harrison A. , Hyman B. , Martin L. , and Nataraj S. , "When do Firms Go Green?", NBER Working Paper No. 21763, 2015.

[40] Helsley, R. W. , and Strange W. C. , "Coagglomeration, Clusters, and the Scale and Composition of Cities", *Journal of Political Economy*, 2014, 122 (5): 1064 – 1093.

[41] Hickman, "On a New Method of Capacity Estimation", *Journal of the American Statistical Association*, 1964, 59 (306): 529 – 549.

[42] Imai, Kentaro, "A Panel Study of Zombie SMEs in Japan: Identification, Borrowing and Investment Behavior", *Journal of the Japanese and International Economies*, 2016, 39: 91 – 107.

[43] Jie G. , "Pernicious Manipulation of Performance Measures in China's Cadre Evaluation System", *The China Quarterly*, 2015, 223: 618 – 637.

[44] Jin, H. , Qian Y. , and Weingast B. , "Regional Decentralization and Fiscal Incentive: Federalism Chinese Style", *Journal of Public Economics*, 2005, 89 (9 – 10): 1719 – 1742.

[45] Kamien, M. I. & N. L. Schwartz, "Uncertain Entry and Excess Capacity", *The American Economic Review*, 1972, 62 (5): 918 – 927.

[46] Kirman, W. I. & R. T. Masson, "Capacity Signals and Entry Deterrence", *International Journal of Industrial Organization*, 1986, 4 (1): 25 – 42.

[47] Klein, L. R. , "Some Theoretical Issues in the Measurement of Ca-

pacity", *Econometrica*, 1960, 28 (2): 272 – 286.

[48] Lavoie D., *Rivalry and Central Planning: The Socialist Calculation Debate Reconsidered*, Cambridge: Cambridge University Press, 1985.

[49] Lazkano, "Cost Structure and Capacity Utilisation in Multi-product Industries: An Application to the Basque Trawl Industry", *Environmental Resource Economics*, 2008, 41 (2): 189 – 207.

[50] Li, H., Zhou, L. A., "Political Turnover and Economic Performance: The Incentive Role of Personnel Control in China", *Journal of Public Economics*, 2005, 89 (9 – 10): 1743 – 1762.

[51] Li, Y., Koppenjan J., and Verweij, S., "Governing Environmental Conflicts in China: Under What Conditions do Local Governments Compromise?", *Public Administration*, 2016, 94 (3): 806 – 822.

[52] Mathis, S. & J. Koscianski, "Excess Capacity as a Barrier to Entry in the U. S. Titanium Industry", *International Journal of Industrial Organization*, 1996, 15 (2): 263 – 281.

[53] Mc Elhattan, R. (1978), "Estimating a Stable Inflation Capacity Utilization Rate", http://www.frbsf.org/economic – research/files/78 – 4_20 – 30.pdf.

[54] McElhnttan, Rose, "Inflation, Supply Shocks and the Stable – Inflation Rate of Capacity Utilization", Federal Reserve Bank of San Francisco, *Economic Review*, 1985, Issue Win, 45 – 63.

[55] Morin, N. & J. Stevens, (2004), "Estimating Capacity Utilization from Survey Data", http://www.federalreserve.gov/pubs/feds/2004/200449/200449pap.pdf.

[56] Morrison, C. J., "On the Economic Interpretation and Measurement of Optimal Capacity Utilization with Anticipatory Expectations", *Review of Economic Studies*, 1985, 52: 295 – 309.

[57] Morrison, C. J., "Primal and Dual Capacity Utilization: An Application to Productivity Measurement in the U. S. Automobile Industry", *Journal of Business & Economic Statistics*, 1985, 3 (4): 312 – 324.

[58] Nelson, Randy A., "On the Measurement of Capacity Utilization",

Journal of Industrial Economics, 1989, 37 (3): 273 – 286.

[59] Paine, C. L. , "Rationalisation and the Theory of Excess Capacity", *Economica*, 1936, 3 (9): 46 – 60.

[60] Peek, Joe, and Eric S. Rosengren, "Unnatural Selection: Perverse Incentives and the Misallocation of Credit in Japan", *The American Economic Review*, 95.4 (2005): 1144 – 1166.

[61] Pindyck, R. S. , "Irreversible Investment, Capacity Choice, and the Value of the Firm", *The American Economic Review*, 1988, 78 (5): 969 – 985.

[62] Pirard, R. & L. C. Irland, "Missing Links between Timber Scarcity and Industrial Overcapacity: Lessons from the Indonesian Pulp and Paper Expansion", *Forest Policy and Economics*, 2007, 9 (8): 1056 – 1070.

[63] Pomeroy, R. S. , "Managing Overcapacity in Small-scale Fisheries in Southeast Asia", *Marine Policy*, 2012, 36 (2): 520 – 527.

[64] Qian, Y. , Weingast, B. , "Federalism as a Commitment to Preserving Market Incentives", *Journal of Economic Perspectives*, 1997, 11: 83 – 92.

[65] Rothstein, Bo, "The Chinese Paradox of High Growth and Low Quality of Government: The Cadre Organization Meets Max Weber", *Governance*, 2015, 28 (4): 533 – 548.

[66] Runolfsson, B. , "On the Management Measures to Reduce Overcapacity in Icelandic Fisheries", A short report for the Ministry of Fisheries, 1999.

[67] Segerson Kathleen and Dale Squires, "Capacity Utilization under Regulatory Constraints", *The Review of Economics and Statistics*, 1993, 75 (1): 76 – 85.

[68] Segerson Kathleen and Dale Squires, "On the Measurement of Economic Capacity Utilization for Multi-product Industries", *Journal of Econometrics*, 1990, 44 (3): 347 – 361.

[69] Sekine, Toshitaka, K. Kobayashi, and A. Y. Saita, "Forbearance Lending: The Case of Japanese Firms", *Monetary & Economic Studies*, 21.2 (2003): 69 – 92.

[70] Shaikh, A. M. & J. K. Moudud, "Measuring Capacity Utilization in

OECD Countries: A Cointegration Method", *The Levy Economics Institute of Bard College Working Paper*, No. 415, 2004.

[71] Shapiro, M. D., R. J. Gordon & L. H. Summers, "Assessing the Federal Reserve's Measures of Capacity and Utilization", *Brookings Papers on Economic Activity*, 1989 (1): 181 –241.

[72] Smithies, A., "Economic Fluctuations and Growth", *Econometrica*, 1957, 25 (1): 1 –52.

[73] Sumaila, U. R. et al., "Fuel Price Increase, Subsidies, Overcapacity, and Resource Sustainability", *Journal of Marine Science*, 2008, 65 (6): 832 –840.

[74] Terada, H., "An Analysis of the Overcapacity Problem Under the Decentralized Management System of Container Ports in Japan", *Maritime Policy & Management*, 2002, 29 (1): 3 –15.

[75] Ward, J. M., P. Mace & E. M. Thunberg, "The Relationship of Fish Harvesting Capacity to Excess Capacity and Overcapacity", *Marine Resource Economics*, 2004, 19 (4): 525 –529.

[76] Wen, Y., "Capacity Utilization under Increasing Returns to Scale", *Journal of Economic Theory*, 1998, 81 (1): 7 –36.

中文参考文献

[1] 曹桢:《全国煤炭新增产能超5亿吨,为何用煤仍然紧张?》,http://finance.qq.com/a/20170815/03435,2017年8月15日。

[2] 董敏杰等:《中国工业产能利用率:行业比较、地区差距及影响因素》,《经济研究》2015年第1期。

[3] 白重恩:《对一些经济反常现象应理性分析》,《北京日报》2016年2月1日第15版。

[4] 曾湘泉:《兼并重组、所有制与产能过剩——基于山西省煤炭去产能困境的案例分析》,《山东大学学报》2016年第5期。

[5] 陈国庆:《多管齐下,加快建材新兴产业发展,促进建材工业转型升级》,《中国建材》2014年第4期。

[6] 陈红艳:《城市住房市场健康评价体系研》,江西人民出版社2015年版。

[7] 成怀平:《山西七大煤炭集团资本结构状况研究》,《山西财税》2017年第1期。

[8] 程恩富:《关于我国低消费率与消费不足的几个问题》,《消费经济》2012年第6期。

[9] 戴颖杰、周奎省:《房价变动对居民消费行为影响的实证分析》,《宏观经济研究》2012年第3期。

[10] 邓健、张玉新:《房价波动对居民消费的影响机制》,《管理世界》2011年第4期。

[11] 丁寒雪:《中国工业领域产能过剩发展现状分析》,《中国管理信息化》2014年第8期。

[12] 董敏杰、梁泳梅、张其仔:《中国工业产能利用率:行业比较、

地区差距及影响因素》，《经济研究》2015 年第 1 期。

[13] 范阳阳：《中国产能利用率测算》，《方正证券研究所证券研究报告》2013 年 10 月 29 日。

[14] 冯梅：《钢铁产能过剩的特点、成因及对策》，《宏观经济管理》2013 年第 9 期。

[15] 冯俏彬、贾康：《"政府价格信号"：我国体制性产能过剩的形成机理及其化解之道》，贾康（编）《供给侧改革：理论、实践与思考》，商务印书馆 2016 年版。

[16] 符国群主编：《中国城镇家庭消费报告 2015》，北京大学出版社 2015 年版。

[17] 付宗保：《关于产能过剩问题研究综述》，《经济学动态》2011 年第 5 期。

[18] 耿强、江飞涛、傅坦：《政策性补贴、产能过剩与中国的经济波动——引入产能利用率 RBC 模型的实证检验》，《中国工业经济》2011 年第 5 期。

[19] 顾宗勤：《我国重点化工行业产能过剩分析》，《化学工业》2013 年第 5 期。

[20] 郭庆旺、贾俊雪：《地方政府行为、投资冲动与宏观经济稳定》，《管理世界》2006 年第 5 期。

[21] 国家发展和改革委员会就业和收入分配司：《中国居民收入分配年度报告.2015》，中国财政经济出版社 2015 年版。

[22] 国务院发展研究中心：《当前中国产能过剩问题分析——政策、理论、案例》，清华大学出版社 2014 年版。

[23] 国土资源部土地利用管理司，中国土地勘测规划院：《中国城市地价报告蓝皮书 2015》，地质出版社 2016 年版。

[24] 国务院发展研究中心《进一步化解产能过剩的政策研究》课题组，赵昌文，许召元，袁东：《当前我国产能过剩的特征、风险及对策研究——基于实地调研及微观数据的分析》，《管理世界》2015 年第 4 期。

[25] 韩保江、韩心灵：《"中国式"产能过剩的形成与对策》，《改革》2017 年第 4 期。

[26] 韩国高、高铁梅、王立国、齐鹰飞、王晓姝：《中国制造业产

能过剩的测度、波动及成因研究》,《经济研究》2011 年第 12 期。

[27] 韩国高等:《中国制造业产能过剩的测度、波动及成因研究》,《经济研究》2011 年第 12 期。

[28] 何维达、潘峥嵘:《产能过剩的困境摆脱:解析中国钢铁行业》,《广东社会科学》2015 年第 1 期。

[29] 贺京同、何蕾:《产能利用率测度方法的比较研究》,《现代管理科学》2016 年第 4 期。

[30] 胡鞍钢:《中国进入后工业化时代》,《北京交通大学学报》2017 年第 1 期。

[31] 胡荣涛:《产能过剩形成原因与化解的供给侧因素分析》,《现代经济探讨》2016 年第 2 期。

[32] 胡筱沽、戴璐:《正确把握去产能过程中的几个关键问题》,《宏观经济管理》2017 年第 2 期。

[33] 华民:《中国经济增长中的结构问题》,《探索与争鸣》2017 年第 5 期。

[34] 黄健柏:《产能过剩的发展趋势和治理对策研究》,经济科学出版社 2016 年版。

[35] 黄湘闽:《去产能中职工安置的重点难点及对策》,《中国劳动保障报》2016 年 9 月 10 日。

[36] 江飞涛、陈伟刚、黄健柏等:《投资规制政策的缺陷与不良效应——基于中国钢铁工业的考察》,《工业经济》2007 年第 9 期。

[37] 江飞涛、李晓萍:《直接干预市场与限制竞争:中国产业政策的取向与根本缺陷》,《中国工业经济》2010 年第 9 期。

[38] 江飞涛、耿强、吕大国、李晓萍:《地区竞争、体制扭曲与产能过剩的形成机理》,《中国工业经济》2012 年第 6 期。

[39] 姜晓东:《关于中国钢铁产能过剩的若干思考与建议》,《钢铁》2013 年第 10 期。

[40] 金京、戴翔、张二震:《全球要素分工背景下的中国产业转型升级》,《中国工业经济》2013 年第 11 期。

[41] 鞠蕾、高越青、王立国:《供给侧视角下的产能过剩治理:要素市场扭曲与产能过剩》,《宏观经济研究》2016 年第 5 期。

［42］李平等：《光伏太阳能产业发展调研》，经济管理出版社 2016 年版。

［43］李曙光：《清理僵尸企业：失灵的破产法要灵起来》，《经济参考报》2016 年 3 月 22 日第 8 版。

［44］梁泳梅、董敏杰、张其仔：《产能利用率测算方法：一个文献综述》，《经济管理》2014 年第 11 期。

［45］廖博：《当前我国产能过剩的特征、风险及对策研究——基于实地调研及微观数据的分析》，《管理世界》2015 年第 4 期。

［46］林毅夫、巫和懋、邢亦青：《"潮涌现象"与产能过剩的形成机制》，《经济研究》2010 年第 10 期。

［47］林毅夫：《潮涌现象与发展中国家宏观经济理论的重新构建》，《经济研究》2007 年第 1 期。

［48］刘小鲁：《地方政府主导型消耗战与制度性退出壁垒》，《世界经济》2005 年第 9 期。

［49］卢锋编：《透视中国改革发展热点》，北京大学出版社 2015 年版。

［50］卢现祥：《对我国产能过剩的制度经济学思考》，《福建论坛》（人文社会科学版）2014 年第 8 期。

［51］鲁保林、陆茸：《我国当前产能过剩五论》，《财经科学》2016 年第 10 期。

［52］鲁保林：《结构性产能过剩的政治经济学分析》，《教学与研究》2016 年第 12 期。

［53］罗高波：《中国城镇化——历史借鉴、国际整合与本土实践》，中国建筑工业出版社 2017 年版。

［54］《马克思恩格斯全集》第 25 卷，人民出版社 1974 年版。

［55］倪鹏飞：《中国住房发展报告 2016—2017》，广东经济出版社 2017 年版。

［56］杨卫东：《企业去产能职工安置问题的理论启示与政策建议——以山西省煤炭企业为例》，《煤炭经济》2017 年第 5 期。

［57］邱东：《2015 国民核算研究报告》，中国财政经济出版社 2016 年版。

［58］邱振卓：《低碳经济视域下加快我国产业转型升级的对策》，

《经济纵横》2016 年第 5 期。

[59] 任明杰：《钢价回暖添烦恼 去产能不宜"一压了之"》，《中国证券报》2016 年 8 月 30 日第 A03 版。

[60] 孙克：《地价、房价与居民消费——中国 35 个大中城市的证据》，《山西财经大学学报》2012 年第 2 期。

[61] 谭劲松、简宇寅、陈颖：《政府干预与不良贷款——以某国有商业银行 1988—2005 年的数据为例》，《管理世界》2012 年第 7 期。

[62] 陶然、袁飞、曹广忠：《区域竞争、土地出让与地方财政效应：基于 1999—2003 年中国地级城市面板数据的分析》，《世界经济》2007 年第 10 期。

[63] 王立国、高越青：《建立和完善市场退出机制有效化解产能过剩》，《宏观经济研究》2014 年第 10 期。

[64] 王立国、宋雪：《我国居民消费能力研究——基于化解产能过剩矛盾的视角》，《财经问题研究》2014 年第 3 期。

[65] 王立国、张日旭：《财政分权背景下的产能过剩问题研究——基于钢铁行业的实证分析》，《财经问题研究》2010 年第 12 期。

[66] 魏后凯：《从重复建设走向有序竞争》，人民出版社 2001 年版。

[67] 夏杰长、刘诚：《行政审批改革、交易费用与中国经济增长》，《管理世界》2017 年第 4 期。

[68] 夏旭田：《多地加码大数据产业 14 地产值目标数倍于国家规划》，《21 世纪经济报道》2017 年 4 月 6 日第 3 版。

[69] 徐朝阳、周念利：《市场结构内生变迁与产能过剩治理》，《经济研究》2015 年第 2 期。

[70] 徐滇庆、刘颖：《看懂中国产能过剩》，北京大学出版社 2016 年版。

[71] 徐小鹰：《房价上涨影响居民消费的作用机制分析——基于预防性储蓄效应视角》，《经济问题》2012 年第 10 期。

[72] 闫静文、张晋伟、郭箭：《关于山西省煤炭行业去产能情况的调查与思考》，《北方金融》2016 年第 9 期。

[73] 杨蕙馨：《中国企业的进入退出：1985—2000 年汽车与电冰箱产业的案例研究》，《中国工业经济》2004 年第 3 期。

[74] 杨其静、吴海军：《产能过剩、中央管制与地方政府反应》，《世界经济》2016年第11期。

[75] 杨振：《产能过剩调控政策与治理体系研究》，中国社会科学出版社2017年版。

[76] 杨振：《激励扭曲视角下的产能过剩形成机制及其治理研究》，《经济学家》2013年第10期。

[77] 姚洋：《中性政府：对转型期中国经济成功的一个解释》，《经济评论》2009年第3期。

[78] 郁佳琪、宋浩杰：《中国煤炭行业产能过剩及去产能现状分析》，《时代金融》2017年第8期。

[79] 岳福斌：《中国煤炭工业发展报告2016》，社科文献出版社2016年版。

[80] 岳福斌主编：《中国煤炭工业发展报告2015：煤炭产能新常态与落后产能退出新机制》，社会科学文献出版社2015年版。

[81] 张杰、宋志刚：《供给侧结构性改革中"去产能"面临的困局、风险及对策》，《河北学刊》2016年第4期。

[82] 张杰：《中国产业结构转型升级中的障碍、困局与改革展望》，《中国人民大学学报》2016年第5期。

[83] 张军、威廉·哈勒根：《转轨经济中的"过度进入"问题——对"重复建设"的经济学分析》，《复旦学报》（社会科学版）1998年第1期。

[84] 张林：《中国式产能过剩问题研究综述》，《经济学动态》2016年第9期。

[85] 张茉楠：《治理中国式产能过剩》，《中国经济和信息化》2013年第16期。

[86] 张维迎、马捷：《恶性竞争的产权基础》，《经济研究》1999年第11期。

[87] 张萧然：《"僵尸企业"退出机制：破产法不能缺席》，《中国产经新闻》2016年2月19日第1版。

[88] 张兴凯、郑连娣、刘功智：《我国小型煤矿事故和职业危害的预防对策探讨》，《劳动保护科学技术》1999年第4期。

［89］张于喆：《"互联网＋"助推传统产业转型升级》，《中国经贸导刊》2016年第12期。

［90］张宇燕、郭濂主编；孙杰等著：《中美经济结构与宏观政策比较》，社会科学文献出版社2016年版。

［91］章立东：《"中国制造2025"背景下制造业转型升级的路径研究》，《江西社会科学》2016年第4期。

［92］赵丽维、李刚：《深化煤炭"去产能"改革的关键问题与对策——以陕西省为例》，《经济研究导刊》2017年第23期。

［93］赵娜、孔祥利：《产能过剩：理论解析和政策选择》，《上海经济研究》2017年第5期。

［94］中国社会科学院工业经济研究所课题组：《治理产能过剩的关键在于完善市场体制、理顺市场与政府关系》2013年10月。

［95］钟春平、潘黎：《"产能过剩"的误区——产能利用率及产能过剩的进展、争议及现实判断》，《经济学动态》2014年第3期。

［96］周黎安：《晋升博弈中政府官员的激励与合作——兼论我国地方保护主义和重复建设问题长期存在的原因》，《经济研究》2004年第6期。

［97］周黎安：《中国地方官员的晋升锦标赛模式研究》，《经济研究》2007年第7期。

［98］周其仁：《产能过剩的原因》，《经济观察报》2005年12月12日。

［99］周亚虹、蒲余路、陈诗一、方芳：《政府扶持与新型产业发展——以新能源为例》，《经济研究》2015年第6期。

［100］朱高林：《中国城镇居民物质消费水平变化趋势研究：1957—2011年》，科学出版社2014年版。

［101］朱希伟、沈璐敏、吴意云、罗德明：《产能过剩异质性的形成机理》，《中国工业经济》2017年第7期。

［102］朱希伟、沈璐敏、吴意云、罗德明：《产能过剩异质性的形成机理》，《中国工业经济》2017年第8期。

［103］左前明：《改革开放以来，煤炭产能的那些事儿》，中国煤炭新闻网（http：//www.cwestc.com/newshtml/2016-6-21/415932.shtml），2016年6月21日。

后　　记

　　本书是在中国社会科学院重大国情项目"工业去产能与传统制造业转型升级"调研报告基础上形成的。史丹研究员为项目主持人，项目分为5个小组，刘勇、吕宁负责盐业行业的调研，江飞涛、许明负责钢铁行业的调研，马翠萍、李雪慧负责煤炭行业的调研，梁咏梅、吴利学负责产能过剩理论问题的分析，周维富、聂新伟负责传统产业转型升级与政策政策问题的研究。形成了6篇调研报告和4篇研究报告。调研报告通过专家评审，评审结果为"优秀"。为了形成本书并使内容更加紧凑，史丹把11篇调研和研究报告整合成7章，其中4篇研究报告进行了整合和观点提炼，合并成1章。对6篇调研报告的结构框架进行了调整，删减和整合了部分内容。本书第一章的主要贡献者是梁咏梅、周维富、聂新伟、吴利学；第二章的主要贡献者是李雪慧，第三章是江飞涛、许明；第四章是马翠萍，第五章至第七章是刘勇、吕宁。借此一隅，笔者感谢评审专家对本课题提出的宝贵意见和建议；感谢江飞涛、马翠萍在项目申请与项目结项期间所做的工作；感谢课题组全体同仁共同努力，感谢黑龙江、山西、湖南、湖北、山东、青海等有关部门和单位对本课题调研给予的支持和帮助。

　　产能过剩是产业经济学研究的重要问题，中国社会科学院工业经济研究所一直关注和研究该问题，并把该问题列为中国社会科学院登峰战略优势学科（产业经济学）的研究计划。本调研报告也是中国社会科学院工业经济所优势学科（产业经济学）建设的成果之一。

史丹

2018年5月